Beate Mitzscherlich

„Heimat ist etwas, was ich mache"

Münchner Studien zur Kultur- und Sozialpsychologie

herausgegeben von Heiner Keupp

BAND 9

„Heimat ist etwas, was ich mache“

Eine psychologische Untersuchung zum individuellen Prozeß von Beheimatung

Beate Mitzscherlich

2. Auflage

Centaurus Verlag
Herbolzheim 2000

Die Autorin, *Beate Mitzscherlich*, studierte Psychologie in Leipzig und Leningrad, 1995 Promotion an der Freien Universität Berlin.

Das vorliegende Buch wurde unter dem Titel "Subjektive Dimension von Heimat – eine qualitative Untersuchung von Beheimatung" 1995 der Freien Universität Berlin als Dissertation vorgelegt.

Umschlagabbildung: Kaltnadelradierung von Fred Pötschke: Illustration aus der Anthologie *"Cas ryjé brózdy"* (1992).

Die Deutsche Bibliothek – CIP-Einheitsaufnahme

Mitzscherlich, Beate:
"Heimat ist etwas, was ich mache" : eine psychologische
Untersuchung zum individuellen Prozess von Beheimatung /
Beate Mitzscherlich. – Herbolzheim : Centaurus-Verl.-Ges.,
2. Auflage 2000
(Münchner Studien zur Kultur- und Sozialpsychologie ; Bd. 9)
Zugl.: Berlin, Freie Univ., Diss., 1995
ISBN 3-8255-0127-2

ISSN 0942-9549

Satz: Vorlage der Autorin
Druck: primotec-printware, Herbolzheim 2000

Dieses Buch verdankt sein Zustandekommen vielen Menschen und verschiedenen Orten. Ich danke meinen Eltern, meinen Betreuern Heiner Keupp und Dieter Kleiber, meinen ProjektkollegInnen in Leipzig und München sowie meinen ersten Lesern Thomas Ahbe, Stefan Busse, Monika Gibas, Michael Hofmann, Wolfgang Kraus, Ralf Lampe, Antje Langer, Paul Mecheril, Christina Schierwagen und Bert Terpstra, die meine Arbeit begleitet haben. Darüber hinaus bedanke ich mich bei allen, die mir Material zur Verfügung gestellt und mir von ihren Heimaten erzählt haben. Bei der technischen Fertigstellung haben mir Frank Herrmann, Andrea Schüler, Birgit Mitzscherlich und Fred Pötschke geholfen. Fred danke ich auch für die Grafik und das Haus mit den blauen Fenstern. Judith, Johnny, Anton, Lydia, Ansgar, Imke, Hilde, Philipp, Caroline, Fine und andere Kinder haben dafür gesorgt, daß ich nicht vergesse, daß es noch Wichtigeres gibt als beschriebenes Papier.

Vorwort

Waren nicht Heimatkunde und Heimatforschung ganz gut bei der Volkskunde oder bei der Ethnologie aufgehoben? Warum sollte sich die Psychologie in deren Forschungsreviere einmischen? Wie so oft in den Sozialwissenschaften ist diese Frage nur zu beantworten, wenn man sich die zunehmende Reflexivität des Themas Heimat vergegenwärtigt. Heimat ist nichts mehr, was sich innerhalb geographischer, ökonomischer oder juristischer Koordinaten fix verorten ließe. Heimat verliert den Status des Selbstverständlichen und wird dadurch zum Gegenstand reflexiver Vergewisserungsversuche der Subjekte. Und je mehr die individuell-subjektiven Konstruktionen die Bedeutungsdimensionen des Themas Heimat bestimmen, desto mehr wird es auch zu einem sozialpsychologischen Thema.

Hier knüpft Beate Mitzscherlich mit ihrem Buch an. Gerade weil man nicht mehr von einem interindividuell tragfähigen Konsens über den Bedeutungsraum "Heimat" ausgehen kann, wird es zu einer sinnvollen und relevanten Frage, wie unterschiedlich sich Menschen diesen Bedeutungsraum konstruieren. Heimat bildet keinen festen Bezugspunkt mehr und sie wird zunehmend zu einem individuellen Aktivitätsfeld. Deshalb leuchtet es auch sofort ein, daß die Autorin im Laufe der Arbeit zunehmend für den tätigkeitsbezogenen Begriff der Beheimatung plädiert.

Dieser Vollzug der Herstellung eines subjektiven Heimatbezugs ist ein durchaus risikoreicher Prozeß und es läßt sich untersuchen, wie und -gemessen am jeweiligen subjektiven Bezugsystem- wie erfolgreich der Beheimatungsprozeß verläuft.

In diesem Buch wird das Thema Heimat von einer ostdeutschen Psychologin thematisiert, die aufgrund des Zerfalls der ehemaligen DDR das Fragwürdigwerden scheinbarer Selbstverständlichkeiten selbst erlebt hat. Beate Mitzscherlich rekonstruiert den Entdeckungszusammenhang ihrer Fragestellung durch autobiographische Erfahrungen und Bruchstellen. Dabei wird gleich am Einzelfall eindrucksvoll belegt, daß die Annahme einer widerspruchsfreien, monolythischen Identitätsversäulung und eines entsprechend konturierten Heimatverständnisses einem vereinfachten westdeutschen DDR-Bild entstammt.

Am eigenen Heimatbegriff beginnt Beate Mitzscherlich den spannenden kategorialen "Vermessungsprozeß", der sich in immer neuen Anläufen durch ihre gesamte Arbeit zieht. Eher spiralenförmig wird der Zugang an ein offensichtlich hochkomplexes Phänomen gesucht, dabei wechseln sich theoretische und empirische Teile ab.

Eine psychologische Heimatforschung kommt nicht an einem Besuch bei den traditionellen SpezialistInnen für Heimat, bei den Volkskundlerinnen vorbei. Dieser Ausflug ist sehr ertragreich, zumal sie sich vornehmlich auf sozialwissenschaftlich orientierte GegenwartsautorInnen wie Herrmann Bausinger, Ina-Maria Greverus und die amerikanische Historikerin Celia Applegate bezieht, die das Gegenteil von einer regressiven Volkstumskunde betreiben. Die von ihnen angebotenen Kategorisierungen erweisen sich als hervorragende erste Kartographien des Bedeutungsraums von "Heimat". Sie bleiben kurz vor der psychologischen Wendung stehen, aber sie schärfen den Blick für Ambivalenzen und Konflikte, die nicht aus dem Binnenraum des Seelischen allein begriffen werden können, sondern auf soziokulturelle Bedingungen verweisen. Im Anschluß daran unternimmt die Autorin ihren ersten Versuch, Heimat psychologisch zu fassen. Es sind vor allem die drei Aspekte der subjektiven Bezugnahme auf Umwelt, der grundlegenden Ambivalenz dieser Bezugnahme und der psychischen und sozialen Funktionalität des jeweiligen Beheimatungsversuchs.

Weitere psychologisch relevante Theoriebausteine bezieht Beate Mitzscherlich aus der Entwicklungspsychologie und der Gemeindepsychologie. Dabei erhalten die eigenen Ideen vom biographisch rekonstruierbaren Prozeß der Beheimatung und die Orientierung auf lebensweltliche Zusammenhänge konzeptuelle Unterstützung. Es entsteht ein Kernkonzept von Beheimatung, das einen Prozeß und immer wieder auch ein Problem bezeichnet, zu deren Bewältigung die Subjekte aktive Vermittlungsarbeit von inneren und äußeren Anforderungen zu leisten haben; dieser Aktivitätsprozeß integriert die konkreten Bezüge und Ressourcen der jeweiligen Lebenswelt.

Die Auswertung der verschiedenen empirischen Materialien macht einsichtig, daß Heimat kein Besitz ist, über den eine Person verfügt, sondern es ist ein konstruktiver und handlungsbezogener Prozeß, der nicht abschließbar ist.

Schließlich wird deutlich, daß der identitätstiftende Beheimatungsprozeß von den psychischen, sozialen und kulturellen Ressourcen abhängt, die eine Person in ihrem jeweiligen lebensweltlichen Kontext aktivieren kann. Und letztlich liefert uns Beate Mitzscherlich mit dem Lausitzer Braunkohledorf Horno ein eindrucksvolles Beispiel dafür, daß Konstruktions- und Handlungsprozesse von Subjekten nur eingebettet in den jeweiligen soziokulturellen Kontext begriffen werden können.

Beeindruckend finde ich die Mischung von "Anstrengung des Begriffs" und empirischer Erdung, die der Autorin durchgängig gelungen ist. Es macht Spaß ihren Text zu lesen und das, obwohl er seinen LeserInnen sehr viel theoretische Mitarbeit abverlangt.

München, im Sommer 1996 Heiner Keupp

Inhaltsverzeichnis

Das Märchen von der Heimat I

Es war einmal ein Land, das hieß Heimat und es war wunderschön. Es hatte klares Wasser, saubere Luft, hohe Berge und Meer, das in jeder Farbe leuchten konnte. Die Bäume wuchsen bis in den blauen Himmel, die Wiesen waren weich und voller bunter Blumen, es gab nur freundliche Tiere, vor denen man keine Angst zu haben brauchte und Pflanzen jeder Art. Meistens schien die Sonne, aber auch wenn es regnete, war der Regen warm und zu jedem gab es einen Regenbogen mit mindestens sieben Farben. Im Winter fiel weicher weißer Schnee und niemand mußte frieren. Die Menschen wohnten nah beeinander und besuchten sich oft.

Es gab viele Kinder, die von allen geliebt und beschützt wurden. Jeder freute sich, wenn er sie sah. Die Erwachsenen arbeiteten nur, wenn sie wollten und dann mit ganzer Kraft und aus ganzem Herzen. Sie freuten sich über die schönen und nützlichen Dinge, die sie hergestellt hatten und verschenkten sie aneinander. Die Verliebten liebten sich zärtlich und leidenschaftlich und wurden von allen dazu beglückwünscht. Die Kranken wurden in Würde gepflegt und die Alten wurden sehr geachtet, denn sie waren voller Weisheit und Güte. Abends saßen alle zusammen, kochten sagenhafte Gerichte, erzählten sich spannende Geschichten und machten wunderschöne Musik. Manchmal bemalten sie sich und die Wände mit den allerschönsten Farben oder tanzten bis zum Umfallen.

Keiner mußte alleinsein, der nicht alleinsein wollte. Wer weinen wollte, fand jemand der mitweinte und Taschentücher. Zum Lachen und Tanzen gab es viele Gelegenheiten. Jeder hatte genug von allem, was er brauchte und teilte es mit den anderen- einfach aus Spaß.

Eine Regierung brauchten sie nicht, da sie alles freundlich und gerecht untereinander regelten. Mit ihren Nachbarn aus den Nachbarheimaten lebten sie friedlich zusammen und freuten sich, wenn die zu Besuch kommen oder dableiben wollten. Wie jemand aussah und was jemand konnte oder nicht konnte, wurde liebevoll angesehen. Alles war erlaubt- außer anderen wehtun. Aber darauf wäre sowieso keiner gekommen.

Ab und zu kam Gott vorbei und unterhielt sich mit ihnen. Alle lebten glücklich und starben lächelnd, weil es soviel Gutes gegeben hatte. Wer wollte, wurde wiedergeboren. Wenn sie jemand fragte, warum es bei Ihnen so schön ist, sagten sie immer: Das ist eben so in der Heimat.

Aber dann muß irgendwas passiert sein.

Das Märchen von der Heimat II

Es war einmal ein Land, das hieß Heimat und es war schon lange nicht mehr schön.. Die Flüsse waren dunkelbraun und stanken in den grauen Himmel, das Meer war weit weg und die Berge standen kahl. Die Bäume warfen ihre Blätter ab, die Blumen wurden ausgerissen und die Wiesen zubetoniert. Tiere gab es kaum noch, außer im Zoo oder ausgestopft im Museum. Im Sommer verdorrte alles und im Winter fiel schwarzer Schnee, der noch am selben Tag taute. Das Essen kam aus der Fabrik und die Menschen trafen sich nur noch beim Einkaufen. Dabei versuchten sie sich möglichst nicht in die Augen zu sehen.

Kinder gab es nur noch wenige und die gingen allen anderen auf die Nerven. Viele Erwachsene wußten den ganzen Tag nichts mit sich anzufangen, die anderen arbeiteten von früh bis spät, so daß sie davon krank wurden. Sie produzierten Massen von Dingen, die keiner brauchte und die bald wieder auf dem Müll landeten. Die Liebe kam nur noch in Filmen vor, und die davon redeten, versuchten einander zu besitzen und zu verletzen. Die Familien waren der Ort, wo man sich am Besten und über eine lange Zeit gegenseitig quälen konnte. Darum blieben viele lieber allein. Die Kranken wurden eingesperrt und mit verschiedenen Mitteln und Maschinen bearbeitet, wovon sie meistens noch kränker wurden. Die Alten wurden abgeschoben und rächten sich dafür durch Bosheit und Machtgier.

Abends saß man in diesem Land allein und schweigsam vor einer Kiste, in der die haarsträubendsten Dinge gezeigt und erzählt werden konnten, ohne daß es einen gruselte. Alles was man hatte und bekommen konnte, behielt man für sich, insbesondere seine Gefühle. Manche Leute hatten auch gar keine mehr oder wußten nicht so genau, was das war, was sie manchmal plötzlich aufheulen, um sich schlagen oder sehr schrill loslachen ließ.Sie hatten für alles Gesetze und eine Menge Polizei. Sie mochten keine Fremden in ihrem Land, höchstens um sie zu jagen und zu beschimpfen. Ihre Politiker fanden immer gute Begründungen für alles, was schlecht war. Ab und an sorgten sie für einen Krieg, damit die Leute beschäftigt waren.

Gott gab es nicht in diesem Land. Wer endlich starb, ließ sich verbrennen, um möglichst wenig zu hinterlassen. Wenn jemand gefragt hätte, wie sie das aushalten, hätten sie gesagt: Das ist eben so in der Heimat.

Aber es fragte keiner mehr.

Teil I
Annäherungen

A. Persönliche Beweggründe

Wie komme ich dazu, ausgerechnet eine Arbeit über Heimat zu schreiben? Was soll dieses altmodische Thema aus dem 19. oder gar 18. Jahrhundert kurz vor dem Jahr 2000? Ist es nicht längst anachronistisch- angesichts technischer Entwicklungen, die Entfernungen zusammenschmelzen lassen, angesichts weltweiter Mobilität und Vernetzung - einen Ort zu suchen, der mehr Bedeutung als alle anderen haben soll? Ist die Sehnsucht nach Verwurzelung nicht an eine bäuerliche Lebensform geknüpft, die heute nicht einmal mehr von den Bauern aufrecht zu erhalten ist?

Ist Heimat ein Thema für eine qualifizierte Psychologin wie mich, die gelegentliche Anfälle von Sentimentalität sonst doch durchaus per Selbstanalyse oder mit Hilfe kritischer KollegInnen und Freunde ausbalancieren kann?

Ist Heimat nicht schließlich ein schrecklich deutsches Thema, wo ich sonst doch eher Abstand zum Allzu- Nationalen halte?

Selbst-Zweifel sind vielleicht nur die Kehrseite von Selbst-Gewißheiten. Heimat war für mich ein persönliches Thema, bevor es auch zum professionellen Thema geworden ist. Mit dem Dazu- und Dahingehören habe ich ich es mir nicht gerade leicht gemacht.

Das beginnt in meiner Familie, über die ich hier nur erzählen will, daß das Fremdfühlen in einer Umgebung, die durchaus als Zuhause für Kinder gedacht war, mehrere Aspekte hatte. Eine - über andere Probleme hinausreichende - Spannung hatte aber auch damit zu tun, daß meine Eltern eine für die DDR der frühen sechziger Jahre kulturell "unmögliche" Beziehung eingegangen waren. Meine Mutter war und blieb gläubige Katholikin - mein Vater ein im Staatsapparat angestellter Parteigenosse. Ein Kind kann sich in so einer Konstellation nur davor hüten, sich auf eine Seite zu schlagen und stellt es sich auf beide, hat das auch seinen Preis. Es lernt früh die Zweiseitigkeit jeder Angelegenheit kennen, aber es bleibt dabei zerrissen und in vielerlei Hinsicht überfordert. Daß es Gott gibt und gleichzeitig nicht gibt, hat auch erwachsene Denker schon verrückt gemacht.

In der Schulzeit war das eher ein Problem der Zeitplanung- dienstags Religion, mittwochs Junge Pioniere - Heimat versprachen die einen im Sozialismus, die anderen beim himmlischen Vater. Als schon recht klug gewordenes Mädchen sang ich die Lieder bei beiden laut mit und glaubte heimlich gar nichts mehr. Erst als Jugendliche fand ich einen gewissen Reiz daran, die eine unumstößliche Wahrheit mit der anderen zu konfrontieren und versuchte damit, Klarheit, sei es auch um den Preis des endgültigen Ausschlußes von einer der beiden Seiten zu provozieren.

Sozial gewann ich dadurch jedoch eher doppelte Einbindung. Auf der sorbischen Oberschule fand ich nicht nur enge FreundInnen, sondern erfuhr mit ihnen die ganze Region der Niederlausitz als "meinen" Lebensraum. Dieser ist geprägt durch den Braunkohlebergbau und die Zerstörung natürlicher und kultureller Zusammenhänge, unsere Schule war eines der letzten "Reservate" für eine aussterbende Minderheitenkultur. Mir gefiel es gut, eine Minderheit zu sein, und ich lernte anhand der kleinen sorbischen Volksgruppe viel über den Zusammenhang zwischen Geographie, Ökonomie, Geschichte, Sprache und Kultur. Mit 18 schrieb ich meinen ersten Heimattext für den sorbischen Rundfunk: darin ging es um den Abschied von einer Kultur und um den Wunsch, an traditionellen gemeinschaftlichen Formen anzuknüpfen. Auf sorbisch machte es mir nichts mehr aus, die Lausitz als meine Heimat - moja domownja - zu bezeichnen, schließlich sprach ich ja auch noch deutsch, da hätte ich es nie so gesagt. Als wir für die Studienbewerbung eine Nationalität wählen sollten (sorbisch oder deutsch) - eine Gefühlsentscheidung, sagten die Lehrer - vermutete ich schon wieder Vereinnahmung und ließ die Spalte frei. "Weder-noch" war meine gefühlsmäßige Reaktion auf ein Problem, das im "Sowohl-als-auch", der doppelten Zugehörigkeit bestand.

Konflikte mit der Schule ergaben sich eher im Zusammenhang mit meiner Zugehörigkeit zu einer kirchlichen Jugendgruppe, in der die Diskussion wichtiger war als das Bekenntnis. Unter den kirchlichen JugendmitarbeiterInnen fand ich einige, die einfach nur zuhörten und etwas wie Zuflucht, zunächst in einem kirchlichen Jugendhaus, später in einer kircheneigenen Wohnung.

Das Psychologiestudium in Leipzig war ursprünglich eher eine Verlegenheitslösung und Ausdruck davon, daß ich mich wieder nicht entscheiden konnte, ob ich lieber Kunst oder Mathematik oder vielleicht gar nicht studieren sollte. Das

Studium war aus heutiger Sicht ein Glückstreffer, vor allem durch neue Freundschaften und die damit verbundene Horizonterweiterung, aber auch durch die Notwendigkeit, mich mit dem auseinanderzusetzen, was ich selber wollte. Von Leipzig aus wirkte vieles kleinkariert, was mir noch in Cottbus das Herz zerreißen konnte. Ich gewann zunächst Abstand, später mehr Verständnis, was meine Familie und meine Biographie anging. Dabei fiel mir das Heimischwerden in der größeren Stadt nicht leicht: Im sorbischen Studentenwohnheim fühlte ich mich nach einem Jahr immer noch fremd und nicht zugehörig; es war geprägt durch StudentInnen aus der Oberlausitz, die sehr traditionelle Ansichten über Sorbisches und Katholisches mitgebracht hatten. Auch die Studentengemeinde definierte sich viel konservativer, als ich es bisher kennengelernt hatte. Erst nach zwei Jahren hatte ich wieder eine eigene Wohnung, Freunde in der Nachbarschaft und Gruppen, in denen ich mich persönlich, kulturell und politisch zuhause fühlte. Als ich schließlich auch noch in einer Beziehung "angekommen" war, ergriff ich dann aber doch die erste und beste Gelegenheit zur Flucht vor soviel Heimat. Ich ging zu einem Teilstudium an die Leningrader Universität - von einem Ort, an dem ich alles kannte und eigentlich alle Voraussetzungen für Heimat hatte, in die die völlige - und auch von mir damals als unwirtlich phantasierte - Fremde.

Der Reiz daran war einerseits das Herauskommen aus der DDR-eigenen Enge, das Bedürfnis, etwas ganz Anderes kennenzulernen. Damit verbunden war der Reiz, mich selbst unter ganz anderen Bedingungen kennenzulernen. Vielleicht sogar mit der Hoffnung, in der Fremde zu scheitern und dadurch bestätigt zu bekommen, daß ich dort wirklich hingehöre, wo ich inzwischen angekommen war. Herausgekommen ist eher das Gegenteil: Erfahrungen von Entgrenzung und völligem Verlorensein (russisch: razterjanost) kippten in nahezu euphorische Zustände und gipfelten in der Erfahrung, daß ich anderswo mit anderen Menschen, sogar in einer anderen Sprache ein anderes Leben führen kann - und dabei nicht verlorengehe.

In Russland lernte ich auch zu sagen, daß ich Deutsche bin, denn das war dort nur eine Art von Fremden unter vielen anderen. Im Wohnheim wohnte ich mit Afrikanern, Asiaten und Lateinamerikanern auf einem Flur, meine Nachbarn und besten Freunde waren Ramilla und Rasak mit ihrer kleinen Tochter Rena, die aus politischen Gründen nicht in den Irak zurückkonnten. In der studentischen Selbsterfahrungsgruppe saß ich u.a. mit Martin aus Malta, Fatima aus Portugal, Adam aus Palästina, Ernesto aus Costa Rica und Carlitta aus der Dominikanischen Republik; da lernte ich viel über kulturelle Differenzen und ich lernte den Wert dieser Unterschiede schätzen. Auch meine russischen Freunde machten mir schnell klar, daß sie keine Russen sind, sondern Ukrainer, Kasachen, Aserbaidshaner; meine jüdischen Moskauer Freunde Witja und Galja leben inzwischen in New York.

Die Rückkehr aus Russland brachte mir eine neue Erfahrung von Zerissenheit- nämlich die, mit meinen fremden Erfahrungen nicht mehr in meine eigenen "heimatlichen", bisherigen Lebensgewohnheiten und Beziehungen zu passen. Das veränderte mein Verhältnis zu alten und brachte mir neue Freunde; es hatte auch einen politischen Aspekt, denn während ich in der Sowjetunion war, begann dort unter Gorbatschow gerade eine politische Entwicklung, gegen die sich die DDR-Obrigkeit abzugrenzen versuchte. Die Leningrader Erfahrungen - z.B. über kritisches Denken und Handeln im System -ermöglichten mir in der DDR neue Freundschaften zu Menschen, die für mich bisher, z.T. nur aufgrund ihrer Parteizugehörigkeit, auf der anderen Seite gestanden hatten.

Im Juni 1989 fuhr ich das erste Mal gen Westen, auf Einladung eines österreichischen Onkels, der seinen 80. Geburtstag feierte. Ich war selbst überrascht, daß man mich fahren ließ, ohne daß ich die üblichen "Pfänder" - Mann, Kind, Haus - vorweisen konnte und auch leicht gekränkt in meinem Selbstbild als gefährliche Widerstandskämpferin. Schlimmer war allerdings, daß einige meiner besten Freunde sich von mir wie für immer verabschiedeten - mir also zutrauten, was für mich innerlich unmöglich schien: von heute auf morgen alles hinter mir zu lassen. Da wurde ich sehr deutlich mit dem Riß zwischen meiner nach außen demonstrierten Unabhängigkeit und der tatsächlichen inneren Bindung in bezug auf Land und Leute konfrontiert. Allerdings war ich mir da selbst plötzlich auch nicht mehr sicher: möglich, daß meine Freunde mich besser kannten, als ich mich selbst. Möglich, daß ich ausreise?

Aber die Anziehungskraft des Westens war vor Ort längst nicht so stark wie von hinter der Mauer. Da traf ich eben nicht das ganz Andere wie in Russland, sondern vieles, was überraschend und manchmal erschreckend ähnlich war wie das, was ich aus der DDR kannte. Noch am meisten irritiert war ich durch den Blick aus dem Zugfenster, als ich morgens in Österreich erwachte. Was ich da sah und worauf ich nicht vorbereitet war, war eine Landschaft: Bäume, Wiesen, Berge. Ich hatte "den Westen" in politischen und ökonomischen Kategorien denken gelernt- Freiheit, Kapitalismus, unvorstellbarer Konsum, aber eben nicht als eine Landschaft, in der die Leute leben, arbeiten, müde sind- wie bei uns auch. Das war das normale Leben, an dem meine Verwandten und Freunde mich einfach teilnehmen ließen, ohne mir viel "vorzuführen". Infolgedessen fiel mir das Zurückkommen nicht schwer. Schwer fiel mir nur das Fahren über die Grenze, unter den kontrollierenden Blicken der Grenzer, das "Klappe fällt"-Gefühl, das ich aus aus Reisen nach Osteuropa kannte: Jetzt haben sie dich wieder. Wieviel auch dieses Grenzgefühl mit Heimat zu tun hat, weiß ich erst heute. Das erklärt auch meinen einzigen emotionalen Ausbruch während der Österreich-Reise: wir waren ins Burgenland bei Szopron an die ungarische Grenze gefahren, über die wenige Tage später die Massenflucht losging, da war statt Stacheldrahtzäunen und Mauern nur noch ein Grenzstein mitten im Maisfeld- und sonst nichts. Da kamen mir auf einmal die Tränen, nicht vor Glück sondern aus einer Art Fassungslosigkeit heraus, daß es nach all den Jahren des Sich-Wehrens gegen das Eingesperrtsein plötzlich so einfach sein sollte.

Der "Phantomschmerz", der gerade mit der Abwesenheit oder Aufhebung von Grenzen zu tun hat, eskalierte bei mir nach der Öffnung der Mauer bis hin zu vorübergehenden Lähmungserscheinungen am Grenzübergang und äußert sich noch heute in einer leichten Enttäuschung, wenn an den westeuropäischen Grenzen keiner mehr meinen Paß sehen will, den ich doch jetzt (endlich) habe.

Mit der Wende wurde Heimat zu einem neuen Problem- welches Land war denn damit gemeint? Die vergangene DDR? Das chaotisch-lebendige Niemandsland, in dem plötzlich alles möglich schien? Die alte Bundesrepublik oder die neue? Europa? Oder am Ende die ganze jetzt erreichbare Welt?

Auch für mich war diese Zeit ein Wechselbad der Gefühle von Euphorie bis Enttäuschung und von Aktivität bis zu völligem Rückzug. Nachdem "die anderen" den schnellen Anschluß an die Bundesrepublik gewählt hatten, "emigrierte" ich erstmal ein paar Wochen in die Schweiz. Auch um die "Deutschland" grölenden Gesichter, die ich da zum Schluß manchmal auf den Demonstrationen gesehen hatte, zu vergessen - zu denen wollte ich nicht gehören, auch nicht zu diesem sich breitmachenden Nationalismus, der mir von allen Titelseiten entgegenschwappte. Die Freiheit der Fluchtmöglichkeiten hatte allerdings beträchlich zugenommen, ich konnte jetzt eben in die Schweiz gehen oder nach Holland, nach Frankreich, England, Schweden, sonstwohin. Das war nur noch eine Frage des Geldes. Ich konnte auch immer noch nach Polen, Russland, die Tschechoslowakei, befand mich allerdings auch da plötzlich in einer fremden und unangenehmen Position: der Westlerin.

Begründen muß ich mir heute also eher, weshalb ich immer wieder hierher zurückkomme und immer lieber dableibe, warum ich mir sogar ein Haus gesucht habe, in dem ich wie beim Schreiben dieses Buches tagelang sitze und schon mehr als einen Sommer mit Kindern, Katzen, Freunden verbracht habe. Es scheint wie ein Rückzug auf Heimat als die Orte, an denen ich mich ganz wohlfühle, wo ich Freunde treffen und meine Arbeit machen kann, alles Dinge, die meist von mir abhängen und durch mich zu beeinflussen sind. Und ich habe die Wahl zu kommen und zu gehen, fast wie ich will.

Damit könnte ich mein persönliches Heimatproblem vielleicht als gelöst deklarieren, aber so einfach ist es eben doch nicht, nicht nur, weil ich doch immer wieder- und nicht nur zum Arbeiten- nach Leipzig fahre. Ich kann niemandem, auch mir selbst nicht, versichern, daß es, wie es ist, auch bleiben wird, bzw. daß ich bleiben werde, wo und wer ich bin.

Da gibt es ja neuerdings noch Paris und New York und mich könnte reizen herauszubekommen, wie verändert ich von dort zurückkomme. Vielleicht ist das Landleben mit Kindern und Katzen auch das Richtige für die nächsten zehn Jahre. Vielleicht trifft das Haus der Blitz. Vielleicht kann ich mein Geld demnächst nur noch in München verdienen. Vielleicht brauche ich mal wieder mehr Abstand von meinen Freunden. Vielleicht lerne ich doch noch einen anständigen Beruf, bei dem man am Abend sehen kann, was man den ganzen Tag über gemacht hat. Vielleicht werde ich krank. Wer kann das wissen. Sind die vielen Vielleichts schon Ausdruck von Heimatlosigkeit oder von zu vielen möglichen Heimaten?

Jedenfalls halten sie mich in Bewegung, was mir gefällt. Andererseits sehne ich mich auch nach einem sicheren Ort und beneide Leute, die nicht soviele Vielleichts kennen. Die nur ein Leben für sich für möglich halten oder maximal zwei. Die eine sichere Position haben, einen immer anwesenden Partner, einen Hausarzt, einen Bausparvertrag und eine Lebensversicherung. Wenn ich das so aufzähle, klingt es ziemlich distanziert. Ich sehne mich also nach etwas, was ich andererseits nicht wirklich will. Aber an manchen Tagen kommt mir mein Unwillen wie eine Unfähigkeit vor, als wäre ich nicht in der Lage, Heimat zu machen, so wie es sich gehört. So subjektiv wäre Heimat ein schöner Einstieg für eine Therapie, aber für ein wissenschaftliches Buch? Was soll da so ein persönliches Problem?

Wenn ich von meinen Beweggründen erzähle, dann zum einen, weil meine persönliche Perspektive auch meine wissenschaftliche Arbeit beeinflußt: Die Art und Weise, wie ich das Problem von Heimat formuliere, die Auswahl von Literatur und Methoden, nicht zuletzt auch die Frage, wie ich mich mit den Äußerungen anderer Menschen über Heimat auseinandersetze. Die ausführliche Darstellung meines eigenen Standpunktes am Beginn der Arbeit soll dem Leser dazu dienen, meine Interpretationen nicht nur zu verstehen, sondern an manchen Punkten auch zu relativieren und dadurch darüber hinausgehen zu können.

Zum anderen halte ich mein Problem mit Heimat zwar für individuell, aber keinesfalls für einmalig. Gerade die Auseinandersetzung mit meinen persönlichen Zweifeln an der Notwendigkeit und der Möglichkeit von Heimat hat mich sehr schnell - und häufig unvermutet - mit der Subjektivität anderer konfrontiert. Es sieht demnach so aus, als ob man über Heimat gar nicht mehr anders reden kann als zweifelnd und in einem hohen Maße subjektiv. Das ist für mich noch klarer geworden, seitdem ich Menschen über längere Zeit therapeutisch begleite. Wo der eigene Platz sein kann, taucht immer wieder als Frage auf. Die Wege, auf denen Menschen Heimat suchen, fliehen, vermeiden, vielleicht auch - unterwegs eben - kurzzeitig finden, sind genauso verschieden wie diese Menschen. Dennoch scheint es eine gemeinsame Erfahrung dieser Frauen und Männer, daß es nicht so einfach ist, sich in seiner Welt auch zuhause zu fühlen bzw. sie so zu gestalten, daß sie Heimat wird. Daß es wohl ein großes Bedürfnis nach Vertrautheit, Geborgenheit, Sicherheit, einem Platz, den man kennt und deshalb auch verantworten kann, gibt, daß aber jeder Platz, den man zur Heimat zu machen versucht, sehr widersprüchlich bleibt. Und einem selber schnell unheimatlich und manchmal sogar unheimlich werden kann. Die Kehrseite der Festlegung von Heimat scheint das Gefangensein, und die Angst davor hält sich mit der Sehnsucht danach oft die Waage.

Zwar sind die Geschichten von Heimaten, die man schon ausprobiert hat, verschieden, aber gemeinsam ist ihnen, daß Heimat nichts ist, was man dauerhaft oder gar selbstverständlich hat. In den Anstrengungen um Wohnungs- oder Partnersuche, in den Reisen um die Welt oder zur eigenen Mitte, manchmal auch in Bau- und Finanzierungsplänen äußert sich das Bedürfnis, irgendwo anzukommen - von wo man dann auch möglichst wieder weg kann.

Die Suche nach Heimat ist eine Art Drahtseilakt geworden, es erfordert eine hohe Beweglichkeit, kleine Schritte nach vorn, zurück, vielleicht auch mal tastend zur Seite, und immer wieder Ausbalancieren, um nicht abzustürzen.

Ich behaupte, daß das auch für die Leute ein Problem ist, die nicht darüber reflektieren. Im Osten Deutschlands ist das möglicherweise leichter nachzuvollziehen, da sind Eigentumsverhältnisse, Positionen, Ideale, Ideologien, aber auch alltägliche Lebensorientierungen, Routinen und Gewohnheiten ohnehin in Bewegung gekommen. Selbst da, wo Stabilität und relative Sicherheit scheinbar wiedergefunden wurden, spricht das starke Klammern daran von bleibender Verunsicherung. Die Heimat ist nicht mehr die, die sie war, und sie wird auch nicht so bleiben, wie sie jetzt ist. Das Festhalten an Gewohnheiten, als wäre alles beim Alten, soll genau über dieses Gefühl hinweghelfen.

Genauso überraschend ist, mit welcher Beharrlichkeit die Leute in den alten Bundesländern versuchen, sich und andere davon zu überzeugen, daß sich für sie nichts Wesentliches geändert hat und auch nicht ändern wird. Das kann man mit einer akuten Abwehrreaktion auf die Wiedervereinigung erklären, mir scheint es eher eine schon chronifizierte Immunreaktion gegen den anhaltenden Modernisierungsstreß. Die Realität der großen westdeutschen Städte ist inzwischen multikulturell - unabhängig davon, ob man das als Bereicherung oder als Belastung empfindet. Das Kruzifix an bayrischen Schulen wird als selbstverständliche Ausstattung hintergefragt, nicht mal von den Eltern moslemischer Schüler, sondern von denen, die mit einem Wohnort in Bayern nicht mehr automatisch die katholische Religionszugehörigkeit verbunden sehen wollen. Die Städte und Dörfer sind schon lange nicht mehr wiederzuerkennen, die Arbeitswelt ändert sich rapide. Ob man selbst nach Thailand in Urlaub fliegt oder nicht, der eigene Arbeitsplatz hängt inzwischen häufig auch davon ab, wieviel billiger in Thailand produziert werden kann. Thailand ist also bedeutsam geworden für das Heimatgefühl von Wolfsburgern, Kronachern und auch

Görlitzern. Osteuropa könnte es werden. Wenn ich die Zeitung aufschlage oder den Fernseher anmache, lese, höre und sehe ich fast nur noch Nachrichten über Menschen, für die es zum Problem geworden ist, eine Heimat zu haben oder zu brauchen. Es gibt Millionen von Menschen, die unterwegs sind, zwischen Ländern, zwischen Kulturen, zwischen Sprachen und zwischen Überzeugungen- und es gibt immer mehr, die sich nicht mehr eindeutig zuordnen können und wollen. Und es gibt viele, die sich zwar gerne zuordnen würden, aber nicht dazugehören dürfen.

Ich höre immer häufiger von Menschen, die sich durch diese Veränderungen bedroht und in ihrem Verständnis von Heimat angegriffen fühlen. Sie versuchen ihren Begriff von Heimat zum Maßstab für andere zu machen und - notfalls mit Waffengewalt - durchzusetzen, indem sie ihre Heimat einzäunen oder einmauern, Menschen von dort vertreiben, zu Mord und Totschlag aufrufen und "ethnische Säuberungen", fundamentalistischen oder ausländerfeindlichen Terror praktizieren. Auch das wird mit dem Bedürfnis nach und dem Recht auf Heimat begründet.

So gesehen ist mein persönliches, durchaus subjektives Problem nur ein winziger Splitter von einem höchst allgemeinen und in diesem Sinn auch politischen Problem.

Dieses politische Problem wird meine Arbeit natürlich nicht lösen - Bücher lösen überhaupt recht wenig, im besten Fall machen sie das eine oder andere deutlich. Dennoch entsteht hier möglicherweise die Frage, warum ich angesichts dieser immensen politischen Dimension ausgerechnet eine psychologische Arbeit schreibe. Als würde die Auseinandersetzung mit dem Einzelfall etwas von den politischen und ökonomischen Machtkämpfen aufklären, die diesem Problem zugrundeliegen.

Die Antwort darauf ist erstmal einfach - es ist mein Beruf, ich bin Psychologin, ich kann nichts anderes als zu untersuchen, wie einzelne Menschen subjektiv ihre Welt und darin ihre Heimat gestalten. Darüberhinaus scheint mir in dem weltweiten Streit um Heimat die subjektive Bedürftigkeit und die Angst einzelner Menschen eine starke Triebkraft zu sein. Bedürftigkeit und Angst sind aber auch das, was Menschen beeinflußbar macht - und damit benutzbar - für Ideologien und Handlungen, die anderen die Heimat absprechen.

Was mich interessiert, ist genau diese subjektive Dimension von Heimat. Ich will wissen, was Heimat für einzelne Menschen ist und wie Heimat von einzelnen Menschen gemacht wird. Und ich will wissen, wozu das bei ihnen selbst und bei anderen führt: Zu Integration oder Zerissenheit, zu Offenheit oder Gewalt, zu Verzweiflung oder zu verantwortlichem Handeln?

Psychologische Methoden der Analyse und Interpretation halte ich dabei in erster Linie für eine Möglichkeit, um zu beschreiben, zu interpretieren und möglicherweise zu verstehen, wie und warum Menschen Heimat so und nicht anders definieren und welchen Sinn diese Definition für sie selbst und für andere Menschen hat. Hier sehe ich mich in einer phänomenologisch-hermeneutischen Tradition, die die subjektive Welt des Anderen in einem hohen Maß respektiert.

An manchen Stellen werde ich die subjektive Welt von anderen allerdings auch in Frage stellen, nach ihren Kosten für das Individuum und für andere fragen, nach der Verdrängungsleistung, die darin eingeschlossen ist, und nach der Gefahr, die davon ausgeht. Hier wird mein Herangehen eher kritisch-analytisch sein, ausgehend von der Annahme, daß jeder Mensch die Wahl hat und verantworten muß, was er tut.

Auch wenn mein Zugang in dieser Arbeit in erster Linie ein individualpsychologischer ist, werde ich an vielen Stellen auf sozialpsychologische und an manchen Stellen auch auf politische Zusammenhänge eingehen. Weil Menschen in diesen Zusammenhängen leben und weil sich gerade im Begriff von Heimat die Dynamik von Individuellem und Sozialen äußert. Genauer gesagt: Das Problem von Heimat besteht darin, für oftmals sehr individuelle Bedürfnisse und individuellen Handlungsmöglichkeiten einen Platz in einer gemeinschaftlich und gesellschaftlich organisierten Welt zu finden.

B. Heimat in der Literatur

Wenn man im Computer der Deutschen Bücherei das Stichwort Heimat eingibt, werden allein für die letzten zwei Jahre mehr als 400 Titel aufgelistet, die damit zu tun haben. Das berührt mich durchaus zwiespältig: Einerseits bestätigt es mich darin, daß Heimat ein höchst aktuelles und brisantes Thema ist. Andererseits nimmt dieser Bücherberg zunächst auch jedem persönlichen Engagement die Luft: es ist schon soviel gesagt und geschrieben worden, was habe ich dem noch hinzuzufügen?

In einer zweiten Annahme habe ich mich allerdings offensichtlich geirrt, und das wiederum kann meine Arbeit wieder motivieren. Ich war davon ausgegangen, daß Heimat ein genuin psychologisches Thema ist. Das stimmt nach dieser Literaturrecherche nicht: unter diesen 400 Titeln ist nur ein einziges, im engeren Sinn psychologisches Fachbuch, ein Reader von einer Tagung für politische Psychologie[1], dessen Beiträge zum größten Teil erste Annäherungen an das Thema darstellen.

Zur Überprüfung dieses Eindrucks habe ich in mehreren psychologischen Wörterbüchern geblättert und fand den Befund bestätigt: Heimat gibt es nicht in der Psychologie. Heimat ist jedenfalls keine psychologische Kategorie - allenfalls findet sich unter dem Stichwort Heimweh eine Störungsdiagnose: die Poriomanie, der "unstillbare Wandertrieb" taucht in älteren psychiatrischen oder psychopathologischen Wörterbüchern mehr oder weniger als Verwahrlosungssyndrom auf. Heimat als Problem der Psychologie gibt es also bisher nicht, obwohl das doch ganz offensichtlich ein psychologisches Problem für viele Menschen ist. Aber wenn Heimat kein psychologisches Thema ist, wessen Thema ist es dann?

Der Großteil der 400 Titel entstammt der klassischen "Heimatkunde", es handelt sich überwiegend um Publikationen von Heimatforschern, Heimatfreunden, Heimatvereinen, die sich mit konkreten, meist geographisch

1 Belschner, Grubitzsch, Leszczynski, Müller-Doohm (eds.)(1995), Wem gehört die Heimat? Beiträge der politischen Psychologie zu einem umstrittenen Phänomen. Leske und Budrich, Opladen

abgrenzbaren Heimaten beschäftigen, vorwiegend mit deren landschaftlichen bzw. historischen Aspekten, mitunter mit Mentalität, vorwiegend jedoch mit Brauchtum, Trachten, Hausbau. Ein überraschend großer Teil dieser Arbeiten beschäftigt sich - 50 Jahre nach Ende des II. Weltkriegs - mit verlorenen Heimaten: mit Schlesien, Ostpreußen, dem Sudetenland. Auch da geht es eher um Details der Erinnerung, an denen sich Heimatliebe festmachen läßt, als um politische Reflexion. Die psychologische Qualität dieser Bücher besteht darin, daß sie der kollektiven Erinnerung einen Rahmen geben: Ja, so war es bei uns! Man bekommt das Gefühl, daß Autoren und Leser verbündet sind, wenn sie sich nicht ohnehin kennen. Für den hingegen, der diese Heimaten nicht aus eigener Anschauung - zumindest als Tourist - kennt, bleiben diese Beschreibungen merkwürdig intern.

Anders ist das bei der zweiten großen Gruppe von Publikationen, der Literatur über Heimat, schöner Literatur im klassischen Sinn, Dichtung. Auf diese will ich etwas ausführlicher eingehen, weil sie vielleicht am konsequentesten die Subjektivität von Heimaterfahrungen widerspiegelt.

In der Belletristik wird Heimat als etwas beschrieben, das über die Erfahrung der Außenwelt hinausgeht; sie macht scheinbar nur subjektiv erfahrbare Heimaten für Außenstehende, für LeserInnen identifizierbar und kommunizierbar. Das gelingt ihr einerseits über Verdichtung, in den literarischen Orten und Personen sind viele Erfahrungen mit Orten und Personen quasi geronnen. Es gelingt ihr andererseits dadurch, daß sie die emotionale Qualität von äußeren Gegebenheiten deutlich zu machen versucht. Sie beschreibt nicht nur, sie bewertet auch, sie fällt subjektive Urteile über die Heimatlichkeit von Umgebungen und Verhältnissen.
Dabei resultiert auch bei den Dichtern die Genauigkeit in der Beschreibung von Heimat oftmals aus Erfahrungen von Fremdheit, Flucht, Vertreibung und Ausschluß. Walter Jens formuliert in einem literaturwissenschaftlichen Essay zum Thema Heimat[2]: "*Nur die Poesie der Ausfahrer, Exilierten und Vertriebenen kann adäquat beschreiben, was Heimat ist - nicht Dichtung der Nesthocker, die ihr heimeliges Glück im Winkel besinnen, Provinzialität für Bodenständigkeit halten.*"[3]

---

2 JENS W (1984) Nachdenken über Heimat. Fremde und Zuhause im Spiegel deutscher Poesie, S.312
3 ebd. S.312

Wirkliche "Heimatkunst" wurzelt für ihn auf dem Boden von "*Republikanertum, Achtundvierzigergeist und Urbanität*"[4]. Das zeigt Walter Jens im Zusammenhang von Biographie und Werk ausgewählter Autoren: Hebel beispielsweise, der Autor der "Kalendergeschichten", einer beinahe schon klassisch zu nennenden Heimatdichtung, "*war kein alemannischer Idylliker, sondern ein Weltmann und Sohn der Aufklärung, der Französischen Revolution verpflichtet und eingeschworen auf kosmopolitische Ideale wie Urbanität und Toleranz, die ihn, Johann Peter Hebel vom Wiesental, zum Verteidiger der Juden und Anwalt der Outcasts und Häretiker machte.*"[5]

Fontane beginnt seine "Wanderungen durch die Mark Brandenburg"[6] mit dem Satz: "*Erst die Fremde lehrt uns, was wir an der Heimat besitzen.*" Dahinter steht die Erfahrung eines langen Englandaufenthaltes, der mit starkem Heimweh verbunden war: "*Die Heimat ist zu fern, wir sind eine Pflanze in fremden Boden; es nutzt nichts, daß man alle Sorten von Mist um sie her packt, sie geht doch aus, weil sie nunmal an anderes Erdreich gewöhnt ist, und wenn es auch nur der vielverschrieene märkische Sand wäre.*" Andererseits bringt ihn genau das zur Erkenntnis: "*Die Fremde lehrt uns nicht bloß sehen, sie lehrt uns auch richtig sehen. Sie gibt uns [...] das Maß für die Dinge.*"[7] Gerade der durchaus schmerzhafte Aufenthalt in der Fremde schärft den Blick auf das Eigene "*mit seinem Nebenander von Idealität und Lächerlichkeit.*"[8]

Hölderlin - aus dem freiwilligen Exil - beschwört in seinen Gedichten Heimat als künftige Herberge und als utopischen Besitz, "*nur aus der Ferne, in der Sehnsucht des Abwesenden, nur im Konjunktiv und in der Frage- und Wunschform*"[9] und in der Beschreibung "*geographisch bis ins winzigste Detail hin stimmiger Bilder*"[10] - Jens kommentiert: "*Die Sprache des Heimwehs ist exakt.*"[11]

Die Utopie, wie Heimat sein müßte, ist mit der Realität schon damals nicht zusammenzubringen, Hölderlin stirbt in "geistiger Umnachtung", an den Realitäten der Heimat ist er verrückt geworden.

---

4 ebd. S.319
5 ebd. S.312
6 ebd. S.315
7 ebd.
8 JENS S.312
9 ebd. S.313
10 ebd. S.314
11 ebd. S.314

Wie Hölderlin zerreiben sich auch Kleist, die Günderrode und andere Dicher der deutschen Romantik an ihrem Verlangen nach Heimat und der Unmöglichkeit, eine realen Platz zu finden, der ihren Ansprüchen nach freier Entwicklung und Ent-Äußerung genügen könnte. "Ins Unbekannte gehet eine Sehnsucht" nennen Christa und Gerhard Wolf ihre Essay-Sammlung über diese literarische Epoche[12]. Und in "Kein Ort. Nirgends"[13] verdichtet Christa Wolf dieses Gefühl in Identifikation mit den damaligen Dichtern zur historischen Erfahrung: "*Zwischen den Zeiten... herrscht zwielichtiges Gelände, in dem verirrt man sich leicht und geht auf geheimnisvolle Weise verloren.*"

"Kein Ort. Nirgends" kann als Botschaft gelesen werden: Es gibt keine Heimat für Menschen, die ihrer Zeit zu aufmerksam, auch zu empfindlich und folglich kritisch gegenüberstehen. Der Buchtitel "Kein Ort. Nirgends" ist aber auch die deutsche Entsprechung des Wortes Utopia. Nach der gescheiterten Revolution von 1848 ändert sich die Situation der Dichter, "*die der Heimat die Treue hielten, aber die Heimat nicht ihnen.*"[14] (Jens) Aus dem freiwilligen Exil und der Reise wird die Vertreibung oder die Flucht vor Verfolgung. So schreibt Heine in seinem Börne-Buch[15] eher wehmütig als zynisch: "*Glücklich sind die, welche in Deutschlands Kerkern [...] ruhig dahinmodern [...], denn diese Kerker sind eine Heimat mit eisernen Stangen, und deutsche Luft weht hindurch, und der Schlüsselmeister, wenn er nicht stumm ist, spricht die deutsche Sprache...*" Der Verlust der vertrauten Umgebung läßt sich mit dem bissigen Spott der "Winterreise" vielleicht kompensieren, der Verlust der Sprache nicht: "*Ihr habt vielleicht einen Begriff vom leiblichen Exil, jedoch vom geistigen Exil kann nur ein deutscher Dichter sich eine Vorstellung machen, der sich gezwungen sähe, den ganzen Tag französisch zu sprechen, zu schreiben, und sogar des Nachts am Herzen der Geliebten französisch zu seufzen.*"

Das Emigranten-Schicksal des Juden und Republikaners Heine wird während der Nazizeit zur oft tödlichen Erfahrung jüdischer und demokratischer Dichter - ihnen bleibt nicht nur die Rückkehr versagt, auch ihre Identität als deutsche Dichter wird nicht mehr anerkannt: "*Die Vergangenheit war urplötzlich*

12 WOLF C UND G (1985) Ins Ungebundene gehet eine Sehnsucht. Gesprächsraum Romantik. Aufbau. Berlin Weimar

13 WOLF C (1979) Kein Ort. Nirgends. Aufbau Verlag, Berlin, Weimar; S.172

14 JENS S.314

15 zit. bei JENS S.314f

verschüttet, man wußte nicht mehr, wer man war." schreibt Jean Amery in dem für mich eindrücklichsten Text zum Heimat-Thema: "Wieviel Heimat braucht der Mensch?"[16]

Die Ambivalenz und Zerissenheit kann niemand so genau schildern wie die Vertriebenen: Die eben noch schöne Heimat wird feindlich; um überleben zu können, müßte man sie hassen, aber gleichzeitig sehnt man sich nach ihr. Man sehnt sich nicht nur nach der vertrauten Sprache, Umgebung, Landschaft- davon spricht z.B. Anna Seghers Buch "Das siebte Kreuz" in jedem Detail[17] - sondern auch nach der Anerkennung der früheren Nachbarn, die plötzlich zu Feinden geworden sind. Amery schildert eine Hausdurchsuchung in seinem Pariser Exil, bei der die SS-Männer in seinem heimatlichen Dialekt reden und es ihn, trotz Lebensgefahr, fast zerreißt, sich ihnen nicht als Landsmann erkennen geben zu dürfen. Ähnliches liest man heute von Dichtern aus Jugoslawien, wo es auch nicht mehr um den gemeinsamen Ort, sondern nur noch um die unterschiedliche ethnische Herkunft geht.

Die Situation der jüdischen Dichter in Deutschland hat diese Ambivalenz über die Jahrhunderte begleitet, umso genauer und haben sie das Land und die Leute, die sie nicht als Hierhergehörige anerkennen wollte, beschrieben. In und noch lange nach der Nazizeit ist dieser Konflikt für viele tödlich ausgegangen. Selbst die Abschiedsbriefe aus den Lagern oder vor dem Selbstmord wurden noch deutsch geschrieben.

Die Heimatidylle ist zum Ort des Verbrechens geworden. Infolgedessen entwirft Brechts Gedicht "Rückkehr"[18] auch ein anderes Bild als ehemals Hölderlins "Heimkunft"[19]:"*Die Vaterstadt, wie empfängt sie mich wohl? Von mir kommen die Bomber, tödliche Schwärme melden Euch meine Rückkehr. Feuerbrünste gehen dem Sohn voraus.*" Die Spanne zwischen diesen zwei Gedichten beschreibt Walter Jens als "*Kluft zwischen der Evokation einer freundlichen, auf wechselseitigen Treue beruhenden Heimkunft und der Beschwörung einer Wiederkehr, die*

---

16 zit. bei JENS S.315

17 SEGHERS ANNA (1946) Das siebte Kreuz,

18 BRECHT BERTOLD Rückkehr; in: Brecht B. Von der Freundlichkeit der Welt. Gedichte. Insel-Verlag, Leipzig; S.58

19 zit. bei JENS S.317

auf Destruktion, Schuld und Vernichtung derer beruht, die aus eigenen Kräften ihr Joch nicht abschütteln konnten."[20]

Destruktion, Schuld und Vernichtung beschreibt auch der Dramatiker Borchert in seiner Heimkehr, die "Draußen vor der Tür" endet[21]. Es gibt kein Zurück mehr in die Heimat der Idylle- der Zerstörung der Städte ist die Zerstörung der Menschen vorausgegangen, übrig bleibt "*eine Generation ohne Abschied und ohne Wiederkehr*"[22].

Das Heimkehren wird zum Nachkriegsthema, diejenigen, die heimkehren, sind genauso wenig wiederzuerkennen wie die Orte, die sie da vorfinden: "*Die verkommene, unkenntlich gewordene, entstellte Heimat: ein Zentralsujet zeitgenössischer Literatur- entwickelt am Beispiel (und aus der Perspektive) von Heimkehrern, dem Ludwig Anatol Stiller Max Frischs zum Beispiel oder Dürrenmatts Claire Zachanassian - Heimkehrern, die durch ihr Anderssein (Hölderlin würde sagen: ihre "Treue zum Ursprung") jene Gedächtnislosigkeit entlarvten, mit deren Hilfe die Daheimgebliebenen dort Kontinuität inszenierten, wo allein Trauerarbeit und Neubeginn der Utopie Heimat hätten gerecht werden können.*"[23] Auch Heimat wird in den Büchern und Filmen der 50er Jahre zu einer Inszenierung von Kontinuität, als könnte die Fiktion der heilen Welt heilen, was unwiderbringlich zerstört ist.

Erst Ende der 60er Jahre beginnen deutsche SchriftstellerInnen der Nachkriegsgeneration gegen die Gedächtnislosigkeit anzuschreiben, exemplarisch genannt seien Uwe Johnsons "Jahrestage" und Christa Wolfs "Kindheitsmuster"[24]. Sie erinnern an das Mit-Verstricktsein in einer scheinbar harmonischen Heimatwelt, in der und um die herum Mord, Krieg und Unterdrückung organisiert wurden. Da geht kein unschuldiger Blick in eine unschuldige Kindheitsidylle, sondern die Aufmerksamkeit richtet sich auf die Zeichen der Brüchigkeit, der Inszenierung von Normalität, auf die man schon damals hätte aufmerksam werden müssen. Hinter der schönen Fassade ist ein schrecklich

---

20 JENS S.317

21 BORCHERT W (1961) Draußen vor der Tür. In: Das Gesamtwerk. Mitteldeutscher Verlag, Halle; S.123-198

22 ebd. S.73

23 JENS S.317

24 JOHNSON UWE (1973) Jahrestage. Suhrkamp, Frankfurt; Wolf Christa (1976) Kindheitsmuster. Aufbau-Verlag, Berlin Weimar

verzerrtes Gesicht zum Vorschein gekommen. Nun gilt es, nichts mehr zu beschönigen und die falsche Fassade zu zerstören. Siegfried Lenz' "Heimatmuseum" geht am Ende in Flammen auf[25].

Diese Art der Auseinandersetzung mit der eigenen deutschen Vergangenheit scheint auch die Voraussetzung dafür zu sein, etwas Gültiges über die Gegenwart des damals noch geteilten Deutschlands sagen zu können, dessen Teilung Folge des von Deutschland ausgegangenen Krieges ist. Erst wenn diese Prämisse anerkannt ist, wird es möglich, ohne Pathos von deutscher oder individueller Zerissenheit zu berichten, wie Christa Wolf in "Der geteilte Himmel" und Uwe Johnson in "Mutmaßungen über Jakob"[26]. Da werden dann auch wieder Sätze über Heimat formuliert, die deren Ambivalenz gewachsen sind: "*Da ist er am Ende lieber zurückgegangen in das Elend der Heimat, weil es die Heimat war.*"[27] Uwe Johnson selbst hatte erst die DDR, später auch West-Deutschland verlassen, um schließlich in New York zu formulieren: "*Aber wohin ich in Wahrheit gehöre[...], das ist die dicht umwaldete Seenplatte Mecklenburgs von Plau bis Templin, entlang der Elde und Havel.*"[28] Was an Heimat bleibt, ist die Erinnerung an eine Landschaft und an eine Mentalität, die scheinbar umso schärfer wird, je weiter man sich davon entfernt und die mit dem Wissen lebt, daß es kein Zurück gibt. "*Und doch muß es ein Wort geben, das mehr ist als Herkunft und dennoch nicht in die Falle der Sehnsüchte geht und Heimat heißt und den Sprechenden betrügt.*"

Was also ist Heimat? Von den Schriftstellern lerne ich: Eine Metapher, die menschliche Erfahrungen - insbesondere die von Fremdheit, Ausgeschlossensein, Vertreibung und Verfolgung - verdichtet in einen utopischen Entwurf.

---

25 LENZ SIEGFRIED (1978) Heimatmuseum. Hoffmann und Campe, Hamburg

26 WOLF CHRISTA (1975) Der geteilte Himmel. Aufbau, Berlin, Weimar; JOHNSON UWE (1959) Mutmaßungen über Jakob. Suhrkamp, Frankfurt

27 JOHNSON (1959) S.53

28 JOHNSON U (1994) Wohin ich in Wahrheit gehöre. Suhrkamp, Frankfurt

C. Zur Begriffsgeschichte von Heimat - ein historischer Überblick

In der Reflexion über Literatur ist bereits angeklungen, daß die Wahrnehmung und Beschreibung von Heimat nicht nur mit subjektiven Erfahrungen zu tun hat, sondern auch viel mit den historischen Umständen, unter denen sie gemacht wurden. Der Heimatbegriff selbst hat einen Bedeutungswandel erfahren, der diese Veränderungen widerspiegelt. Ich stütze mich in meiner Darstellung in erster Linie auf einen Abriß der Begriffsgeschichte von Herrmann Bausinger[29], der die folgenden fünf Stufen der Begriffsentwicklung benannt hat. Ergänzend dazu scheinen mir Überlegungen der amerikanischen Historikerin Celia Applegate interessant, die sich am Beispiel der Pfälzer Heimatbewegung mit dem Verhältnis von Provinzialität und Nationalismus im deutschen Heimatbegriff auseinandergesetzt hat.[30]

1. Heimat als Besitz und Recht

Historischer Ausgangspunkt ist ein Begriff von "Heimat", der das Eigentum an Grund und Boden bezeichnet und bis heute im alemannischen Sprachraum als Synonym für das eigene Grundstück, für Haus und Hof gebraucht wird. Dieser Begriff von Heimat ist ökonomisch und juristisch, er läßt sich in Zahlen und Maßen ausdrücken, er ist definiert über Lage, räumliche Erstreckung und Preis. In dieser Bedeutung wird er beispielsweise noch von Jeremias Gotthelf verwendet: "*Die neue Heimat kostet ihn wohl 10.000 Gulden.*"[31] Verbunden mit dem Besitzrecht ist das Erbrecht: "Der älteste Sohn kriegt die Heimat", heißt es im Schwäbischen. Töchter und Jüngere gehen leer aus und müssen sich "heimatlos" als Mägde und Knechte bei anderen Besitzenden verdingen. Auch in

---

29 BAUSINGER H (1990) Heimat in einer offenen Gesellschaft. Begriffsgeschichte als Problemgeschichte. In: Cremer, Klein (eds.), Heimat: Analysen, Themen, Perspektiven, vol Band 249/I. Bundeszentrale für politische Bildung, Bonn, vol Band 249/I, S.76-90

30 APPLEGATE C (1990) A nation of provincials. The German idea of Heimat. University of California Press, Oxford

31 zit. bei JENS (1984) S.309

seiner späteren Version ist das "Heimatrecht" ein Ausschlußrecht, das mit Versorgungsansprüchen und Privilegien einhergeht für die, denen es zugebilligt wird. Wer aufgrund seiner Herkunft oder aufgrund des dort erworbenen Besitzes das "Heimatrecht" in einer Gemeinde hatte, konnte im Versorgungsfall, bei Armut, Alter oder Krankheit, die Unterstützung der Gemeinde beanspruchen. "Fremde" bzw. "Heimatlose", Landstreicher und Landlose waren davon weitgehend ausgeschlossen. Diese Rechtsauffassung wurde problematisch, als die industrielle Entwicklung zunehmend Mobilität von den Menschen verlangte, das statisch und stationär orientierte "Heimatrecht" wurde allmählich umgewandelt in den Versorgungsanspruch am Unterstützungswohnsitz. Der alte Begriff "Heimatrecht" wurde dabei, wie es zum Beispiel Celia Applegate für das bayrische Heimatrecht von 1820 zeigt, gerade deshalb beibehalten, um neue moderne Rechtsformen, die mehr mit staatsbürgerlichen und nationalen Verpflichtungen zu tun hatten, quasi im vertrauten Gewand lokaler Einbindung einzuführen.

Auch heute gibt es nach wie vor eine Bindung von Versorgungsprivilegien an den Nachweis eines territorial definierten "festen" Wohnsitzes (bzw. einer amtlichen Anmeldung als Wohnsitzloser - ein Paradoxon an sich), und es gibt eine Fülle von Ausschlußbestimmungen gerade im Ausländerrecht, die sehr wohl definieren, wer von der "Heimat" etwas zu erwarten hat, wer sich überhaupt an einem Ort aufhalten, arbeiten, wählen und damit "Heimat" mitgestalten darf. Gerade die vielfach kritisierten Regelungen über die deutsche Staatsangehörigkeit stehen dabei in einer historisch überholten, da in erster Linie auf Abstammung und "Blutsverwandtschaft" beruhenden Tradition.

In der Allgemeinen Erklärung der Menschenrechte der Vereinten Nationen von 1948 wurde als Heimatrecht das Recht auf das freie Verlassen und auf das Zurückkehren in den "heimatlichen" Staat definiert; selbst für Europa wurde diese Erklärung erst mit dem Zusammenbruch des sozialistischen Systems eingelöst, und auch hier scheitert der Anspruch auf freie Wahl des Wohnsitzes nach wie vor an den Privilegien von Besitz und Staatszugehörigkeit, bzw. an der beschränkten Aufnahmebereitschaft möglicher Gastländer. Auf dieser juristisch festgeschriebenen Ungleichheit von Menschen, die in erster Linie soziale Differenzen in bezug auf den Besitz bzw. Nicht-Besitz von Gütern wiederspiegelt, basiert die begriffsgeschichtlich nächste Bedeutung des Heimatbegriffes. Sie hatte ihre Vorläufer in religiösen Verheißungen einer himmlischen Heimat, in der endlich für alle ohne Unterschied Platz sein würde. Aus der realen Mühsal wurde die ewige Labsal, damit beginnt die Geschichte der Überhöhung, aber auch der utopischen Anreicherung des Heimatbegriffes.

2. Heimat als Besänftigungslandschaft

In der Folge ist vor allem die romantische "innige" Definition von "Heimat" ein Reflex auf den realen Verlust der "natürlichen", heilen und geregelten Welt in der Epoche der frühen Industrialisierung. Hier beginnt die retrospektive -vor allen von romantischen Intellektuellen getragene- Verklärung einer Vergangenheit, der bäuerlichen Lebensweise, deren reale Härte nicht mehr praktisch erfahren werden mußte. Applegate bezeichnet das sehr treffend als "*Nostalgia for a past that never was or, if it was, bore little relation to their Heimat*"[32]. Zudem ermöglichte der Rückblick in eine angeblich bessere Vergangenheit immer auch das Wegblicken von einer wenig heilen Gegenwart.

Bausinger charakterisiert die ausgesprochene "Innerlichkeit" des Heimatbegriffes als spezifisch deutsch, er sieht sie als ein Ergebnis der gescheiterten Auseinandersetzung in der frühbürgerlichen Revolution und der dadurch im Vergleich zu dessen Rolle in der industriellen Entwicklung zurückgebliebenen politischen Einfluß des Bürgertums. "Heimat" wurde, wie es Bausinger nennt, zum "Kompensationsraum" und zur "Besänftigungslandschaft", in der man schön spazierenging und seine "Weltanschauung" und "Innerlichkeit" entwickelte, weil die Einflußnahme auf die reale Außenwelt beschränkt war und blieb. Die unpolitische Ausrichtung dieses Heimatbegriffes kennzeichnet Bausinger gerade als seine politische Funktion, die Befriedung und vorweggenommene Versöhnung auftretender sozialer Gegensätze. Auch Celia Applegate beschreibt die zwiespältige Funktion des Heimatbegriffes, Konsens zu schaffen und Konflikte zu verdrängen. Sie bezeichnet "Heimat" als Mythologie, die von realen Verhältnissen absah, um "Gemeinschaft" zu stiften, auch wenn sie dabei an reale soziale und ökonomische Bindungen anknüpfte.

Mit der Verlegung der Heimat in die "Innenwelt" der Subjekte beginnt auch deren psychologische Problematik: die Reflexion einer Umgebung als Heimat

---

32 APPLEGATE S.10

(Reflexion heißt eben nicht nur Wiederspiegelung, sondern auch Verzerrung und Brechung "äußerer" Verhältnisse) diente zunächst der äußeren (sozialen), später auch der inneren (psychischen) Integration.

Romantik, Klischee, Innerlichkeit und falscher Konsens überdauerten im deutschen Heimatbegriff die Jahrhunderte und korrespondieren teilweise bis heute mit einem Mangel an Einflußnahme: Je ausgeprägter das Heimatgefühl, umso geringer scheint die Bereitschaft zu sein, sich mit realen Gegebenheiten der Heimat auseinanderzusetzen. Darüberhinaus machte und macht gerade die "Innerlichkeit" und der "Weltanschauungscharakter" die Heimat in Deutschland äußerst anfällig für Ideologisierungen und politischen Mißbrauch.

3. Heimat als Vaterland

In dem Maß, wie die soziale Differenzierung mit der Industrialisierung fortschritt, die Verelendung proletarischer Schichten in den städtischen Ballungsgebieten Klassengegensätze deutlich sichtbar machte und die Zahl der Menschen anstieg, die nach einer Formel von Marx "*nichts zu verlieren hatten als ihre Ketten*"[33], mußte ein politisches Beschwichtigungsangebot besonders auf diejenige gesellschaftliche Gruppe zugeschnitten werden, die weder an Haus und Hof, noch überhaupt an Besitz gebunden war. Die Beschwörung des gemeinsamen Vaterlandes war in erster Linie ein Identifikationsangebot an die "heimatlose" Arbeiterbewegung, die nationale Idee sollte vereinen, was sich sozial "unversöhnlich" gegenüberstand. Die Wirksamkeit dieser Ideologie der nationalen Einheit ist bis heute nicht zu unterschätzen. In der nationalen Euphorie am Vorabend des I. Weltkrieges, in der selbstmörderischen Begeisterung der deutschen Bevölkerung für den von Goebbels ausgerufenen "totalen Krieg", im millionenfachen Morden und auch Sterben "für das deutsche Vaterland" ist ihre Gefährlichkeit offensichtlich geworden.

Es spricht auch heute noch für die Funktionalität nationaler Verblendung, wenn im Zuge der deutschen Einheit von sozialer Deklassierung bedrohte ostdeutsche Jugendliche, anstatt ihren Protest an die Politiker zu adressieren, die darauf Einfluß nehmen könnten, unter der Parole: "Ich bin stolz, ein Deutscher zu sein" gegen Ausländerheime vorrücken.

33 MARX KARL, ENGELS FRIEDRICH (1848) Manifest der kommunistischen Partei

Die Arbeiterbewegung hat den Vorwurf der Vaterlandslosigkeit zurückgegeben, Jacoby argumentiert bereits 1870:

> "Unsere Heimat ist die Welt; ubi bene ibi patria - wo es uns wohlgeht, d.h. wo wir Menschen sein können, ist unser Vaterland; Euer Vaterland ist für uns nur eine Stätte des Elends, ein Gefängnis, ein Jagdgrund, auf dem wir das gehetzte Wild sind und mancher von uns nicht einmal einen Ort hat, wo er das Haupt hinlegen kann. Ihr nennt uns, scheltend "vaterlandslos", und Ihr selbst habt uns vaterlandslos gemacht."[34]

Im Gegenzug konstruiert sich die frühe Arbeiterbewegung selbst als "seelische Heimat" des Arbeiters, sie greift damit, wie es gerade die frühen Studien der Frankfurter Schule zeigen[35] auch auf zutiefst konservative, patriarchale und autoritäre Elemente zurück und führt in der tradionellen Arbeiterkultur ihren Heimatbegiff faktisch fast bis zum Recht auf die eigene Scholle (die Gartensparte) zurück.

Auch die Entwicklung einer "Heimatbewegung" Ende des 19. Jahrhunderts steht in enger Beziehung zu der Entwicklung der Arbeiterbewegung bzw. kann als Gegenangebot im Zusammenhang mit der Verhängung der Sozialistengesetze verstanden werden. Statt weiter das Elend der Städte zu schildern, wurde nun die Schönheit der Natur besungen, es entstanden Heimatbünde, Heimatvereine, Heimatmuseen und Heimatkunst. Diese Entwicklung hatte natürlich auch einen kritischen Impuls in bezug auf die Zerstörung von Landschaften und Lebensformen im Zuge der zunehmend aggressiveren Industrialisierung und auf die Lebensbedingungen in den Städten. Der Akzent lag allerdings nicht auf der Kritik der Zerstörung, sondern auf der Verklärung des Zerstörten. Sie war einseitig rückwärtsgerichtet und beinhaltete damit den Rückzug aus einer Gegenwart, die eine kritische Auseinandersetzung gebraucht hätte. Sie wurde - auch aufgrund dieses Rückzuges - zunehmend partikularistisch, ausgerichtet auf die Pflege von Einzelelementen der Kultur: Man pflegte die Mundart oder die alten Trachten und vernachlässigte die Auseinandersetzung mit den ökonomischen oder/und politischen Strukturen, die deren Kulturzusammenhang aufgelöst hatten und weiter auflösten.

---

34 ZIT. BEI KASCHUBA W (1979) Arbeiterbewegung - Heimat - Identität; in: Tübinger Korrespondenzblatt, hrsg. im Namen der Tübinger Vereinigung für Volkskunde e.V., Nr. 20, S.11-15

35 vgl. ADORNO TW (1973) Studien zum autoritären Charakter. Suhrkamp, Frankfurt; HORKHEIMER, ADORNO (1988). Dialektik der Aufklärung. Fischer, Frankfurt; ADORNO TW (1964) Reflexion aus dem beschädigten Leben. Suhrkamp, Frankfurt

Celia Applegate sieht den Impuls für die Dynamik der deutschen Heimatidee und -bewegung weniger in der sozialen Spaltung als in der historisch verspäteten Nationbildung. Die reale nationale Zersplitterung, der starke Einfluß lokaler Interessengruppen sollte quasi mit dem Heimatbegriff an die größere politische Einheit der Nation gebunden werden.

4. Heimat von der Stange

Mit "Heimat von der Stange" bezeichnet Bausinger zwei verschiedene Prozesse. Den der Umfunktionierung von "Heimat" zu einer "*Kulisse, hinter der sich ganz anderes abspielt*"[36], und den Prozeß der Kommerzialisierung und Vermarktung von Heimat im Zusammenspiel von Kulturindustrie, Tourismus und Standortsicherung: Die "heile" Welt wird vorgeführt, weil sich das kommerziell auszahlt. Dabei gibt es einen engen Zusammenhang zwischen ökonomischer Rückständigkeit und der Kommerzialisierung kultureller Traditionen in Form von "Folklore"-Korff formuliert die These von der kulturellen Kompensation ökonomischer Rückständigkeit[37]. Das Ergebnis ist ein klassischer Entfremdungsprozeß, dessen Folgen sich gerade in Tourismusgebieten, die auf Grund ihrer Natürlichkeit oder ihrer Traditionen geschätzt werden, gut studieren lassen. Die vorgeführte "natürliche Welt" wird immer künstlicher, die Heimat als Produkt immer entfremdeter. Das reale Leben der Akteure spielt sich hinter den Kulissen ab, aber je mehr reale Bedeutung diese Kulissen gewinnen, umso weniger Platz bleibt für reales Leben. Die Menschen, die gezwungen sind, ihre "Heimat" bzw. ihre Traditionen vorzuführen und zu verkaufen, gewinnen ein zunehmend unwirkliches, z.T. sogar zynisches Verhältnis zur eigenen Kultur. Das ist eine völlig paradoxe Entwicklung: Menschen, die während der Arbeitszeit Trachten anziehen, Mundart sprechen und frohe Tänze vorführen, um danach endlich "zuhause" in die Anonymität und Schnellebigkeit von Massenkonsum und Massenkommunikation abzutauchen. Die Konsumenten von Heimatkultur hingegen versuchen, gerade dieser Anonymität und Schnellebigkeit zu entfliehen und die tradierte und erkennbare Welt zurückzugewinnen. Der Massentourismus

---

36 BAUSINGER S.83

37 vgl. KORFF G (1979) Folklorismus und Regionalismus. Eine Skizze zum Problem der kulturellen Kompensation ökonomischer Rückständigkeit. In: Heimat und Identität. Probleme regionaler Kultur. Volkskundekongreß in Kiel. Karl Wachholtz Verlag. Neumünster

verbreitet dieses Modell in immer entferntere "Heimatwelten" und zerstört genau damit immer mehr fremde Kulturen. Keine Fernreise mehr ohne Eingeborenenprogramm. Den Einstieg dazu liefern jeweils die das kulturell Andere und ganz Besondere suchenden "Individualtouristen". Neckermann folgt Reinhold Messner, zwar nicht auf den Füßen, aber in Reisebussen und Düsenjets.

Die Kommerzialisierung hat auch einen Medienaspekt, Hardy Krüger bummelt mit Millionen von Fernsehzuschauern um die Welt, der Musikantenstadel hat nach den Nachrichten - aus aller Welt- die höchsten Einschaltquoten. Auch die Popularität von Edgar Reitz' Heimatserien, die von ausländischen AutorInnen beispielsweise wegen der Verharmlosung der Nazizeit kritisiert werden, hat in diesem Zusammenhang eine wichtige symbolische Bedeutung. Die Serie orientiert auf eine scheinbar begreif- und beeinflußbare Nahwelt, an der die deutsche Geschichte quasi nur vorbeigezogen ist- so wird sie wieder "vorzeigbar" und auch kommerziell erfolgreich.

5. Heimat in einer offenen Gesellschaft

Mit Heimat in einer offenen Gesellschaft entwirft Bausinger ein (ideales) Gegenmodell, für das es schon reale Ansätze gibt. Er begründet diese Entwicklungsstufe damit, daß die Zerstörung von Landschaften (und die damit einhergehende Auflösung von Lebensformen) keine wirklichen Garantien für Arbeitsplätze und steigenden Wohlstand mehr bringt. Er erklärt daraus die Zunahme von lokalen und regionalen Initiativen, die sich für die Gestaltung der Umgebung einsetzen und Heimat als "*selbst mitgestaltete kleine Welt*" und "*menschlich gestaltete Umwelt*"[38] begreifen wollen.

Aus meiner Sicht enthält diese Entwicklung wiederum zwei Aspekte: Der erste hat mit der Verbreitung der ökologischen Idee und eines Bewußtseins der "Risikogesellschaft"[39] zu tun. Während die Gewinne von Natur- und Kulturraumzerstörung für die Allgemeinheit (jedoch noch nicht für einzelne Unternehmen)

---

38 vgl. BAUSINGER, KRAMER D (1981) Die Provokation Heimat. In: Zeitschrift für Sozialistische Politik und Wirtschaft 13, pp 32-40; Greverus, IM (1979) Auf der Suche nach Heimat, Beck, München

39 BECK U (1986) Die Risikogesellschaft. Auf dem Weg in eine andere Moderne. Suhrkamp, Frankfurt

zurückgehen, wird deren Kostenseite immer "hautnäher" (wie die Zunahme der Ozonkonzentration oder die Vergiftung der Umwelt mit Allergenen) erfahrbar.

Damit wächst der Zweifel daran, ob die privatisierten Gewinne diese hohen allgemeinen Kosten noch rechtfertigen. Die Erkenntnis, die dahinter steht, ist in bester Heimat-Tradition eine der Begrenztheit. Begrenzt sind natürliche und kulturelle Ressourcen, begrenzt sind auch die natürlichen und menschlichen "Selbstheilungskräfte"; eine zerstörte Landschaft zu re-kultivieren dauert sehr viel länger, als sie zu zerstören, und manche Ressourcen lassen sich sich nicht mehr "regenerieren".

Mit dieser Erkenntnis geht eine Absage an Expansivität und eine Re-definition von Heimat einher. Heimat ist kein Ort mehr, den man hat oder auf den man ein Recht hat und den man infolgedessen gnadenlos ausbeuten kann, sondern Heimat muß gestaltet und verantwortet werden.

Das stimmt auch für einen zweiten Aspekt der offenen Gesellschaft, der im allgemeinen Diskurs unter dem Stichwort "multikulturelle Gesellschaft" verhandelt wird. Angesichts weltweiter Wanderungsbewegungen läßt sich Heimat als Ausschlußbegriff nur noch unter Einsatz undemokratischer Mittel realisieren. Ausländische Arbeitsimmigranten aus der Türkei oder aus Vietnam, deren Kinder, die zumeist in der deutschen Kultur mehr zuhause sind als in der Kultur des Herkunftslandes ihrer Eltern, in ihren Heimatländern politisch verfolgte Asylanten oder Flüchtlinge vor Krieg und Hungerkatastrophen, Aussiedler, Übersiedler und Illegale, aber genauso die kulturelle Differenzierung unter den Einheimischen haben in Deutschland eine multikulturelle Realität geschaffen, die weder durch ihre politische Tabuisierung noch durch Verschärfung der entsprechenden Gesetzgebung abzuschaffen ist.

Das Zusammenleben zwischen Menschen mit höchst individueller kultureller Orientierung gestaltet sich dabei möglicherweise komplizierter als zwischen gleichen, das gilt für Beziehungen zwischen Einheimischen jedoch genauso wie für Beziehungen zwischen diesen und Ausländern oder zwischen Ausländern verschiedener Herkunft.

Da es in einer hochindividualisierten und hochmobilen Gesellschaft nicht mehr möglich ist, jeden auszuschließen und zu vertreiben, der von einer lokalen Norm abweicht (soweit es diese Norm überhaupt noch gibt), entsteht die Frage, wie denn das Zusammenleben gemeinschaftlich geregelt und kulturelle Konflikte bewältigt werden können. Damit wird Heimat tatsächlich ein Gestaltungsraum, der von spezifischen, oft sehr praktischen Fragen des Zusammenlebens in einem Mietshaus, einem Stadtviertel, einer Region, bis hin zur Vermittlung globaler Konflikte reichen kann. Die Verweigerung dieser Aufgabe, die Illusion, eine einheitliche, einfache, eindimensionale Welt wiederherstellen zu können, führt direkt in den offenen Terror, der schließlich jegliche Kultur und das menschliche Zusammenleben zerstört.

Problematisch erscheint mir in Bausingers Modell vor allem die implizite Hoffnung einer Entwicklung vom Niederen zum Höheren. Die didaktisch hilfreich unterschiedenen Bedeutungen können aus meiner Sicht keinesfalls als einander ablösende Stufen gesehen werden, sondern sind sicher historisch nacheinander herausgebildete, aber jetzt parallel anwesende Aspekte des Heimatbegriffes. Wichtig an dieser Analyse erscheint mir vor allem, daß sich der Begriff von Heimat nicht nur historisch verändert hat, sondern zunehmend in der "Innenwelt" angesiedelt wurde. Sehr klar hat Celia Applegate das zusammengefaßt:

> "Heimat has never been a word about real social forces or real political situations. Instead it has been a myth about the posibility of a community in the face of fragmentation and alienation."[40]

Es geht bei Heimat also nicht um ein real in der Außenwelt abgrenzbares Gebiet, sondern Heimat ist ein kulturell gefärbter Mythos von Tradition und Gemeinschaft, der immer dann besondere Faszination gewinnt, wenn sich soziale Zusammenhänge auflösen bzw. soziale Transformationen größeren Ausmaßes anstehen. Applegate spricht damit auch über die Funktionalität des Heimatbegriffes in einem politischen Zusammenhang.

Überzeugend ist an dieser Darstellung auch, wie sie die Ambivalenz des Heimatbegriffs auszuloten versucht:

> "The (Pfälzers) effort to maintain the commonality invoked by the idea of Heimat can tell us much about both the dangers and the value of a communalist vision of the good life."[41]

---

40 APPLEGATE S.19
41 ebd. S.6

Es geht um die Gefahr und gleichzeitig um den Wert von Gemeinschaft, es geht um versuchten Konsens aber auch um die Ausblendung von Konflikten, es geht - mit Blick auf die deutsche Geschichte - um Vergeben aber auch um Vergessen. Mir scheinen Ambivalenz und Funktionalität zwei entscheidende Dimensionen auch für ein psychologisches Verständnis von Heimat zu sein; darauf werde ich in der Zusammenfassung dieses Abschnittes noch einmal zurückkommen.

Dabei schärft gerade die historische Analyse den Blick dafür, daß sich Ambivalenzen und Konflikte eben nicht nur in der Innenwelt der Subjekte und auch nicht nur in Bezug auf ihre unmittelbaren Bezugspersonen abspielen, sondern daß sie oftmals auch auf gesellschaftliche bzw. kulturelle Bedingungen bezogen sind bzw. von diesen beeinflußt werden. So ist auch Heimat, in dem Maß, wie sie immer häufiger zum Problem von Individuen wird, nicht nur ein individuelles, sondern auch ein kulturelles und politisches Problem. Allerdings wächst eben aufgrund dieser kulturellen Entwicklung die Bedeutung der individuellen Perspektive auf Heimat.

D. Psychologische Aspekte von Heimat: Subjektivität, Ambivalenz und Funktionalität

Was läßt sich aus dieser ersten, eher allgemeinen Orientierung in der Literatur für ein psychologisches Verständnis von Heimat ableiten?

Mein Ausgangspunkt war eine persönliche Annäherung an die Problematik von Heimat. In der Auseinandersetzung mit literarischen Beschreibungen von Heimat bin ich zu der Schlußfolgerung gelangt, daß diese in erster Linie Gegenerfahrungen, also subjektive Erfahrungen mit Fremdheit, Ausgeschlossensein, dem Verlust, dem Verlassen und dem Vetriebenwerden zu einem utopischen Entwurf einer idealen Heimat verdichten. Es geht dabei um eine Innensicht auf die Außenwelt und um die subjektive Bewertung äußerer Gegebenheiten. Historisch hat der Begriff von Heimat einen Bedeutungswandel durchlaufen, der reale, raum- bzw. ortsgebundene Erfahrungen zunehmend in die "Innerlichkeit" der Subjekte verlegt und dazu ideologisch überformt hat. "Heimat" diente zunehmend dazu, einen Konsens innerhalb von Gemeinschaften zu beschwören, die real eher durch das Anwachsen von Differenzen und Konflikten gekennzeichnet waren. Auch kulturell - nicht nur individuell - wird also das Verschwinden und Verlassen bisher selbstverständlicher "Heimatwelten" zum Auslöser für deren zunehmende Thematisierung.

Ausgehend davon, lassen sich erste Schlußfolgerungen über Heimat als psychologisches Phänomen ableiten. Als grundlegende Dimensionen erscheinen dabei *Subjektivität, Ambivalenz und Funktionalität.* Diese drei Aspekte hängen praktisch zusammen, sollen aber hier begrifflich zunächst unterschieden werden.

In bezug auf *Subjektivität* geht es darum, daß Menschen sich immer subjektiv zu ihrer Umwelt ins Verhältnis setzen. So ist also auch Heimat in erster Linie Ausdruck eines subjektiv bestimmten Verhältnisses zu einer Umgebung. Welche Umgebung zur Heimat bestimmt oder als Heimat abgelehnt wird bzw. welche Aspekte einer Umgebung als heimatlich bzw. unheimatlich erfahren werden, hängt nicht nur von objektiven Gegebenheiten ab, sondern von den subjektiven Bedürfnissen, die jemand damit verbindet. Dieselbe Stadt, dasselbe Land, sogar dieselbe Familie können für den einen, der darin lebt, sehr wohl heimatlich sein, für den anderen hingegen überhaupt nicht. Die Einschätzung hängt einerseits von den persönlichen Bedürfnissen ab und andererseits von den Fähigkeiten, diese Bedürfnisse in dieser Umgebung zu realisieren, allerdings auch davon, inwieweit diese Umgebung den Bedürfnissen entspricht bzw. begegnet. Das hat mindestens drei Aspekte:

- die *Subjektivität der Wahrnehmung*: Von unterschiedlichen Menschen wird ein- und dieselbe Umgebung unterschiedlich - und auch in unterschiedlichem Maß als heimatlich - wahrgenommen. Verschiedene Menschen betrachten die objektiv selben Räume unter unterschiedlichen Gesichtpunkten und sehen dadurch Verschiedenes: Der Keller ist für den Erwachsenen Abstell- und Lagerraum, für das kleine Kind Angst und Bedrohung, für das größere Spielraum und Versteck.
- die *Subjektivität der Bewertung*: Was als schön, frei, herzlich und heimatlich, oder im Gegenteil als fremd, abweisend, beengend oder häßlich bewertet wird, hängt von den unterschiedlichen Maßstäben ab, die sich Menschen in ihrer individuellen Geschichte erworben haben.
- die *Subjektivität der Bedeutung* von Heimat bzw. der subjektive Sinn einer bestimmten Auffassung von Heimat faßt beide Perspektiven zusammen: Es macht natürlich subjektiv Sinn, einen Ort zur Heimat zu erklären, den viele dafür halten, und das ist zunächst auch nicht weiter erklärungsbedürftig. Es kann aber auch subjektiv Sinn machen, einen Ort als Heimat zu sehen und entsprechend als sicher, geborgen, frei, schön usw. zu bewerten, der niemand anderem so erscheint. Der Gewinn aus der Fähigkeit, sich auch in -aus der Sicht anderer - unerträglichen Umständen einzurichten und damit zufrieden zu sein, ist für "Außenstehende" oft nicht nachvollziehbar. Das bekannte Elend scheint immer noch sicherer als die vielversprechende Fremde. Das könnte für ein Grundbedürfnis nach Heimat sprechen. Dagegen spricht allerdings die große Zahl von Menschen, die unerträglichen Umständen lieber entfliehen, als sich darin einzurichten. Hier geht es also eher um ein Grundbedürfnis nach "Heimatlichkeit".

Hier setzt das Phänomen der prinzipiellen *Ambivalenz* von Umgebungen an: Jede Umgebung hat schon für sich Aspekte, in denen sie den Bedürfnissen von Menschen entspricht, und andere, in denen sie das nicht tut. Das hat auch damit zu tun, daß Menschen selbst unterschiedliche Bedürfnisse haben, die in einer bestimmten Umgebung nicht im selben Maß realisierbar sind. Ein Arbeitsplatz an der Universität garantiert zwar materielle Sicherheit und soziale Einbindung, läßt aber möglicherweise Bedürfnisse nach Unabhängigkeit und Flexibilität unbefriedigt. Das psychologisch Interessante ist eben der Umgang mit dieser Ambivalenz; also welche Bedürfnisse realisiert, welche ausgeblendet, wie Bedürfnisse gegeneinander "verhandelt" oder miteinander integriert werden. Der Umgang mit den eigenen Bedürfnissen korrespondiert auch mit der Wahrnehmung, Bewertung und Begründung von Umgebungen. Die Definition einer Umgebung als Heimat verlangt nicht nur die Ausblendung ihrer objektiv einschränkenden Aspekte, sondern vor allem die Verdrängung der darin nicht realisierbaren Bedürfnisse. Umgekehrt erfordert die Definition einer Umgebung als "Nicht-Heimat" oder ihre Abspaltung als Fremde die Verdrängung jener Bedürfnisse, die darin gut bzw. besser (als in der Heimat) zu realisieren wären, und auch die Ausblendung der darin enthaltenen persönlichen Möglichkeiten. Max Frisch hat das in seinem Heimat-Fragebogen auf den Punkt gebracht:

> "Ist Ihnen schon einmal der Gedanke gekommen, sie hätten sich für eine andere Heimat möglicherweise besser geeignet?"[42]

Menschen unterscheiden sich vielleicht auch darin, ob sie eher die Möglichkeiten oder eher die Einschränkungen in einer bestimmten Umgebung wahrnehmen - ergo eher Heimatliches oder Unheimatliches suchen und finden. Sie unterscheiden sich aber ganz sicher darin, WAS sie als Möglichkeit bzw. als Einschränkung und damit als heimatlich oder fremd wahrnehmen.

Ein dritter Aspekt schließlich ist die *Funktionalität* eines Heimatbegriffes. Im Unterschied zur Dimension des subjektiven Sinnes, die vor allem die intrapsychische, biographisch erarbeitete "Logik" der Selbst-Verortung abbildet - also quasi die Anpassung an den eigenen, inneren Maßstab - fragt Funktionalität danach, an welche äußeren, objektiven Verhältnisse ein Mensch sich mittels seiner Heimatdefinition anpaßt. Es geht also darum, wie sich ein Mensch mit seiner subjektiven Heimatauffassung in einem sozialen System plaziert. Beispielsweise "paßt" eine bäuerlich-archaische Heimatdefinition wenig in eine hochindustrialisierte Konsum-Gesellschaft, die auf Flexibilität und Mobilität aus-

---

42 FRISCH M (1990) Heimat - Ein Fragebogen. In: Cremer, Klein (eds.), Heimat: Analysen, Themen, Perspektiven, Bd. 249/I Bundeszentrale für politische Bildung, Bonn, Bd. 249/I, S.243-245

gerichtet ist, selbst wenn sie subjektiv Sinn macht. Umgekehrt ist es zwar unter modernen Verhältnissen gesellschaftlich durchaus funktional, die ganze Welt in ihrer Komplexität und mit ihren wechselseitigen Zusammenhängen als Heimat zu definieren, subjektiv scheint das aber die meisten Menschen zu überfordern.

Dabei verlagert die zunehmende Pluralisierung von Lebensformen das Problem scheinbar immer mehr auf die Ebene der Subjekte und ihrer individuellen Begründungsmuster; sie müssen und können selbst entscheiden, was für sie Heimat ist oder werden soll. Auch dahinter steht allerdings eine objektive Logik, die kultureller Zwang und zu einem Teil Ideologie ist. Folglich müßte es also auch Gegenstand einer Psychologie von Heimat sein, zu unterscheiden, inwieweit ein bestimmter Begriff von Heimat subjektiv Sinn macht und in welchem Verhältnis er zu objektiven - gesellschaftlichen oder kulturellen - Anforderungen steht bzw. wie beide aufeinander bezogen sind.

Subjektivität, Ambivalenz und Funktionalität sind natürlich nicht nur für eine Psychologie von Heimat grundlegende Kategorien. Vor einer weiterführenden theoretischen Auseinandersetzung mit psychologischen Begriffen, will ich jedoch zunächst die Ergebnisse einer ersten empirischen Annäherung darstellen.

Teil II
Heimat als subjektives Konzept

A. Welche Gedanken, Gefühle, Bilder und Assoziationen verbinden Sie mit Heimat?

Mit dieser Frage habe ich mich zunächst an 40 Personen aus meinem Bekanntenkreis gewandt, um zu erfahren, was Heimat für sie subjektiv bedeutet. Was würden andere wohl auf die Frage nach Heimat antworten? Mit welchen persönlichen Erfahrungen hing das bei ihnen zusammen? Wie gehen sie mit den Ambivalenzen von und zwischen realen Orten um?

Theoretischer formuliert ging es mir um die Erfassung subjektiver Konzepte über Heimat als empirischer Ausgangspunkt meiner weiteren Überlegungen. Die Eingangsfrage war dabei so offen formuliert, um möglichst verschiedenartige Äußerungen von Subjektivität zuzulassen und den Assoziationsraum möglichst wenig einzuschränken. Es sollten eben nicht nur Wissensbestände aus dem Heimat- oder Gesellschaftskundeunterricht abgefragt werden, es ging mir aber auch nicht darum, gleich die jeweilige "Heimatbiographie" abzufragen oder gar Heimat-Bekenntnisse einzufordern, sondern es sollte ein Assoziationsraum geöffnet werden, den jeder auf seine Art ausgestalten kann. Gerade die Art und Weise dieser subjektiven Gestaltung und die dabei aktualisierten Inhalte schienen mir dabei interessant. Die einzige weitere Vorgabe war, daß ich um schriftliche Beantwortung dieser Frage gebeten hatte, einerseits um abgrenz- und damit leichter auswertbare Texte zur Verfügung zu haben, andererseits um die Reflexion über Heimat etwas zu konzentrieren.

Eine weitere Beschränkung der Gültigkeit kommt natürlich durch die Auswahl des Personenkreises zustande, die keinerlei Anspruch auf Repräsentativität erhebt. Die meisten Personen gehören einer mittleren Altersgruppe (28-45) und einer höheren Bildungsschicht (Hochschulabsolventen) an, der PsychologInnenanteil ist überdurchschnittlich hoch, auch die Nicht-PsychologInnen arbeiten häufig in Sozial-bzw- Kommunikationsberufen, und der Anteil an Verheirateten ist (schichtspezifisch) eher gering, auch wenn die meisten Personen in festen Partnerschaften leben. Geachtet habe ich auf die relative Gleichverteilung von Männern und Frauen (17:15) und, was schwieriger war, von Ost- (20) und Westdeutschen (9); darüberhinaus beantworteten meine Frage auch Freunde aus Mexiko, Rußland, Holland und Österreich, die mir einen Ausblick auf für mich fremde Heimaten ermöglicht haben. Die Zusammensetzung der Stichprobe ist in Tab. 1 dokumentiert.

Ausschlaggebend für diese Auswahl war einerseits, daß es zunächst um einen empirischen Einstieg d.h. eine Pilotstudie ging, das Ziel war ausschließlich, den subjektiven Begriffsraum von Heimat auf den subjektiven Konzepten verschiedener Personen aufbauend abzustecken. Dafür schien mir das hohe Bildungsniveau und die damit verbundene höhere Reflexivität, aber auch ein gewisses Niveau von Vertrautheit mit den Befragten eher ein Vorteil bzw. Voraussetzung dafür, daß auch sehr subjektive Positionen formuliert und nicht nur kulturelle Stereotype reproduziert werden. Daß Braunkohlearbeiter aus Espenhain, Mitglieder von Gartensparten, Psychiatriebetroffene oder Spätaussiedler wahrscheinlich noch andere Assoziationen mit Heimat verbinden, war mir dabei durchaus bewußt.

Allerdings war ich selbst überrascht von der Intensität der Antworttexte bzw. der darin enthaltenden Auseinandersetzung mit "Heimat". Die meisten Befragten haben sich sehr persönlich mit dem Thema befaßt und sich oftmals auch auf eine Weise "offenbart", die über die bestehende Beziehung zu mir weit hinausging. Mitunter schien es mir fast, als hätte ich mit meiner Frage ein Thema berührt, daß diese Personen ohnehin beschäftigt hat. Das mag partiell ein Übertragungsphänomen sein, sicher habe ich mein Frage zuerst an solche Personen gerichtet, von denen ich wußte oder ahnte, daß sie in irgendeiner Form mit "Heimat" zu tun haben. Es kann aber auch ein Indiz für die in meinen Annäherungen erwähnte kulturelle Situation sein, die Heimat zu einem problematischen Thema für immer mehr Personen macht. Am Ende habe ich 29 Texte als Antwort auf meine Frage und drei Briefe, die spontan, allein auf die Erwähnung meines Themas hin entstanden sind, in die Inhaltsanalyse mit einbezogen. Die 32 vorliegenden Texte habe ich, unabhängig davon, ob sie zusammenhängend oder assoziativ formuliert wurden, einem qualitativen Auswertungsverfahren unterzogen, das im Sinne des

Vorgehens einer "grounded theory" (Strauss & Glaser[43]) mehrere Schritte enthielt:

1. Der erste Schritt war die sukzessive Kodierung und Kategorisierung der Texte nach Sinneinheiten unter dem Gesichtspunkt: Was für eine Art Heimat beschreibt diese Person hier? Die aus allen Texten gewonnenen phänomenologischen Kategorien habe ich inhaltlich zu belegen und voneinander abzugrenzen versucht. Diese Kategorien werde ich inhaltlich ausführlich darstellen und mit Zitaten aus den Texten belegen.

2. In einem zweiten Schritt habe ich die Verteilung dieser Kategorien innerhalb meiner Stichprobe untersucht bzw. ausgezählt. Daraus entsteht eine Rangreihe der Kategorien nach ihrer Häufigkeit, die möglicherweise Aufschluß über die Bedeutsamkeit der einzelnen Aspekte (in dieser Stichprobe) für ein psychologisches Verständnis von Heimat geben kann. Daraus abgeleitet werden auch erste Hypothesen über Gruppen- und individuelle Unterschiede zwischen Männern und Frauen, Ost- und Westdeutschen, PsychologInnen und andere Berufsgruppen usw.

3. In einem dritten Schritt habe ich die Dimensionen zu abstrahieren versucht, die diesen inhaltlichen Kategorien zugrundeliegen, und an meinem Material überprüft. Mit Hilfe dieser Dimensionen habe ich die schon erarbeiteten Kategorien zu sechs aus meiner Sicht psychologisch relevanten Themenkreisen zusammengefaßt, die im nächsten Schritt den Ausgangspunkt für die weitere theoretische Auseinandersetzung bilden.

---

43 Glaser BG, Strauss A (1967) The discovery of grounded theory. Strategies for qualitative research. Aldine, Chicago; Strauss A (1987) Qualitative analysis for social scientists. Cambridge University Press

Nr.	M/W	Alter	O/W	P/N	Kategorien	Besonderheiten
1	M	33	O	P	1,3,4,7,9,10	Ausland
2	W	35	O	P	1,2,3,4,5,6,7,8	Trennung
3	M	32	O	N	4,5,6,8,9	
4	W	33	Russ.	P	2,3,4,6	
5	M	36	O	P	3,4,5,6,7	Kind, Stadt-Dorf
6	M	37	Mex.	P	1,2,3,4,9,10	Ausland
7	M	70	O	N	1,3,4,5,7,8	Vertreibung
8	M	32	O	P	1,3,4,5,6	Eltern aus Westen
9	W	35	O	P	2,4,5,7,8,9	Kind
10	M	35	O	N	3,4,5,6,9	
11	M	35	O	P	1,2,4,5,7,9	
12	W	43	W	P	1,3,4,8,9,10	Dorf-Stadt
13	W	30	W	N	1,3,4,8,9,10	Dorf-Stadt, Ausland
14	W	31	O	N	1,4,8,9	Ost-West
15	M	42	O	N	1,4,5,6,8	Stadt-Dorf
16	M	32	O	P	1,4,6	Hausbau, Kinder
17	W	65	W	N	1,2,3,4,5,7,8,10	Vertreibung
18	W	30	W	N	1,3,4,5	
19	M	35	O	N	3,4,6	Haus, Trennung
20	W	28	O	P	1,2,3,4,5,7	Stadt-Dorf, Kinder
21	W	32	O	P	3,4,5	Stadt-Dorf, Kind
22	M	32	O	N	1,2,4,6	Stadt-Dorf, Haus
23	W	30	O	N	3,4,8,9	Ost-West
24	W	32	W	N	1,3,4,6,7,9	Kind
25	M	42	W	N	4,5,9	Trennung
26	W	32	O	P	1,3,4,8,10	Hausbau, Kinder
27	M	43	W	P	1,2,3,4,8,9	Haus im Ausland
28	M	54	O	N	1,2,3,4,6,9	Trennung
29	M	29	O	P	2,3,4,5	
30	W	30	W	P	1,3,4,10	Umzug
31	M	72	W	N	1,2,3,4,6	
32	W	70	Österr.	N	1,2,3,4,5	Ausland

B. Ergebnisdarstellung: Inhalte subjektiver Heimatkonzepte

Was kann man auf die Frage, welche Gedanken, Gefühle, Bilder und Assoziationen man mit Heimat verbindet, überhaupt antworten? Vorstellbar sind verschiedene Reaktionen: Man könnte sich z.B einfach zu einer klassischen Heimat, dem Geburts- oder Herkunftsort, bekennen, diese beschreiben und damit wären weitere Begründungen überflüssig. Man könnte aber auch den Konflikt zwischen zwei Heimaten bzw. zwischen Herkunft und gegenwärtigem Wohnort-beschreiben und deren Vor- und Nachteile gegeneinander abwägen. Man könnte die Frage auch als prinzipiell abwegig ablehnen oder begründen, warum man zu Heimat nichts sagen kann. Man könnte die eigene Heimatproblematik schildern oder einen theoretischen Exkurs über Heimat führen.

Spontan sind den meisten Befragten auf meine Frage hin offensichtlich viele verschiedene Gedanken, Gefühle und Bilder eingefallen, die auch mit verschiedenen Orten, Personen, Beziehungen und Zusammenhängen zu tun haben. Das heißt, es gibt eine Vielfalt von Heimaten nicht nur für verschiedene Menschen, sondern auch schon für ein- und dieselbe Person. Genau das ist das erste und vielleicht wichtigste Ergebnis meiner Inhaltsanalyse; unter den 32 zur Auswertung vorliegenden Texten gibt keine zwei Texte, die dieselbe Beschreibung von Heimat geben und es gibt keinen einzigen, der nur eine Heimat bzw. eine einzige Bedeutung von Heimat beschreibt. Heimat ist also etwas Zusammengesetztes und sie setzt sich für verschieden Menschen auch verschieden zusammen. Heimat ist nicht mehr eindeutig in den subjektiven Vorstellungen der von mir befragten Menschen, sie ist auch nicht mehr ganzheitlich in ihren Erfahrungen; es gibt immer mehrere Möglichkeiten, was Heimat sein könnte bzw. gewesen ist. Selbst ein siebzigjähriger Mann, der als Heimatstadt Königsberg nennt, sich im Kreis damaliger Schulfreunde heute noch beheimatet fühlt, über den Verlust dieser Heimat nachdenkt, nun aber schon seit 50 Jahren in Chemnitz "zuhause" ist, Erzgebirgsfolklore schon im Zusammenhang mit Heimat beschreibt und seinen christlichen Glauben als innere Heimat beschreibt, formuliert damit schon sechs unterschiedliche Bedeutungsdimensionen von Heimat.

Ich habe die hier vorgefundenen Heimaten inhaltlich zu differenzieren versucht und dazu Zitate aus den Heimat-Texten herangezogen. Es handelt sich dabei weniger um "Heimat-Begriffe" als um voneinander zu differenzierende narrative "Themen" oder inhaltlich verschiedene Bedeutungsdimensionen von Heimat. Insgesamt habe ich aus den Texten heraus zunächst 19 phänomenologische Kategorien gebildet, die ich in einem zweiten Schritt- unter Zuhilfenahme der mehrdeutigen Textpassagen zu zehn, zueinander relativ trennscharfen Kategorien zusammengefaßt habe. Diese zehn Heimatkategorien möchte ich im Anschluß darstellen. Der Strukturierungsprozeß ist in Tab. 2 dokumentiert.

1) Heimat als Kindheitsumgebung 2) Heimat als Elternhaus	1. Heimat als familiäre Kindheitsumgebung
3) Heimat als Naturraum und- erlebnis 4) Heimat als Kulturraum	2. Heimat als Kulturlandschaft
5) Heimat als jetziger Wohnort 6) Heimat in Beziehungen	3. Heimat als aktuelles Netzwerk
7) Heimat als Erlebnis 8) Heimat als sinnliche Erfahrung 9) Heimat als Gefühlszustand	4. Heimat als Erlebnis und Gefühlszustand
10) Heimat als innere spirituelle Welt 11) Heimat als idealer Ort 12) Heimat als Handlungsziel 13) Heimat als Illusion	5. Heimat als innerer Entwurf
14) Heimat als Ideologie 15) Heimat als Nation	6. Heimat als politisch-ideologische Konstruktion
16) Heimat als Folklore	7. Heimat als Folklore
17) Heimatverlust und Nostalgie	8. Heimat als Verlusterfahrung
18) Heimat und Fremde	9. Heimat und Fremde
19) Heimat als Vielfalt	10. Heimat als Vielfalt

Tab. 2 Phänomenologische Kategorien zur Beschreibung von Heimat

1. Heimat als familiäre Kindheitsumgebung

Hier geht es einerseits um den Ort, an dem die Kindheit stattgefunden hat; es geht um die unmittelbare Kindheitsumgebung und um die Herkunftsfamilie, es geht um Kindheitserinnerungen. Ein typischer Text stammt z.B. von einem 54jährigen Mann: *"Heimat.. damit verband sich die Familie - meine Eltern und Geschwister - und ein ganz konkreter Ort, das war Jena, zuallererst unser Haus in der x-Straße, der Garten, dann die absolut heimatliche Umgebung, die Kernberge bzw. die Jenaer Altstadt, hier war das Zuhause (ist es bis heute)"(28)*

Auch für eine wesentlich jüngere Frau war die Heimat *"sehr konkret: das Haus am Finkenrain, der Finkenrain, der Wald dahinter." (26)*

Auch mein mexikanischer Kollege erinnert sich als erstes an *"die Straße, den Garten, wo ich gespielt habe, verschieden Räume der Häuser, wo ich gewohnt habe..."* Er reflektiert, daß Personen in diesen Bildern nur als Abstraktionen vorkommen: "*Die Familie, die Freunde*"; es geht mehr um "*Erinnerungen und Gegenstände*"(6).

Ähnliche Beschreibungen sind die von dem "*Dorf, in dem ich von 3 bis 10 aufgewachsen bin und dann bis 15 noch jedes Wochenende verbrachte*"(16), "*Wege - von zuhause zur Schule, zur Musikschule, zur Kirche in die Stadt...*"(14) Sie reflektieren Umgebungen im Sinn von erlebten Spiel- und Streifräumen, auch in der Dynamik ihrer Erweiterung (erst das Haus, dann der Garten, dann die Siedlung, dann der Wald). Dabei scheint es eine sensible Phase für die Aneignung von Orten (und teilweise sozialen Beziehungen) zu geben, die mit der Phase des selbständigen Spiels übereinstimmt. Personen werden als Element der Umgebung wahrgenommen.

Diese Art Heimatbeschreibung korrespondiert häufig mit Beschreibungen der eigenen Kindheit als glücklich bzw. harmonisch, mitunter auch im Kontrast zu weniger glücklichen bzw. harmonischen Zeiten. Neben der Familiensituation erscheint auch die Umgebung mit Haus und Garten idyllisch. Die Erkundung von Miet- oder gar Neubauwohnungen scheint weniger heimische Gefühle zu produzieren; hier wird dann oft auf ländliche Großelternumgebungen zurückgegriffen. Aber diese Heimat ist vorbei, sie wird als in der Vergangenheit liegend beschrieben, auch in Beziehung zu einem vergangenen Selbst als Kind. Diese Narration beschreibt ein Paradies, das es heute nicht mehr gibt: Ich war ein glückliches Kind in einer wunderbaren Umgebung. Sie beschreibt weder Schrecken noch Ausgeliefertheit der Kindheit. Die vergangene Heimat-Idylle dient offensichtlich als Gegenmodell, aber auch als Kräfte-Reservoir für eine schwierigere Gegenwart als Erwachsener.

Teilweise läßt sich diese Funktion bis ins Erwachsenenalter aufrechterhalten; dann ist die biographische Umgebung bzw. das Elternhaus auch aktuell "*Zufluchtsort*"(1) und "*sicherer Hort*"(11). Hier werden die Bezugspersonen, d.h. Eltern und zum Teil auch Geschwister, konkret, und konkret werden Situationen des "Heimkommens", z.B. "*Sitzen auf der Eckbank, während meine Mutter bügelt, das Radio läuft, es ist warm und wir unterhalten uns - ist bis heute das Gefühl für mich, angekommen zu sein*"(24), "*... das Haus meiner Eltern, meiner Geschwister, ich habe Heimvorteil und habe keine Angst, mich zu benehmen, wie ich will*"(1).

Die Beziehung zur Herkunftsfamilie bleibt trotz Heimatveränderungen stabil und ist relativ unabhängig davon, ob inzwischen eigene/andere Orte oder eine eigene Familie existieren. Biographisch scheint hier vor allem eine gute Beziehung zu den Eltern von Bedeutung zu sein, möglicherweise auch aktuelle Belastungen, die diese Rückzugsmöglichkeit aufwerten.

Diese Heimat hat einen Aspekt von Regression, aber auch von Kontinuität; sie blendet die Erfahrung aus, daß sich das Zuhause und die eigene Beziehung dazu möglicherweise sehr verändert haben. Die Tatsache, daß ich nicht mehr das Kind bin, das heimkommt, daß die Eltern älter geworden sind und ihr Leben inzwischen ganz andere Inhalte hat als die Sorge für die Kinder, wird dabei nicht erwähnt, auch nicht, daß es inzwischen Orte und Menschen geben könnte, zu denen ich lieber heimkomme.

Vorstellbar ist diese Art Heimat natürlich auch in negativer Verstricktheit: das Elternhaus, in das man immer wieder zurückkehren muß und das noch genauso schrecklich ist wie früher- soetwas wird allerdings nicht unter dem Stichwort Heimat berichtet; den Untergrund des Heimatgefühls bilden die positiven Kindheitserinnerungen nicht die Konflikte- das Sich-Einsfühlen mit seiner Umgebung.

2. Heimat als Kulturlandschaft

Dieser Heimatbegriff beschreibt auch Kindheitsumgebungen, aber über das unmittelbare Elternhaus hinaus. Es werden regionale Einbindungen beschrieben, die vor allem mit "prägenden" Naturerlebnissen, mit als selbsverständlich schön empfundenen Landschaften, aber auch mit Mentalität, Kultur und Sprache zu tun haben. "*Meine Heimat ist Schlesien, also Hermsdorf bei Waldenburg. Dort wurde ich zwar nicht geboren, aber dort wuchs ich auf. Heimat macht wohl verschiedene Dinge aus: Es kann sein, die Landschaft, aber ich glaube vielmehr, die Mentalität der Menschen, das Eingebundensein in eine bestimmte Lebensform. Und nicht zuletzt die Sprache... Heimat ist für meine Begriffe eine engumgrenzte Gegend, eben mit Sprache, Sitten und Gebräuchen verbunden. Heimat heißt für mich Sommersingen am Sonntag, Laetare oder Maeta, das ist Rutenschlagen am Martinstag....*"(17)

Eine Auffassung von Heimat als Kultur-Landschaft steht auch hinter folgender Aufzählung: "*die Harmonie der Natur, die allerdings einen weiteren Raum in Thüringen fand - Rudolstadt, Saalfeld, Schwarzatal, die Burgen und Schlösser, Bilder, die mir da einfallen, sind Landschaften und Bauwerke, und hinzu kamen Erinnerungen an Ausflüge mit meinen Geschwistern ...*"(28)

Diese Heimat ist historisch, sie wird auch mit historischen Ereignissen verknüpft ("Fackelzüge", "die Amerikaner"), sie lebt nur noch in der Erinnerung und läßt sich an den selben Orten nicht mehr wiederfinden.

Allerdings wird dabei oft eine Beziehung zwischen früher und heute hergestellt. Z.B spricht ein in der Oberpfalz aufgewachsener Mann von der "*Resonanz*", die die Heimat der Kindheit heute hat: "*in aktuellen Lauten: harte Dialekte, Leute, die eher wenig reden, im aktuellen Licht: klare Herbsttage, früh eiskalt, mittags heiß, in akuellen Geschmäckern: Schwarzbeermarmelade, in der aktuellen Haltung von Menschen: eher bescheiden, grundehrlich, wenig visionär, ein bißchen, wie der Franzose sagen würde, "retro": hintendran, von der Weltgeschichte teils gebeutelt, teils vergessen, im Grund immer Abwanderungsgebiet gewesen mit dem leichten Schmerz, der darüber liegt, und auch mit einer ganz gehörigen Portion von störrischem Verhalten.*"(27)

Und ein anderer schreibt: "*Ganz früher war Heimat für mich eine Landschaft, nämlich die, in der ich aufgewachsen bin, in der ich mich heimisch fühlte, in der ich die glücklichste Zeit meiner Kindheit verlebte... Wenn ich irgendwann in diese oder solcherart Landschaft (zurück-)kam, dann bekam ich dieses Gefühl von Nach-Hause kommen.*"(15)

Heimat als solchen landschaftlichen oder/und kulturellen Raum haben ausschließlich Menschen beschrieben, die über vierzig Jahre alt sind und zudem alle nicht mehr in ihrer Kindheitsregion leben. Die Wahrnehmung von kultureller Einbindung scheint also einen gewissen Abstand vorauszusetzen.

Der psychologische Kern dieser Heimatbeschreibung scheint eher eine "Stimmung" als eine konkrete Beziehung zu sein- eine "Einstimmung" auf Land und Leute und den dort herrschenden "guten Ton" und eine daraus resultierende scheinbar mühelose "Übereinstimmung" mit diesen- für diese Gegend hatte man das notwendige Repertoire an Verhalten. Der Bezug auf eine weitere als die familiäre Umgebung hat aber möglicherweise auch noch eine andere Funktion, insbesondere, wenn kulturlandschaftliche Aspekte alternativ zur familiären Umgebung beschrieben werden. Indem über die quasi selbstverständliche Einbettung in Landschaft und Kultur erzählt wird, können schmerzliche oder auch nur ambivalente Erfahrungen in bezug auf die eigene Familie in der Darstellung ausgespart bleiben. Die Kulturlandschaft könnte also nicht nur Hintergrund der Familie, sondern auch Kompensationsraum für deren Defizite sein. Das ist allerdings nicht nur ein psychologischer "Trick", sondern auch eine Tatsache: die Verantwortung für das Wohlfühlen und die Geborgenheit von Kindern ausschließlich der Kleinfamilie zuzuschreiben, überfordert diese häufig, wenn es kein wohlwollendes, kinderfreundliches Umfeld und aufmerksame Begleitpersonen gibt.

3. Heimat in aktuellen Beziehungen

In diesem Heimatbegriff geht es vor allem um die Erfahrung gelingender Beziehungen in der Gegenwart. Beschrieben wird hier die Einbindung in soziale Netzwerke, die eigene Familie oder Partnerschaft, den Freundeskreis oder eine Gruppe von Gleichgesinnten. Eine Frau beschreibt ihre "*Heimat bei X. (ihrem Mann), das Gefühl, hierhin gehöre ich*"(24). Eine andere betont "*die feste Verankerung in (wenigen) ganz wichtigen Beziehungen, d.h. Menschen einer*

Wellenlänge, Seelenlänge... und die können weit weg wohnen und brauchen nicht deutsch sprechen"(26). Eine dritte Frau äußert: "*Heimat. Im wesentlichen denke ich mir dieses Gefühl über Beziehungen mit Menschen; es fallen mir also mehr Gesichter als Orte ein. ... Meine (ehemalige) Frauen-WG, heute ein Netz von Freundinnen, auf mehrere Orte verteilt, ist mir noch gegenwärtige Heimat, weil ich die Basis einer langjährigen gemeinsamen Entwicklung spüre und jetzige Unterschiedlichkeiten deshalb nicht bedrohlich finde.*"(30)

Verbindungen auch über Zeit und Raum zu erhalten, scheint dabei in erster Linie Frauensache. In ihrem Heimatbegiff geht es häufiger um Bezogensein, um konkrete Personen und um Verbindungen, die zumeist über längere Zeit stabil bleiben: "*Bei meinen Eltern, bei X. zuhause, bei den Verwandten in E.*"(18). An "*Eltern, Großeltern, Tanten, Schulfreunde*"(17) erinnern sich auch die Älteren.

Wichtig wird die soziale Einbindung besonders in der Fremde; der Mexikaner erzählt: "*In Deutschland dagegen brauchte ich ein Stück Heimat, das ich nur bei den Mexikanern in Leipzig wiedergefunden habe. Unter den Mexikanern (oder diesen Heimatleuten) ist eine Art von Brüderlichkeit und Solidarität vorhanden. Nur auf Grund der Nationalität existiert die Bereitschaft, einem Landsmann zu helfen. ...Das Verrückte dabei ist, daß diese gegenseitige Hilfe und sogar Freundschaft zwischen den Leuten mit den verschiedensten Geschmäckern, Präferenzen etc. stattfindet. Wenn dieselben Mexikaner in Mexiko wären, gäbe es völlig andere Beziehungen zwischen uns, vielleicht sogar gar keine.*"(6)

Es geht also um soziale Bezogenheit und das Erlebnis von Gemeinschaft: Kontinuität; Rhythmus und prinzipielle Wiederholbarkeit spielen eine wichtige Rolle, aber auch und vor allem eine Qualität emotionaler Nähe: "*Für mich ist Verstandenwerden oder jemanden zu verstehen das Ausschlaggebende*"(19), oder "*daß mich jemand fragt, ob wir wieder gemeinsam etwas unternehmen wollen*"(1) Der Mexikaner nennt das Atmosphäre und bestimmt diese als "*Zugehörigkeit und Zuneigung... dafür ist die Nationalität bedeutungslos. Es handelt sich mehr um gemeinsame Interessen für Arbeit, Kultur, Politik, sowie auch gemütlich zu quatschen. Das heißt, man hat (findet) seine Heimat mit bestimmten Leuten.*"(6)

Die Wichtigkeit dieser Kategorie in den einzelnen Texten korrespondiert häufig mit der eindrücklichen Beschreibung von Heimat als familiärer Kindheitsumgebung. Daraus könnt man schlußfolgern, daß biographisch gelungene Einbindung auch die Basis später sozialer Nähe legt. Andererseits werden viele

Erwachsenenbeziehungen auch ergänzend oder gar als Gegenmodell zur Herkunftsfamilie gestaltet, um zu kompensieren bzw. "nachzuholen", woran es "zuhause" gefehlt hat.

Heimat in Beziehungen hat natürlich auch eine Kehrseite, die in den Texten kaum reflektiert wird: daß Beziehungen nicht nur ein- sondern auch festbinden, daß da nicht nur positive Gefühle, Anerkennung und Bestätigung ausgetauscht werden, sondern daß auch dominiert, verletzt und verlassen wird. Schließlich wird gerade auch die (kulturelle) Erfahrung von Frauen ausgeblendet, daß sie zwar viel Beziehungsarbeit in den Aufbau und die Pflege von Netzwerken investieren, diese aber oftmals für eigene Bedürfnisse nicht nutzen können.

Im Zusammenhang mit sozialen Beziehungen spielt auch der aktuelle Wohnort mitunter eine Rolle; er wird zumindest erwähnt, entweder als Ausgangspunkt oder auch Hinderungsgrund (Entfernung) für soziale Vernetzung. Eine eigene Qualität als "*bekanntes Revier*" gewinnt er dabei nur im Ausnahmefall (12), eher bildet er den Hintergrund von Begegnungen und Beziehungen bzw. deren Möglichkeitsraum.

4. Heimat als Erlebnis und Gefühlszustand

Diese Kategorie- Heimat als innerer Zustand bzw. stark positive Gefühlsqualität- ist in gewisser Hinsicht zentral für die Heimaterfahrung, auf die eine oder andere Weise taucht sie in allen von mir ausgewerteten Texten auf und nimmt oftmals den meisten Raum darin ein. Dabei betonen die Männer in meiner Untersuchung stärker das einmalige, kurzzeitige Erlebnis von Heimat und die eigenen Gefühle dabei: "*Beim Verliebtsein oder beim Brainstorming, beim Alleinsein, Tanzen... Für mich ist Verstandenwerden oder jemanden zu verstehen das Ausschlaggebende*"(19). Heimat ist dabei ein kurzes Ereignis: "*Manchmal sind Heimat auch Augenblicke wie das freundliche Lachen meiner Kinder, in den Armen einer Frau, Wim Mertens im Freien hören, Tanzen, Meditation.*"(8) Dieses Erlebnis ist nicht unbedingt angewiesen auf andere, es läßt sich auch und manchmal besser allein erfahren: "*Zum Beispiel: Im April bin ich Sonntag um 6 Uhr morgens die Straße runtergegangen. Vom Bahnhof in Marseille zum alten Hafen. Blauer Himmel. Der Geruch nach Meer. Milde Luft. Nach der Kälte und dem Regen im*

Norden. Verschnittene kahle hochragende Platanen, deren Spitzen in den ersten Sonnenstrahlen baden. Ich war allein, habe mich aber nicht allein gefühlt. Da hatte ich für einen Moment das Gefühl, angekommen zu sein. Zuhause. In der Heimat."(1) Das Heimatgefühl hängt oft mit intensiven Naturerlebnissen zusammen und scheint sich im Urlaub bzw. an fremden Orten eher einzustellen: "*Auf Kephalonia vor vier-fünf Jahren, von einem Berg aus Blick auf eine wunderschöne Bucht - ich glaube, es war das erste Mal, daß ich vor lauter Schönheit weinen mußte, auch das ein Gefühl von Heimat, aber eher im Sinne von Einssein mit allem um mich herum.*"(24)

Dieser Heimatbegriff fokussiert die Erfahrung, daß es eine völlige Übereinstimmung zwischen Selbst und Umgebung nur kurzzeitig geben kann, Heimat ist ein "High-Light", ein "Flow-Erlebnis". Das blendet die Erfahrung von Alltag, Kontinuität, Wiederholung und auch den Aspekt der alltäglichen "Pflege" von Beziehungen aus, die möglicherweise Heimat stiften können, diese werden von Frauen relativ häufiger thematisiert.

Der Kick- bzw. Flow-Effekt, der in Verbindung mit Heimat-Erlebnissen beschrieben wird, hat dabei eine starke körperlich-sinnliche Komponente. Die häufige Assoziation mit Lieben, Tanzen, aber auch Meditation verweist darauf, sie wird aber auch in Extremsituationen erfahren: "*Heimat. Wo? Wenn die Sonne scheint, das Meer rauscht, ich mich gerade wieder einige Meter über eine schwierige Stelle gehangelt habe und mir den Schweiß aus dem Gesicht wische. Wenn ich ganz weit oben nach Nebel, Schnee, Eis und Sturm keine Wolke mehr über mir sehe. Direkt der Sonne ausgesetzt bin. Mich auf eine aufgewärmte Felsplatte setze, nein, lege, es ist windstill.*"(1)

Eine Frau schreibt: "*Es sind in erster Linie sinnliche Wahrnehmungen, die ich mit meinem Heimisch-Fühlen verbinde.*" Sie kommentiert ein Foto vom Meer, das sie als Heimat-Bild mitgeschickt hatte: "*Es tat mir so gut, endlich ganz allein zu laufen. Am Meer. Die vielen Gedanken vom Wind weggeblasen, freies Atmen, kalte Luft und Regen auf der Haut.*"(21) Auch Text-Sequenzen wie "*ich fühle mich körperlich wohl*"(19), "*Gelöstsein*"(20), "*ich kann mich entspannen, muß nicht auf der Hut sein*"(1), "*das Gefühl der Befriedigung, wie beim Sex*"(1) formulieren sinnliche Erfahrungen.

Häufig erwähnt werden auch konkrete Sinnesreize, die offensichtlich mit biographischen Erfahrungen gekoppelt sind, insbesondere der Geruch und

Geschmack von Dingen werden oft mit Heimat assoziiert. "*Der Geruch von frischem Heu - wie bei Opa auf dem Bauernhof - und warmer Erde, da kann Heimat auch an einem äußerlich fremden Ort sein*"(24), der Geruch von Feuer (19) oder ein typischer Geruch alter, persönlich bedeutsamer Häuser aktiviert scheinbar automatisch (aromatisch) Erinnerungen - positive wie negative. Der "Mief" der Heimat bleibt genauso hängen wie deren "Duft". Häufig erwähnt werden auch typische, oft bäuerliche Gerichte, die man heute nicht mehr ohne weiteres bekommt: "*Schwarzbeermarmelade*"(27), "*Kürbissuppe mit Muskat und einem Stich Butter*"(20); eine Frau schickte mir "Springerle", Anisplätzchen, "*wie sie meine Mutter immer gemacht hat*"(18). Auch taktile Reize - z.B bestimmte Stoff- oder Holzoberflächen, Kuscheltiere (19), der Gußnippel auf den Plastezylinder des DDR-Schokoladenschneemannes ("*man hat immer dran gekratzt, ob er abging*"(14)) - werden so mit Heimat assoziiert.

Es gibt also offensichtlich einen Aspekt von Heimat, der stark mit dem Körper bzw. körperlichen Erfahrungen zusammenhängt, und es gibt möglicherweise eine "*Heimat des Leibes*"(32), wie eine ältere Frau es nannte, den Ort, wo ich körperlich "ganz" da bin oder war. In dieser Hinsicht entspricht auch die Antwort "*die Heimat stirbt mit uns*"(29) einer physiologischen Realität.

Eine gewisse Skepsis dieser "Natürlichkeit" und "Physiologie" von Heimat gegenüber halte ich aber dennoch für angebracht, da sie widerum Erfahrungen idealisiert und romantisiert, die das nicht per se sind. Das eigene Leben an der Felswand zu riskieren, macht vielleicht "high", aber es verlangt vor allem eine gute Ausbildung und Ausrüstung. Die weitverbreitete Verbindung von Heimat und Heugeruch setzt voraus, daß man keinen Heuschnupfen hat und daß man nicht tagelang bei 70 Grad auf dem aufgeheizten Heuboden Heu festtrampeln oder zureichen muß. Stall- oder Küchengeruch als heimatlich zu definieren, verlangt auch einen gewissen Abstand von der damit verbundenen Arbeit oder zumindest die Möglichkeit einer Alternative. Auch die Sinnlichkeit von Heimat wird kulturell oder kommerziell besetzt und benutzt.

Alle diese Zugänge haben aber gemeinsam, daß sie mit einem stark positiven Gefühlszustand verknüpft werden. "*Heimat ist am ehesten ein innerer Zustand von meiner Weltsicht, so etwas wie: Hier und jetzt fühle ich mich wohl, hier kann ich sein; Modalverben wie sein, kann, darf (und gerade nicht müssen, kann nicht, soll).*"(8) "*Das Gefühl, hier gehöre ich hin*", "*hier bin ich geborgen*",

"*Abwesenheit von Angst*", "*Gelöstsein*", "*Harmonie*", "*Aufgehobensein*", "*Angekommensein*", "*Vertrautheit*", "*Sicherheit*", "*Wohlfühlen*" sind Wörter, die immer wieder auftauchen. Sie beschreiben Gefühlzustände, aber gleichzeitig Umgebungsqualitäten. Die Beziehung zwischen der eigenen Person und der Umgebung wird positiv bewertet. Heimat ist, "*wo es stimmt zwischen Land und Leuten*"(15). Die Frage der Relation, der "Übereinstimmung" ist auch die Voraussetzung dafür, daß es anderswo heimatlicher sein kann als am Herkunftsort bzw. in der Herkunftsfamilie: "*Wenn man sich nun in der Fremde heimisch fühlt und in der Heimat fremd?*"(25) "*Vertrautheit reicht nicht*", behauptet eine Frau in bezug auf ihre Herkunftsregion, weil sie inzwischen andere, darüber hinausgehende Ansprüche entwickelt hat(30).

Die Herkunfts-Heimat kann auch "*einengend*"(11), "*beschränkend*"(10) oder gar ein "*Gefängnis*"(25) sein, der "*dunkle Schatten, den man nicht loswurde*"(3). Auch das sind Qualitäten einer Umgebungsbeziehung mit Bezug auf die eigene Person. Und oft stimmt beides und die Heimat ist "*ein Ort der Ambivalenz*"(11).

Wenn es um die Gefühle geht, wird die Ambivalenz von Heimat noch am deutlichsten, wobei die Antworten auch in meiner Untersuchung zur positiven Beschreibung tendieren: Die Heimat tut einfach gut. Nur manchmal tut sie weh. In jedem Fall jedoch gilt: Die Heimat muß man fühlen. ("Wer nicht hören kann, muß fühlen.")

Die "gefühlige" Bestimmung von Heimat, die Sehnsucht nach Einheit, Ganzheitlichkeit, "Stimmigkeit" macht Heimat aber auch verschwommen. Was soll man machen, wenn es nun einmal "irgendwie" nicht stimmt, man es "irgendwo" nicht fühlt, was sonst alle fühlen? Die Ursprünglichkeit des Gefühls ist selbst ein Mythos, der mit der Kommerzialisierung der Psychologie zu tun hat. Faktisch sind Emotionen Ausdruck der Bewertung von Zuständen- der Bewertung der Übereinstimmung zwischen den Bedürfnissen einer Person und deren Realisierungsmöglichkeiten. Sie dienen quasi als "Anzeige" dieser Übereinstimmung und können Handeln motivieren, wenn sie nicht isoliert und abgespalten werden.

Das Heimatgefühl scheint aber oftmals nur in seiner konservierten und abgespaltenen Form anerkannt zu werden, im Gefühlskanister "Heimat" werden Gefühle quasi "eingelegt" und nur noch zu den "passenden" Gelegenheiten (Heimatfest, Stunde der volkstümlichen Musik, Das 8. Mal "Jenseits von Afrika" usw.) hervorgeholt. Dabei wird selten über die diesen Gefühlen zugrundeliegenden Bedürfnisse nachgedacht und schon gar nicht darüber, wie man sie realisieren könnte.

5. Heimat als innerer Entwurf (Ideal, Sehnsucht, Utopie)

Auch die Beschreibung von Heimat als einem Idealzustand oder einem idealen Ort baut auf einem Gefühl auf. Das Gefühl, "hier stimmt es nicht (zwischen mir und anderen, mir und meiner Arbeit, mir und diesem Land)", setzt schon den Anspruch voraus, es müßte einen Ort geben, wo ich hingehöre, der zu mir paßt, mir gerecht wird, an dem ich so sein kann, wie ich bin bzw. sein möchte. Das ist der Ort, der im Begriff von Heimat ersehnt, geträumt und auch angestrebt wird: "*Heimat ist heute für mich vor allem eine Sehnsucht. Eine sehr tiefe Sehnsucht nach einem Ort, wo es stimmt zwischen Land und Leuten. Wo ich als Erwachsener die Seligkeit meiner Kindertage wiederfinden kann. Wo jeder einfach sein kann, wie er ist, und es reicht, daß er/ sie ist. Wo Lust und Liebe höchstes Gut sind, und jedes, ob Mensch, ob Tier, ob Pflanze liebevolle Annahme findet. Wo ich mich einsfühlen kann mit mir und der Welt.*"(15)

Diese Utopie überlebt auch die Erfahrung ihres (aktuellen) Scheiterns; so beschreibt z.B. eine Frau, die sich nach langem Kampf gerade erst von Haus, Hof, Mann getrennt hat, als erstes ihre Sehnsucht und sagt: "*Es ist natürlich Sch... ohne Heimat. Es wäre natürlich schön mit Heimat... und möglichst echt im Sinne von Aufgehobensein.*"(2) Heimat ist so "*eine Verheißung von Harmonie*", eine "*Projektion in die Zukunft*": "*Sie ist der Ort, wo sich etwas erfüllt, wo sich eine Einheit, ein Gleichgewicht herstellt, zwischen Körper, Geist, Seele und Arbeit.*"(11)

Das Gefühl Sehnsucht richtet sich auf ein Ideal-Bild von einer Ideal-Situation. Für eine junge Frau "*gibt es dieses Bild: Haus auf der hügeligen Wiese, Sonne, Herauslaufen in den Garten, am Küchentisch sitzen mit S. und den Kindern, Lachen, Gelöstheit*"(20). Ein Mann schreibt: "*Ja was noch? Wo meine Heimat wirklich liegt, weiß ich nicht. Ich suche und bin auf dem - wie ich meine - richtigen Weg dahin. Wenn ich die Augen schließe, sehe ich immer irgendwelche kargen Landschaften, Einsamkeiten, die konkreten Orte unterscheiden sich. Ich denke, daß sie Zwischen- und keine Endstationen sind und ich dann meine Heimat gefunden habe, wenn ich bei mir angekommen bin. Ein spiritueller Ort, den ich "mache". Hat auch mit Niederlassen, Haus bauen, Kinder kriegen zu tun.*"(5)

In der Frage nach der Art und Weise, wie das Ideal erreicht werden kann, scheiden sich die Geister, manchmal, wie im letzten Beispiel, in ein- und derselben Person. Es gibt quasi einen inneren und einen äußeren Weg zu Heimat: Innere Einkehr oder Handeln in der Außenwelt. Der innere Weg führt zu Heimat als "*spirituellem Ort*"(8). Was mit Naturerlebnissen und Erfahrungen aus Meditation, Selbst-Besinnung oder auch Gebet verbunden wird, sind Gefühle "*inneren Einsseins*"(20), "*ganz bei sich sein*" aber auch "*ganz in der Welt sein*"(11), sich "*mit der ganzen Erde verbunden fühlen.*"(8) Dabei handelt es sich bei den Personen, die sich dazu äußern, nicht unbedingt um im engeren Sinn religiös gebundene Menschen. Die spirituellen Erfahrungen werden weniger als religiös-gemeinschaftliche, sondern als höchst individuelle, als Selbst-Erfahrungen dargestellt.

Darin stimmen sie - für mich überraschend - auch mit dem überein, was ältere Menschen in ihren Texten als "*innere Heimat*"(32), "*geistige Heimat*"(17) bzw. "*Heimat im Glauben*"(7) kennzeichnen. Es geht auch hier kaum um kirchliche Einbindung, sondern um die persönliche Verbindung zu etwas "Geistigem" außerhalb von sich, zu einer bestimmten Qualität von "*innerer Gelassenheit*"(32).

Das praktische "Gestalten" von Heimat muß sich mit innerer Einkehr nicht unbedingt ausschließen, zum Teil sind beide Wege recht eng miteinander verbunden. Hierbei geht es aber stärker darum, Heimat "zu machen", "herzustellen" oder "aufzubauen". Es geht um die Annäherung an das Ideal von Heimat mittels praktischen Handelns: "*Heimat heißt für mich, mir im unübersichtlichen Raum Strukturen zu schaffen, die Vertrauen, Sich-Wohl-Fühlen, ein Angenommensein für mich produzieren.*"(30) Die Aktivitäten gehen von der Person aus, nicht von der Umgebung. Es geht darum, Beziehungen herzustellen: "*Ich knüpfe ein Netz*"(30), oder Rahmenbedingungen zu schaffen: "*Haus bauen, Kinder aufziehen, Baum pflanzen*"(5), oder auch nur darum, in Bewegung zu bleiben: "*Heimat ist nur erträglich für den Heimkehrer, nicht für den Daheimgebliebenen. Heimat hat also etwas mit Bewegung, mit weg-, hin- und zurückbewegen zu tun. Heimat ist Handeln.*"(11) In diesem praktischen Begriff von Heimat ist ein praktisches Problem enthalten: Was muß ich tun, um Heimat zu erlangen und zu erhalten? Denn die einmal erarbeitete Heimat bleibt auch nicht ohne weiteres Dazutun erhalten. In diesem Verständnis muß man für die Heimat sorgen, die Heimat pflegen, schützen usw. Die Kehrseite dieser Heimatauffassung ist ein gewisser Aktionismus, eine Vorstellung von Machbarkeit, verbunden mit einem hohen Anspruch an sich selbst, der praktisch oft scheitert und dann leicht zu völliger Demoralisierung führt. Darüber hinaus geht bei zuviel Aktivität schnell der Sinn bzw. die Richtung verloren: Was das, was man geschaffen hat, mit dem zu tun hat, was man schaffen wollte, bedarf eben auch der Reflexion.

Der innere Weg hingegen führt oft in eine Sackgasse, wenn die harmonische Innenwelt den Kontakt zur Realität verliert und die Träume und Visionen nicht mehr zu den Gegebenheiten realer Umgebungen hinführen, sondern nur noch von ihnen weg .

Für beide Wege hin zur idealen Heimat gilt, daß es immer nur Annäherungen an das Ideal sind: "*Gewiß ist jede annähernde konkrete Einlösung dieser (idealen) Heimat eine Enttäuschung*" (5). Die ideale Heimat kann motivieren, aber sie kann auch als Flucht vor den realen, aktuellen, momentan möglichen Verhältnissen dienen.

Insofern wird das Ideal von Heimat auch öfter mit dem Gedanken an Illusion und Selbstbetrug verknüpft. In dieser Weise wird Heimat in erster Linie selbstkritisch formuliert, die eigene Sehnsucht ist "*Verklärung und Verdrängung*"(2), weil sie "*stets nur im Kopf existiert*"(3). Heimat ist eine "*vergebliche Hoffnung*"(25) und Ausdruck von Regression, "*Ort der Beschränkung und Abschottung, das Gegenteil von Entwickeln und Wagen, Mief, Stillstand, Beschwörung und Verteidigung des Gewesenen/Verwesenden*", "*Heimat ist im Grunde regressiv und die Zelebrierung des Stillstandes*"(11) und Heimat ist "*Fluchtburg*", "*Rückzugsort*" auch im psychologischen Sinn, weil man der Realität nicht gewachsen ist bzw. sie als zu "unwirtlich" erfährt. Und anstatt sie dort zu verändern, gibt es den "Rückzug" in den eigenen Kopf, in die Innerlichkeit, in den Traum. "*Aber dann kommt mir mein eigener Verstand in die Quere und sagt: Willst du nicht endlich erwachsen werden??? Zurück in Mutters Schoß ist nicht.*"(2) Diese Selbstbeschwörungen des "mach dir nichts vor - es geht sowieso nicht" scheinen zum einen dem Schutz vor den eigenen, offensichtlich sehr mächtigen symbiotischen Phantasien zu dienen, zum anderen wohl auch dem

Schutz vor (erneuten) Ent-Täuschungen. Er reflektiert die Unerreichbarkeit des Idealzustandes und die eigene Verführbarkeit durch die Sehnsucht nach einem Ideal. In diesem Sinn stimmt die Aussage: "*Heimat kann auch eine Identitäts-Prothese sein.*"(10)

Andererseits wird mit diesen Zuschreibungen auch die eigene Bedürftigkeit erbarmungslos gemaßregelt: Was man sowieso nicht kriegen kann, darf man sich nicht einmal mehr wünschen. Die Unnachgiebigkeit den eigenen Bedürfnissen gegenüber hebt diese ja auch nicht auf und verlegt deren Verneinung und Abwehr nur von außen nach innen, womit man wenigstens scheinbar die Kontrolle darüber gewinnt. Das eigentlich Interessante ist, daß wie beim Heimatgefühl auch hier indirekt von den eigenen Bedürfnissen geschrieben wird- diese werden quasi ins Ideal projiziert, müssen folglich nicht hier und jetzt direkt formuliert, an konkrete Personen adressiert und ihnen gegenüber durchgesetzt werden.

6. Heimat als politisch-ideologische Konstruktion

Wo Heimat eine Verführung ist, lauert natürlich auch der Verführer, genauer der ideologische Zwang bzw. politisch aufgezwungene Anspruch, sich zu einer Heimat bekennen zu müssen. Mehreren Ostdeutschen fällt als erstes zum Thema Heimat ein Lied ein, das im Musikunterricht zum Pflichtprogramm gehörte: "*Unsere Heimat, das sind nicht nur die Städte und Dörfer...*"(3,14,26) Das Lied besingt zunächst zart die Schönheit der Heimat, um dann im Marschtakt und sehr völkisch zu enden: "*Und wir lieben die Heimat, die schöne, und wir schützen sie, weil sie dem Volke gehört, weil sie unserem Volke gehört.*" Diese Heimat ruft "*zu den Waffen*"(10), man muß ihr dienen, für sie kämpfen und kann für sie sterben. Einem solchen Heimatanspruch verweigern sich die meisten Befragten. Mit Heimat verbindet da einer "*den Versuch, mich irgendwie zu vereinnahmen, zu manipulieren und meine Heimat-Gefühle zu mißbrauchen... Ich bin immer mißtrauisch, wenn mir gegenüber jemand diesen Begriff benutzt, zumindest ist dies meine erste Reaktion: Mißtrauen und Einengung wittern.*"(5)

"*Heimat ist auch ein Pioniernachmittag, in dem versprochen wird, auf einer Entdeckungsreise unsere heimatlichen Gefilde (die dann leider immer nur eine ruhmreiche DDR waren) zu entdecken. Und diese Konstruktion hatte noch jedes heimliche Fernweh zu verdrängen.*"(3) In dieser ideologischen Form wird Heimat vor allem von Ostdeutschen beschrieben, aber auch Westdeutsche kennen das Gefühl der "*Zwangsgemeinschaft*"(25) und den Zwang, sich zu ihr zu bekennen. Als "*rechtslastig*"(13), "*zu sehr durch Großdeutschland, Landmannschaften und alte Kameraden belegt*"(24), wird Heimat genauso abgelehnt wie als verordnete "*SED-und FDJ-Ideologie*"(5).

Beides verallgemeinert ein Freund in seinem Text so: "*Heimat hat eine konservativ-herrschaftsstützende Rückseite... Heimat ist ein Forderungswort..., die terminologische Hülse, mit der die Gesellschaft Forderungen an das Individuum stellt... Die Heimat ruft dich zu den Waffen, klingt ja auch anders, als: der Ort, wo du wohnst, ruft dich zu den Waffen... Einem geographischen Punkt kann man schlecht ein übergeordnetes Interesse, ein gesellschaftliches Allgemeininteresse zuschreiben. Der Heimat schon.*"(10)

Was eine solche Definition ausschließt, ist, daß unter dem Begriff Heimat das Individuum auch Forderungen an die Gesellschaft stellen kann bzw. daß eine Gesellschaft dem Individuum in dem Maß Heimat werden kann, wie es darin Einfluß gewinnt. Die Angst vor Manipulation geht mit der Selbsteinschätzung als verführbar und machtlos einher. Sie negiert die Möglichkeit von Vertrauen in die Tragfähigkeit sozialer Zusammenhänge, aber auch Vertrauen in die eigenen Kräfte, darauf hinzuwirken.

Noch deutlicher fällt in meinem Material die Ablehnung aus, wenn es um Heimat als Staatsbegriff, um Deutschland und Deutschsein geht. Ein 53jähriger Ost-Berliner schreibt dazu: "*Heimat - ein staatliches Gebilde fällt mir da überhaupt nicht ein, weil es mir nie wichtig war, Deutscher zu sein, eher im Gegenteil. Eigentlich war Heimat für mich negativ besetzt, sowohl durch den phrasenhaften Umgang mit dem Begriff in der DDR, durch die deutsche Arroganz der Bundis (natürlich ab 61 durch das, was das Fernsehen davon rüberbrachte, allein im Sport) und durch die literarischen wie historischen Studien über den Faschismus.*"(28) Vielleicht noch am "deutschesten", weil am zwiespältigsten, äußert sich ein ostdeutscher Mann, dessen Eltern 1961 aus dem Westen gekommen waren und die für ihn "*immer mit dem Westen innerlich verbunden blieben*". Er beschreibt seine Heimat als "*Dazwischen*": "*Ich hab zwischen dem Heimatgefühl meiner Eltern und meinem Hiersein, Einrichten, Ärgern, Wohlfühlen, Ängstigen und Engagieren im Osten gelebt.*"(8) Eine westdeutsche

Frau assoziiert zu Heimat als erstes "*deutsche Identität oder Nicht-Identität und der ganze Rattenschwanz, den ich damit in Verbindung bringe*", und "*a word with connotations, das sich für mich im politisch historischen Sprachgebrauch eher rechtslastig anfühlt - unangenehmer Beigeschmack.*"(13) Anderswo steht: "*Begriffe wie Patriotismus finde ich lächerlich, heute Nationalstolz, Nation eher bedrohlich.*"(28) "*Völkischem Gerede*" und "*Volkstümelei*"(24) können auch andere nichts abgewinnen, die Aussage: "*Heimat ist nichts, worauf ich stolz bin*"(12) setzt sich ab gegen einen Satz wie "Ich bin stolz, ein Deutscher zu sein."

Nun mag man den fehlenden Nationalstolz als spezifische Schwäche des deutschen Nationalcharakters deuten oder, wie es der konservative Diskurs macht, als Folge einer verfehlten Auseinandersetzung mit der deutschen Geschichte. Interessanterweise haben sich aber auch alle Ausländer bzw. die von mir befragten Menschen, die eine andere als die deutsche Staatsangehörigkeit haben, klar un- bzw. antipatriotisch geäußert. Der Mexikaner sagt: "*Da (im Wörterbuch) fand ich, daß Heimat mit Vater-/Mutterland verbunden ist. Ich kann (will) mich nicht mit allen Dingen von Mexiko identifizieren. Von Mexiko gefallen mir (nur) einige Aspekte seiner Geschichte und Kultur, die Landschaft mehrerer Regionen und sowas... der Umgang zwischen den Menschen...*"(6) Einer russischen Freundin fällt zwar als erstes Bild "*die Landkarte der Sowjetunion von der Ostsee bis zum Stillen Ozean*" ein, die sie "*unfreiwillig mit einem Gefühl des Stolzes erfüllt*", aber Heimat ist für sie doch eher "*ein soziokultureller Begriff*", der sich geographisch maximal auf den europäischen Teil der Union, eher noch das - sehr viel kleinere - Gebiet des alten (Kiewer) Rus und die darin lebenden Menschen ähnlicher Sprache und Mentalität bezieht(4). Österreichische Freunde (32), die vorher in Holland gelebt und an vielen Orten der Welt gearbeitet haben, erwähnen in ihren Heimat-Überlegungen weder Österreich noch sonst irgendein Land, und ein holländischer Freund sagte mir am Telefon (während er mit seinem Sohn "*wie alle guten Holländer*" das Europapokal-Endspiel Ajax Amsterdam gegen AC Mailand ansah): "*Wenn ich nachdenke, was meine Heimat ist... Holland? Nee...!*"

Vielleicht verabschiedet man sich ja auch vielerorts von einem völkischen bzw. national-beschränkten Heimatbegriff, der immer mit Ausschluß und manchmal mit Verfolgung von Fremden zu tun hat. Da es der ist, in dessen

Namen am häufigsten zu den Waffen gerufen wurde und wird, wäre das aus meiner Sicht ein Gewinn und ein Grund, sich sehr viel heimischer zu fühlen.

Andererseits scheint die Bindung von Heimat an nationale oder gar ethnische Abgrenzungen gerade im osteuropäischen Raum einen Teil der Verunsicherung zu kompensieren, den die politischen und wirtschaftlichen Veränderungen mit sich gebracht haben. Nationale bzw. ethnische Zugehörigkeit ist etwas, was man sich nicht verdienen muß bzw. kann, das mag ihre Anziehungskraft für Menschen verursachen, die wenig andere Chancen haben, Anerkennung zu erlangen. Und sie vereint, wenn auch nur scheinbar, sozial Ungleiche. In meiner Untersuchung wird der Bezug zu diesen politischen Konstruktionen von Heimat nur hergestellt, um sich dagegen abzusetzen. Die Nation ist für diesen Personenkreis keine Heimat mehr, und jede ideologische Besetzung von Heimat fördert nur Mißtrauen. Freilich bliebe zu fragen, inwieweit nicht auch Ideologie und politisches Kalkül in die scheinbar politikfreien Heimaten (die schöne oder auch schwierige Kindheit, die Innenwelt und die Machbarkeit von Heimat, die Kulturlandschaft und das rein private Netzwerk) hineinspielen.

7. Heimat als Folklorewelt

Ein folkloristisches Bild von Heimat findet in diesen Texten zwar zumeist ablehnende Bewertungen, aber umso plastischeren Ausdruck: "*Heimat... Berge, Dirndl, hochgesteckte Zöpfe, Burschen in Lederhosen mit Herz und Kraft... Lieder vom Glück und von Jahren, die vergehen, Natur und Ruhe, Harmonie und Gesundheit*"(9) oder "*Lederhosen, Weißwürste, Herbert Roth, Wildecker Herzbuben, Volkstümelei, Bierhumpen, feiste rote aufgedunsene Gesichter, Alkoholgrölerei, Gefühlsduselei*"(1). Diese Art Heimat wird von meinen Befragten zumeist als "*fremd*"(9),"*kitschig und süßlich*"(2) bezeichnet und abgelehnt: "*Ich weiß, daß ich bestimmte Arten von Festen und von Musik nicht mag*"(24). Sie wird in Verbindung mit Manipulation, mit Kommerz und mit Engstirnigkeit gebracht: "*Volkstümelei, völkisches Reden, Trachten, Ausschließen von allem, was fremd ist.*"(24)

Folklore muß allerdings nicht per se auschließend sein. Ein Kollege beschreibt den "*eigenartigen Umweg*" als Volkstänzer, auf dem er "*Heimat auch mit Offen-*

heit verbinden" lernte: "*Der Begriff war dort verpönt. Aber es gab dort eine Atmosphäre, die eine Tradition von Verwurzelung und Bewegung, Begrenzung und Verbundenheit, Regionalem und Generellem lebendig hielt. Diese Polarität hat mir gefallen und mich angezogen.*"(5)

Freilich scheint für viele Menschen gerade die in meinem Freundeskreis eher als kitschig empfundene Folklore Ausdruck ihres Heimatgefühles zu sein oder zumindest daran anzuknüpfen; das ist ein von der Freizeit- und Medienindustrie sicher nicht nur gefördertes, sondern auch genutztes Bedürfnis.

Eine mögliche Erklärung dafür wird von einem anderen Text formuliert, der Heimat als Symbolwelt charakterisiert:: "*Hirsch, Wald (Tannen), Wandern, Zaun und Garten, Tracht, Brot und Essen, Kordeln, Licht, Fest, Gesang, der Wanderer, schöne Mühsal der Arbeit, Sonnenauf- und -untergang... Komisch, alle Heimatsymbole scheinen in Landschaft, meist in den Wald, und zurück, ins Vergangene zu verweisen. Und sie sind selbstbezüglich. Ein Heimatsymbol ist ein Heimatsymbol. Der Hirsch symbolisiert auch, daß er Heimat symbolisiert... Heimat-Symbole symbolisieren oft ein Ende oder einen Anfang, z.B Sonnenauf- und -untergang, da heimelt es besonders schubberig...*"(11)

Symbole sind verdichtete und verschobene Ausdrucksformen menschlicher Bedürfnisse; sie wirken weitgehend unbewußt und sind dabei auch Ausdruck ebenfalls unbewußt bleibender kollektiver Zusammenhänge. Über Heimat-Symbole, so distanziert man sich ihnen gegenüber auch immer verhalten mag und kann, gelingt also eine unbewußte Kommunikation über Heimat als Umgebung der eigenen Bedürfnisse, die daraus ihre Anziehungskraft, aber auch ihre Gefahr bezieht. Die Abwehr dieser Symbole mag oftmals auch mit der Abwehr darauf anspringender eigener Gefühle und Bedürfnisse zu tun haben. Die Heimat als Folklorewelt steht damit in dem Dilemma, einerseits (kommerziell) "gemacht" zu sein, andererseits aber offensichtlich doch an individuellen Bedürfnissen anzuknüpfen.

8. Heimat als Verlusterfahrung

Eine sehr spezifische Bedeutung von Heimat hat mit deren Verlust zu tun und wird mit Gefühlen von Heimweh oder Nostalgie verbunden. Die Sehnsucht ist hier - im Unterschied zur vorwärtsgerichteten Sehnsucht nach der idealen, zukünftigen Heimat - zurück bzw. in die Vergangenheit gerichtet. In ihrer traditionellen Version taucht sie in erster Linie bei älteren Menschen und am deutlichsten bei den Umsiedlern aus Schlesien bzw. Ostpreußen auf. "Ich habe die Heimat verloren", heißt allerdings auch bei ihnen nicht: "Ich will wieder zurück", denn die Heimat ist längst nicht mehr da, wo sie einst war: "*Ich fand bei insgesamt dreimaligen Besuchen in Schlesien nicht mehr meine Heimat wieder; die Landschaft wohl, aber die Mentalität der Menschen ist eine ganz andere, und somit ist der Begriff Heimat nicht mehr das heutige Schlesien, sondern das vergangene deutsche Schlesien*"(17). Auch der alte Mann aus Ostpreußen überlegt zwar seit langem, die Heimatstadt nochmals zu besuchen: "*Da aber die wichtigesten Erinnerungsstätten wie Vaterhaus, Kirche und Königin-Luise-Brücke nicht mehr existieren, kann ich mich nicht entschließen, den Torso meiner Stadt wiederzusehen.*" Dennoch meint er: "*Die verlorene Heimat hat wohl einen besonderen Reiz*", und tauscht mit ehmaligen Klassenkameraden Heimatbriefe, Fotos und Berichte aus(7).

Dieser nostalgische Heimatbezug taucht auch bei vielen Ex-DDR-Bürgern mit oder ohne identifikatorischen Bezug zu den "Werten" des real existierenden Sozialismus auf: "*Ich hab mich ziemlich identifiziert mit dem, was wir hier auf den paar Quadratkilometern Erde probiert haben. Alles war irgendwie hausgemacht, hausbacken, auch der größte Mist hatte noch etwas Anheimelndes. Ich merke auch heute noch, daß mir's warm ums Herz und die Augen feucht werden, wenn ich auf ein Stück "typisch DDR" stoße, das einfach nicht tot zu kriegen ist.*"(15)

Und ein anderer Ostdeutscher äußert sich anläßlich einer "Zeitreise"-Radiosendung über DDR-Geschichte: "*Irgendwie ist es trotz aller Scheiße und Lächerlichkeit usw. doch die Heimat, in der wir aufgewachsen sind.*"(16) "Genau" kommentiert seine Frau dazu.

Dieser nostalgische Bezug baut einerseits eine Polarität zwischen "früher" (wo alles besser oder zumindestens ganz anders war) und "Heute" (wo es ist wie es ist) auf, die DDR oder Schlesien erscheinen ungefähr wie die "vergangene Seligkeit der Kindertage". Eine andere Polarität wird von den früheren DDR-Bürgern zwischen "hier" und "drüben" aufgebaut: Eine Frau, die mit ihrem Mann aus beruflichen Gründen in den Westen gegangen ist, schreibt ihren ganzen Text als Vergleich zwischen Ostdeutschland (wo sie früher wohnte) und Westdeutschland (wo sie heute wohnt) mit eindeutiger Höherbewertung des Eigenen, Früheren: Im Westen stimmt einfach nichts, es gib unter anderem "*einen anderen Sprachgebrauch - mehr Sprachhülsen; es gibt zuviel Angebote, alles ist zu bunt, es gibt weniger Spontaneität und einen übertriebener Perfektionismus.*"(14)

Auch eine andere, von Dresden nach Düsseldorf gezogene Frau beschreibt diese als "*schreckliche Stadt*" und besingt die Schönheiten der Heimat (23). Was nicht mehr da oder nur noch schwer erreichbar ist, war schon deshalb besser. Nostalgie ist rückwärtsgewandte Sehnsucht. So ist "*Heimat.. die Sehnsucht des Soldaten im Krieg, des Auswanderers im fremden Land*"(9).

Auch die Sympathie für die "retro"-Mentalität und sogar die Zuneigung zu "*verwundeten Landschaften und Städten, die keine Kulissen bauen, wo die Brutalität z.B von industrieller Nutzung offen sichtbar ist und nicht kaschiert wird*"(27), mag mit dieser Nostalgie zu tun haben.

Ein sehr (post-)moderner Bezug zur verlorenen Heimat äußert sich in der Erfahrung von prinzipieller Bedrohtheit der Heimatwelt: "*Die Heimat gibt es nicht mehr, spätestens seitdem ich mit meinem Schuhspray das Ozonloch vergrößern kann*", schreibt eine Frau. Mit diesem Bewußtsein der Risikogesellschaft verbreitet sich womöglich auch "*eine unbestimmte Angst, es könnte fremd werden oder ich vertrieben.*"(12) Die Heimat kann morgen schon nicht mehr die Heimat sein, weil ich woanders bin oder die Heimat sich so verändert, daß ich sie nicht mehr wiedererkennen kann. Das ist eine Erfahrung von Umsiedlern, Ostdeutschen, aber auch Westdeutschen in der schnellen Modernisierung ihrer Umwelten.

Der nostalgische Bezug zu einer vergangenen Heimatwelt scheint nicht nur mit dem Älterwerden zusammenzuhängen, sondern auch mit einer Orientierung auf Kultur-Landschaften als Bezugssystem des eigenen Heimatgefühls. In diesem Zusammenhang hatte ich bereits den Verdacht formuliert, daß die Landschaftsbeschreibung auch ein Ausweg aus familiärer Einengung sein könnte. So erscheint mir auch in bezug auf die nostalgische Heimatkonstruktion das quasi über der Landschaft schwebende Gefühl leichter Trauer durchaus konkrete Anlässe zu haben, die nicht konkret benannt werden sollen. Das ändert allerdings nichts an der Tatsache, daß kulturelle Veränderungen in West- und in Ostdeutschland tatsächlich mit Zerstörung und Auflösung einhergegangen sind.

Es gibt aber auch noch eine quasi umgekehrte Nostalgie bzw. die Erfahrung, daß man sich schneller bzw. anders entwickelt als die bisherige Umgebung, wie eine Frau es für ihre Heimatregion beschrieben hatte ("*Vertrautheit allein reicht nicht*"), und bei der die Heimat dadurch verlorengeht, daß man über sie hinauswächst(30). Allerdings liegt hier der Schwerpunkt eher auf der positiven Bewertung der eigenen Entwicklung und der dabei gewonnenen Lebensmöglichkeiten - sie bilden auch neue Heimaten.

Die Bindung der Heimat an etwas Vergangenes macht sie einerseits besonders wertvoll, andererseits auch quasi unzerstörbar. Das mit der Nostalgie verknüpfte "Bekenntnis" zum "Früher" scheint dabei auch zur Begründung der eigenen Person zu dienen und verleiht dieser die teure Patina überkommener Gegenstände. Ausgeblendet wird der Gewinn, den man aus der Gegenwart zieht, man postuliert sich als tragische und gleichzeitig würdevolle Figur, die etwas Wichtiges verloren hat, statt als Neureicher und schnöder Nutznießer des Heutigen. Die Polarisierung baut immer darauf auf, daß man selber auf der richtigen von zwei Seiten steht.

9. Heimat und Fremde

Die klassische Polarität ist die zwischen Heimat und Fremde. In den mir vorliegenden Texten wird dieses Begriffspaar aber weniger als Gegensatz, denn als (dialektische) Einheit dargestellt, die Fremde hat eine enorme Anziehungskraft und konstituiert die Heimat mit. Es gibt das Fremde als das Andere, das "*Ängstigende, das zu Weite, Haltlose*"(11), das Unbekannte, Unsichere, Unüberschaubare. Aber es gibt auch die Fremde als das Verlockende, Anziehende, möglicherweise sogar Heimischere: "*Wenn ich mich nun in der Heimat unheimlich fühle und in der Fremde geborgen, gerade weil sie nicht mein Eigenes ist, sondern eben fremd und damit heimlich?*"(25)
Fremde kann auch da sein, wo man die Heimat vielleicht erst findet, weil man sie vermißt: "*In Mexiko hatte ich kein Heimatbedürfnis; alles war da, in Deutschland dagegen brauchte ich ein Stück Heimat, das ich erst bei den Mexikanern in Leipzig gefunden habe.*"(6) In dieser Form beruht Heimat auf Fremde bzw. auf Entfernung vom bisher Bekannten. In der Fremde wird Heimat

erst erfahrbar. Die Heimat-Erlebnisse in Marseille und Kephalonia wurden schon erwähnt, eine Ostdeutsche beschreibt Heimat als "*Lebensgefühl*", in bezug auf das sie sich "*in Polen immer viel wohler gefühlt hat als in Deutschland.*"(26) Und einem Redakteur wurden "*im Gegensatz zum Heimat-Empfinden Länder wie Polen, die Sowjetunion, Ungarn - wo ich nie war - wichtig, vor allem durch Filme und Menschen.*"(28) Es gibt sozusagen "*Lust auf das Fremde, das andere, auf die eigene noch nicht gehabte Möglichkeit*", "*wenn ich Heimat gerade an nicht gekannten, vertrauten Orten wittere oder meine zu spüren, vom Fernen weht da etwas wie Heimat*"(11).

Und dann gibt es noch "*die Präsenz von Fremdheit im Alltag der Heimat, bei uns die Amis*"(27), und die Beziehung zum eigentlich Fremden, bis zu dem Punkt, an dem Fremdes als Eigenes wahrgenommen wird, z.B. schreibt eine Frau aus München als erstes unter Heimat: "*Ich weiß, daß meine Sympathie für die Türken hier im Haus damit zu tun hat, daß sie wie ich, vom Dorf in die Stadt gezogen sind und mich in ihrer Art zu leben an meine Kindheit und meine Herkunft erinnern. Es gibt dieses Bild aus dem Film "Heimat" - das könnte auch Frau Öczan sein oder meine Großmutter, obwohl, die hatte immer ein weißes Kopftuch auf.*"(12) Es wird also eine Verbindung- und damit Heimat hergestellt über eine gemeinsame Erfahrung von Fremdheit.

In einem Text ist das verallgemeinert: "*Ohne Fremde ist Heimat nichts. Erst der Bezug auf Fremdes/Befremdendes läßt bestimmte Bereiche des Lebens, des Alltags usw. als Heimat oder heimatlich erscheinen.*"(10) Oder mit anderen Worten: "*Das Ich jedenfalls ist nie und nimmer die eigentliche Heimat, sondern erst ein Produkt der Konfrontation mit dem Fremden*"(25). Und schließlich kann Heimat selbst etwas Fremdes sein oder einem fremd werden: "*Heimat ...fremdes Wort, fremder Raum, fremde (vergangene) Zeit, Menschen, die weit weg sind von mir... etwas, was ich nicht spüre, das ich nicht sehe, das ich nicht denke.*"(9) Heimat wird also durch die Fremde mit konstituiert; im Spektrum zwischen Heimat und Fremdheit gibt es dabei fließende Übergänge.

10. Heimat als Vielfalt

Die Folge von Bewegung und von der Konfrontation mit dem Fremden ist die Erweiterung bzw. Vervielfältigung von Heimat; von einigen Befragten wird auch das explizit beschrieben. Als ihre gegenwärtige Heimat beschreibt eine Frau "*parallel alte und neue Heimaten*", also den Ort, an dem sie früher in der Frauen-WG gewohnt hat, alle Orte, an denen sie die FreundInnen heute trifft, den Ort, wo sie heute lebt und arbeitet(30). Auch für den Mexikaner gibt es in Deutschland mehrere Orte bzw. Menschen, mit denen die Atmosphäre von Zugehörigkeit und Zuneigung wichtig und möglich ist, unabhängig von der Nationalität, aber abhängig von gemeinsamen Interessen. "*Heimat sind viele Orte und viele Menschen*", schreibt auch eine andere Frau(26), und ein Mann beschreibt als seine Heimat, "*daß ich nicht alle Sprachen verstehe, die auf der Straße gesprochen werden, wenn an jeder Ecke eine andere Kneipe ist, wenn sich niemand umdreht, wenn ich um vier Uhr morgens durch die Stadt jogge.*"(1) Heimat ist "*eine Verbindung mit Orten auf dieser Welt*", und damit gilt auch: "*Heimat ist die Welt, die Erde.*"(8)

Eine Frau faßt dieses Heimatgefühl mit der Frage zusammen: "*Warum sollte ich mich auch nicht an verschiedenen Orten zuhause fühlen, mich nicht mit verschiedenen Menschen, Lebensbedingungen, regionalen Gegebenheiten eng verbunden fühlen können?*"(13)

Die Erfahrung, an verschieden Orten leben und sich wohlfühlen zu können, führt zur Erweiterung und Vervielfältigung von Heimat. Statt Heimatverlust und Nostalgie wird der Gewinn an Heimat, ein Mehr(wert) von Heimat betont. Das setzt allerdings voraus, daß diese Heimaten nebeneinander bestehen dürfen und nicht gegeneinander abgewogen und Entscheidungen getroffen werden müssen, welches die bessere Heimat ist.

Diese Pluralität kann allerdings nicht nur Ausdruck von Unentscheidbarkeit sein, sondern auch von Unentschiedenenheit, Ausdruck einer Weigerung, Zustände zu vergleichen und zu bewerten, die in bezug auf die Realisierbarkeit bestimmter Bedürfnisse durchaus zu unterscheiden sind. Die durchweg positive Bewertung der Vervielfältigung von Heimat vernachlässigt auch damit möglicherweise verbundene Gefühle von Überforderung und Diffusion und negiert den Wunsch, alle seine Bedürfnisse an ein- und demselben Ort unterbringen zu können. Die Vielfalt von Heimaten ist faktisch in jedem Text enthalten, reflektiert wird sie allerdings nur von einigen Personen, immer dann, wenn es um bewußte Entscheidungen für oder gegen Beziehungen, Ortsveränderungen oder Auslandsaufenthalte ging. Es sind also mehrere Heimaten in jeder Person möglich und möglicherweise kann ein- und dieselbe Person gleichzeitig in mehreren Heimaten sein.

Allgemeine Tendenzen und Bedeutsamkeit unterschiedlicher Heimataspekte

Im nächsten Schritt habe ich untersucht, wie die verschiedenen Heimatbegriffe in meiner Stichprobe verteilt sind. Alle Häufigkeitaussagen beziehen sich also im Prinzip auf die 32 AutorInnen der Texte und sind aufgrund dieser geringen Personenzahl folglich nicht im statistischen Sinn gesichert; dennoch kann die Verteilung auf inhaltliche Zusammenhänge und Tendenzen aufmerksam machen. Die folgende Tabelle stellt eine Rangreihe der Kategorien nach Häufigkeit dar und schlüsselt deren Verteilungen auf:

Heimat wird verbunden mit...	Ges	M	W	O	W	S	P	N
(insgesamt)	32	17	15	20	9	3	16	16
1. Kat. 4 Gefühlszustand	32	17	15	20	9	3	16	16
2. Kat. 3 Soziale Einbindung	25	12	13	14	8	3	14	12
3. Kat. 1 Kindheit	22	11	11	12	8	2	11	11
4. Kat. 6 Politik/Ideologie	15	11	4	10	3	2	5	10
5. Kat. 9 Fremde	13	8	5	8	4	1	6	7
6. Kat. 5 Ideal/Illusion	13	7	6	10	2	1	7	6
7. Kat. 2 Kulturlandschaft	12	7	5	6	3	3	7	5
8. Kat. 8 Verlust/Nostalgie	10	3	7	7	3	0	6	4
9. Kat. 7 Folklore	9	4	5	7	2	0	6	3
10. Kat. 10 Vielfalt	5	2	3	1	3	1	4	2

Tab.3 Häufigkeiten der Bedeutungsdimensionen von Heimat in den subjektiven Konzepten

Wie ist dieses hier tabellarisch dargestellte Ergebnis nun zu interpretieren? Aus der Rangreihe ergibt sich, welche Bedeutsamkeit ein bestimmter Heimataspekt (für diese Gruppe) hat und man kommt zu einem Bild das den subjektiven Begriffsraum von Heimat etwa folgendermaßen abbildet.

Die zentrale Dimension von Heimat ist in diesen subjektiven Konzepten das *Heimatgefühl*. Dieses Heimatgefühl reflektiert in erster Linie Bedürfnisse der Person nach Sicherheit, Vertrautheit, Geborgenheit und Entspannung und deren Realisierungschancen in einer bestimmten, realen oder vorgestellten Umgebung.

Seine Basis ist einerseits die zumeist positiv beschriebene (oder auch positiv gewendete) *Kindheitserfahrung*, v.a. in der Herkunftsfamilie und der unmittelbaren Kindheitsumgebung und andererseits die gelingende *sozialen Einbindung* in der Gegenwart, die Beziehung zu Partnern, Freunden, Kollegen. Beide spielen sich vor dem Hintergrund soziokultureller und regionaler Gegebenheiten ab- *Folklore, Herkunftskultur und Landschaft-* in die unmittelbare biographische Erfahrungen eingebettet erlebt werden. Diese übergreifenden Kontexte verändern sich und können die familiäre Erfahrung stützen, ergänzen bzw. deren Defizite kompensieren.

Aus den vergangenen und gegenwärtigen Erfahrungen von Heimatrealität wird als Drittes, vermittelt durch das Heimatgefühl, ein Ideal von Heimat in der Zukunft entworfen, eine *Utopie*, die das eigene Handeln orientieren kann. Das Problem bzw. die Probleme von Heimat korrespondieren möglicherweise mit diesen drei Dimensionen. *Nostalgie* spricht vom Verlust der Vergangenheit bzw. Kindheitserfahrung, *Fremde* vom Fehlen gegenwärtiger Einbindung. *Vielfalt* kann zum Problem in Hinblick auf die eindeutige Ausrichtung der Zukunft werden; in meiner Untersuchung wird sie allerdings v.a. als Vervielfältigung aktueller sozialer Einbindung positiv beschrieben. Negativ erfahren wird hingegen die Vereinnahmung von Heimat durch *Ideologie und Nationalismus*, die Heimatgefühle manipuliert und Ideale aufzwingt. Die gegenüberstehende Grafik versucht diesen Zusammenhang nochmals zu visualisieren

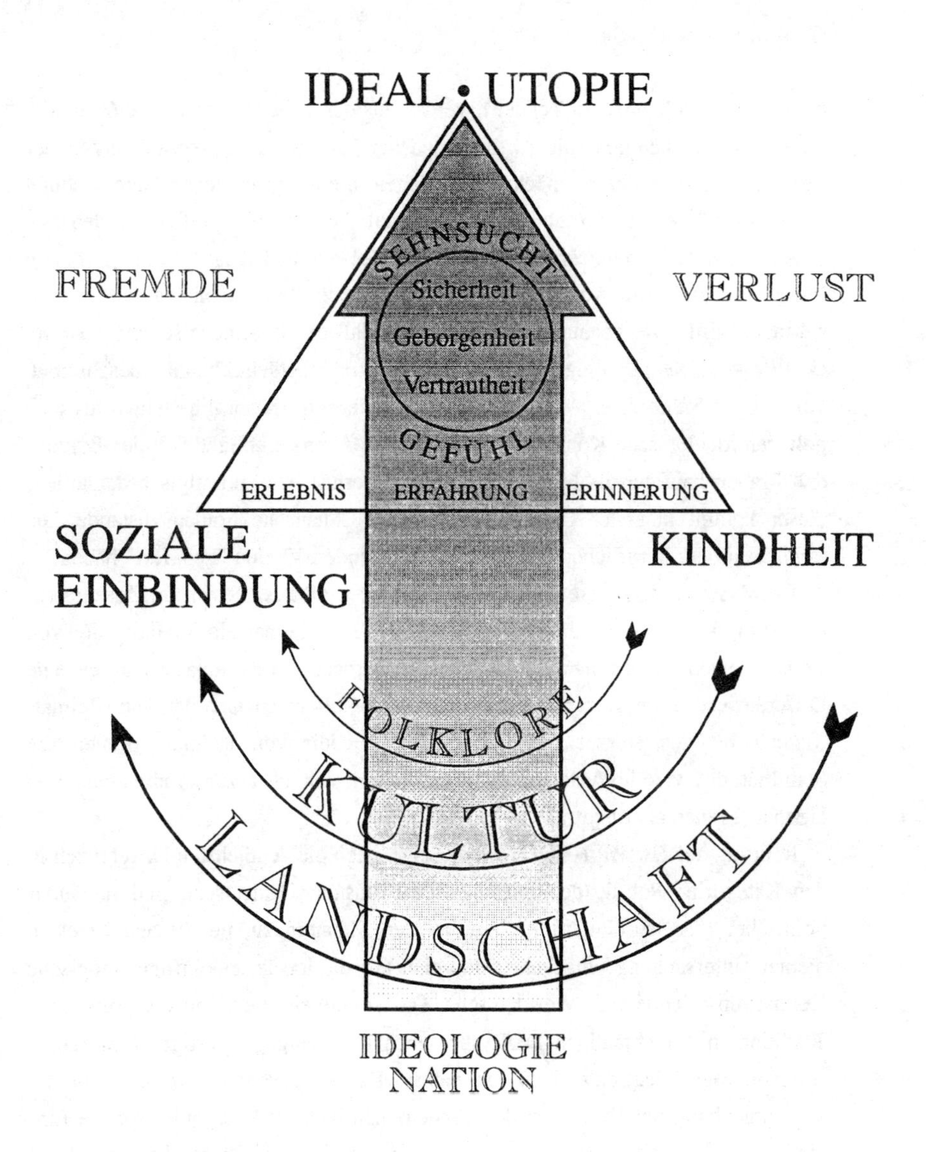
IDEAL • UTOPIE
SEHNSUCHT
Sicherheit
Geborgenheit
Vertrautheit
GEFÜHL
FREMDE
VERLUST
ERLEBNIS
ERFAHRUNG
ERINNERUNG
SOZIALE
EINBINDUNG
KINDHEIT
FOLKLORE
KULTUR
LANDSCHAFT
IDEOLOGIE
NATION

Gruppenunterschiede

Neben dieser allgemeinen Tendenz werden aus der Tabelle auch einige Gruppenunterschiede ersichtlich, die ich aufgrund der geringen Personenzahl nur in der Tendenz zusammenfassen möchte, sie müßten in einer gründlichen Untersuchung an einer größeren Stichprobe überprüft und entsprechend interpretiert werden.

Ausgeprägte *Geschlechtsunterschiede* gibt es nur in bezug auf die Kategorie Politik/Ideologie, die vorwiegend von Männern in Zusammenhang mit Heimat gebracht wird. Die genauere Analyse zeigt, daß der Geschlechtsunterschied im Ost-West-Vergleich umgekehrt erscheint: In Ostdeutschland beschreiben vorwiegend Männer, in Westdeutschland vorwiegend Frauen die Heimat als eine politisch-ideologische Konstruktion. Ähnlich differenzieren läßt sich der Befund, daß Frauen häufiger als Männer Heimat als Verlust bzw. nostalgisch darstellen, dieser kommt in erster Linie durch jüngere ostdeutsche Frauen zustande, die familiären oder beruflichen Plänen die jeweils andere Option "geopfert" haben.

Hinweise auf geringere Geschlechtsdifferenzen gibt es auch in im Zusammenhang mit der sozialen Einbindung, Folklore und Heimat als Vielfalt, die von Frauen jeweils etwas häufiger verwendet werden, darüberhinaus gibt es eine Differenzierung im Zusammenhang mit der emotionalen Qualität von Heimat: Männer betonen stärker das (kuzzeitige) Erlebnis von Heimat, Frauen die Stabilität des Gefühlszustands; Männer äußern sich eher zur Ambivalenz von Heimat, Frauen eher neutral.

In bezug auf *Ost-West-Unterschiede* zeigen sich die deutlichsten Differenzen in den Kategorien Politik/Ideologie und Ideal/Illusion: Ostdeutsche sind scheinbar politischer (das trifft allerdings nur bei den Männern zu, bei Frauen ist es in meiner Untersuchung umgekehrt) und eher auf die ideale, zukünftige, utopische Heimat hin orientiert als Westdeutsche. Das könnte einerseits mit der politischen Tradition in der ehmaligen DDR aber auch mit der gegenwärtigen Umbruchssituation in Ostdeutschland zu tun haben. Dafür verwenden Westdeutsche im Zusammenhang mit Heimat in der Tendenz häufiger die Kategorien soziale Einbindung und Kindheit. Hier sehe ich die Ursache in einer fortgeschrittenen Individualisierung bzw. in der größeren Verbreitung psychologischen Wissens, so daß eher auf die individuelle Biographie und das individuelle Netzwerk reflektiert wird.

Berufsgruppenunterschiede zwischen Psychologen und Nichtpsychologen gibt es in meiner Stichprobe nur in bezug auf Heimat als politische Konstruktion; in dieser Weise wird sie von Psychologen wesentlich seltener reflektiert. Keine Unterschiede gibt es beispielsweise bei der Verwendung der Kategorie Kindheit, und auch nicht bei der Verwendung der Kategorie Verlust/Nostalgie. Etwas mehr Bedeutung als Nichtpsychologen messen Psychologen im Zusammenhang mit Heimat möglicherweise den Kategorien soziale Einbindung, Kulturlandschaft, Folklore und Vielfalt zu.

Mögliche *Altersunterschiede* habe ich, da die Stichprobe dafür zu altershomogen ist, nicht geprüft; ich habe sie allerdings im Zusammenhang mit anderen Befunden zu reflektieren versucht. Als Tendenz wird allenfalls deutlich, daß mit zunehmendem Alter Heimat mehr in der Vergangenheit (Nostalgie, Herkunft, Kindheit) und kaum noch in der Zukunft (Ideal) angesiedelt wird. Dadurch bekommt sie nicht nur oft eine nostalgische Färbung, sondern sieht auch zunehmend von konkreten und aktuellen sozialen Einbindungen ab. Sie bezieht sich dadurch aber auch häufiger auf allgemeine Zusammenhänge von Kultur, Mentalität und Lebensweise. Auch die "geistige Heimat" wird in dieser Formulierung nur von Älteren beschrieben.

Auffälliger als diese Gruppenunterschiede waren beim Lesen der Texte allerdings individuelle Besonderheiten der Darstellung und Auseinandersetzung, diese habe ich an diesem Punkt der Untersuchung zwar nicht weiter verfolgt, möchte aber Tendenzen andeuten, die für eine weitere Auswertung fruchtbar sein könnten.

Indivdiuelle Unterschiede

Zum ersten scheint es typische Kombinationen von Heimatbegriffen zu geben- die subjektiven Heimatkonzepte sind aus individuell unterschiedlichen Inhalten zusammengesetzt. Ich hatte z.B. bereits auf die Kombination von sozialer Einbindung und einem hohen Stellenwert der Kindheit oder familiären Einbindung hingeweisen; auch ist mir die Kombination einer Auffassung von Heimat als Kulturlandschaft und damit verbundenen nostalgischen Verlust bzw. Bedrohungserleben aufgefallen. Zum zweiten sind die Texte oftmals selbst in einer gewissen Prozeßlogik konstruiert. Viele Texte beginnen mit abgrenzenden Passagen, es wird also zunächst die Fremde begrüßt oder sich von Folklorekitsch und nationaler Vereinnahmung distanziert, ehe etwas über persönliche Bezüge wie Kindheit, soziale Einbindung, Gefühl etc. erzählt wird. Der eigene Raum wird also quasi zunächst abgegrenzt, ehe er ausgefüllt wird. Abgeschlossen werden Texte sehr häufig mit Bezügen auf das Ideal, oder es werden Grundgefühle formuliert. Die systematischere Analyse der Textverläufe könnte also möglicherweise etwas über die Logik der Konstruktion von Heimat aufklären.

Drittens folgt die Art und Weise der Textgestaltung selbst einer bestimmten formalen Struktur, die sich durch die folgenden Polaritäten kennzeichnen läßt. Jede Textpassage läßt sich diesen formalen Kategorien zuordnen.

1. Außen - Innen

Konkrete Heimatbegriffe unterscheiden sich zunächst darin, ob sie Heimat eher als eine äußere Realität oder eher als eine innere Realität beschreiben. Im ersten Fall geht es um Dinge, Orte, Personen und Strukturen, die außerhalb der eigenen Person existieren, im zweiten Fall geht es stärker um die - natürlich mit Dingen, Orten und Personen verbundenen - inneren Beziehungen, Erfahrungen, Erlebnisse und Vorstellungen. Kindheit oder soziale Einbindung werden z.B. diskursiv außerhalb der Person angesiedelt, damit verbundene Gefühle und daraus abgeleitete Ideale aber innerhalb.

2. Real-Ideal

Damit korrespondiert zumeist, ob Heimat in einer bestimmten Kategorie als erfahrene, erlebte oder erinnerte Realität dargestellt oder ob sie als (äußerlich oder innerlich) anzustrebender Idealzustand charakterisiert wird. Im ersten Fall ist Heimat etwas, was es schon gibt oder gegeben hat, im zweiten Fall etwas, was zwar vorstellbar, aber möglicherweise real nicht erreichbar ist. Heimat-Gefühle beispielsweise können sowohl als real (erfahren) oder auch als ideal (angestrebt) dargestellt werden.

3. Vergangenheit-Gegenwart-Zukunft

Drittens unterscheiden sich Heimatbegriffe auf einer zeitlichen Dimension darin, ob Heimat in erster Linie in der Vergangenheit (Kindheit), in der Gegenwart (aktuelle Einbindung) oder in der Zukunft(Ideal) angesiedelt wird. Reale Orte können beispielsweise als Herkunftsort, gegenwärtiger Lebensmittelpunkt oder zukünftiges Ziel (Traumwohnort, Traumreise) beschrieben werden.

4. Positiv-Negativ-Ambivalent

Viertens unterscheiden sich Heimatbegriffe in den mit ihnen assoziierten Gefühlen. Heimat (insbesonders in ihrer idealen Version) wird zwar zumeist mit eher positiven Gefühlen assoziiert, daneben gibt es aber auch Gefühle von Ambivalenz und zum Teil stark negative Gefühle, insbesondere in Verbindung mit realen Herkunftsheimaten oder, wie in meiner Stichprobe, mit politischen Konnotationen des Heimatbegriffs..

5. Aktiv-Passiv

Fünftens unterscheiden sich Heimatbegriffe darin, welche Rolle sie dem Subjekt bei ihrem Zustandekommen zuschreiben. Es geht also darum, ob Heimat eher passiv erfahren, erlangt, man eben hineingeboren wird, oder ob Heimat etwas ist, das man aktiv beeinflussen, herstellen und schaffen kann bzw. sogar muß. Dazwischen läge eine Position, die vor allem betont, daß Heimat zwar zunächst "da" ist, aber persönlich besetzt bzw. angeeignet werden muß. Kindheit beispielsweise "passiert" einem; eine aktuelle Einbindung muß man sich schaffen. Die innere Einkehr dagegen kann sowohl als passiver als auch als sehr aktiver Vorgang beschrieben werden; genauso liegen Gefühle oft zwischen diesen Polen.

6. Rational-Emotional

Sechstens unterscheiden sich die Vorstellungen über Heimat darin, ob es eher um emotionale Aspekte (Heimatgefühl bzw. Heimatbild) oder eher um rationale Aspekte (Heimatkonzept, Heimatbegriff, verfügbare Handlungsmöglichkeiten usw.) geht. Entscheidend ist damit auch, ob Heimat eher ein Gegenstand der gefühlsmäßigen Identifikation oder der kritischen Analyse ist.

7. Bewußt-Unbewußt

Es wäre auch prinzipiell möglich, bewußte und unbewußte Anteile von Heimatbegriffen zu unterscheiden, das würde allerdings ein tiefenhermeneutisches bzw. psychoanalytisches Textinterpretationsverfahren erfordern, das ich in meiner Untersuchung nicht angewendet habe. Hinweise auf unbewußte Anteile sind allerdings auch in diesen Texten in Form von An-Deutungen, schwer verständlichen Passagen oder Fehlleistungen anzutreffen.

Diese Dimensionen sind natürlich nicht spezifisch für Heimat, sondern stehen allgemein wohl hinter jedem psychologischen Phänomen. Mithilfe dieser formalen Kategorien lassen sich auch die 10 inhaltlichen Kategorien weiter differenzieren. So habe ich in einem abschließenden Strukturierungsschritt (siehe Tab4) die zehn empirisch gefundenen Heimatkategorien zu sechs Themenkreisen zusammengefaßt, in denen ich die theoretische Auseinandersetzung vertiefen will.

1. Heimat als familiäre Kindheitsumgebung	1) Heimat als Kindheitsumgebung	a. Heimat in Verbindung mit subjektiven Erfahrungen
	2) Heimat als Elternhaus	
2. Heimat als Kulturlandschaft	3) Heimat als Naturraum und -erlebnis	
	4) Heimat als Kulturraum	
3. Heimat als aktuelles Netzwerk	5) Heimat als jetziger Wohnort	b. Heimat als aktuelle Lebenswelt
	6) Heimat in Beziehungen	
4. Heimat als Erlebnis und Gefühlszustand	7) Heimat als Erlebnis	
	8) Heimat als sinnliche Erfahrung	c. Heimatgefühl als Erfahrung von Übereinstimmung
	9) Heimat als Gefühlszustand	
5. Heimat als innerer Entwurf	10) Heimat als innere spirituelle Welt	
	11) Heimat als idealer Ort	d. Heimat als Zukunftsprojektion
	12) Heimat als Handlungsziel	
	13) Heimat als Illusion	
6. Heimat als politisch-ideologische Konstruktion	14) Heimat als Ideologie	e. Heimat als Ideologie
	15) Heimat als Nation	
7. Heimat als Folklorewelt	16) Heimat als Folklore	
8. Heimat als Verlusterfahrung	17) Heimatverlust und Nostalgie	f. Heimat als Problem
9. Heimat und Fremde	18) Heimat und Fremde	
10. Heimat als Vielfalt	19) Heimat als Vielfalt	

C. Zusammenfassung: Heimat als psychologisches Thema

Wie sich empirisch gezeigt hat, gibt es in den subjektiven Konzepten über Heimat eine Perspektivenvielfalt, der eine weitere psychologische Analyse gerecht werden muß. Heimat ist ein psychologisch komplexes, vielfältig zusammengesetztes und individuell unterschiedlich konstruiertes Phänomen, das zentral in der Emotionalität von Menschen verankert ist. Es wird auf biographische Erfahrungen, aktuelle Lebensbedingungen und Zukunftsvorstellungen bezogen, dabei partiell als Problem erfahren und politisch besetzt. In diesem Sinn ist Heimat offensichtlich ein "diskursiver Knoten"[44], in dem sich die Perspektiven unterschiedlicher psychologischer Fachrichtungen und anderer Wissenschaftsdisziplinen treffen können. Die Themenkreise, auf die ich mich in der theoretischen Auseinandersetzung konzentrieren werde, sind folgende:

a. Heimat als biographische Erfahrung

Hier geht es um Heimat als den Lebensraum der Kindheit, also um Herkunft im weitesten Sinn, von der Familie über Kindheitsorte bis hin zu kulturlandschaftlichen Aspekten. Es geht also in erster Linie um vergangene Realität und deren heutige Interpretation. Dabei könnten einerseits entwicklungspsychologische Erkenntnisse über Bindung und Exploration, über den Einfluß und die Entwicklung familiärer Beziehungen und über die Aneignung von verschiedenen Entwicklungskontexten zur Erklärung herangezogen werden, andererseits psychoanalytische Erkenntnisse über den Aufbau von Objektbeziehungen, Übertragung und Ablösung. Es geht aber auch um Gedächtnis und Erinnerung bzw. um Vergessen, Verdrängen und andere Abwehrmechanismen. Es geht darüberhinaus um Biographieforschung im weitesten Sinn, also auch um oral history, Lebensweltanalyse usw.

---

44 JÄGER S (1994) Kritische Diskursanalyse. DISS Duisburg; S.185

b. Heimat als aktuelle Lebenswelt

Hier liegt der Schwerpunkt auf der gegenwärtigen Realität sozialer, regionaler und kultureller Einbindungen und deren aktiver Gestaltung. Es geht um das Wahrnehmen von und das Handeln in aktuellen (sozialen) Kontexten, die Heimat konstituieren. Es geht auch um sozialpsychologische Phänomene wie Zugehörigkeit, Anerkennung, Vertrauen und Verantwortung. Es geht um soziale Identität und soziale Netzwerke. Erklärungen finden sich hier wahrscheinlich vorrangig in der Sozialpsychologie und deren Anwendungen, beispielsweise in der Gemeindepsychologie.

c. Heimatgefühl

Hier geht es zentral um die mit biographischen oder aktuellen Kontexten verknüpften Emotionen. Es geht möglicherweise um entwicklungspsychologische Kategorien wie Urangst und Urvertrauen, um den Umgang mit Ambivalenzen und um emotionale Regulation, aber auch um Begriffe wie Zufriedenheit, Gesundheit usw. Dabei müßte es gerade um die Spezifik des Heimatgefühls gehen, also um die emotionale Qualität dieses Begriffs. Eine "Suchrichtung" wäre auf jeden Fall die Emotionspsychologie, möglicherweise auch die klassische Identitätsforschung und wiederum die Psychoanalyse.

d. Heimat als Zukunftsprojektion

Bei Heimat als Zukunftsprojektion geht es einerseits um konkrete (rationale) Zukunftspläne und -perspektiven, um persönliche Optionen und Identitätsentwürfe. Andererseits interessiert hier das Wesen von Zukunftsprojektionen bzw. inneren Entwürfen, von Imagination, Kreativität, Spiritualität und deren Zusammenhang beispielsweise mit biographischen Erfahrungen und aktueller Lebenssituation. Es geht aber auch um die Konstruktion von Selbst-Entwürfen. Mögliche Zugänge sind Kreativitätspsychologie und Imaginationsforschung.

e. Heimat als Ideologie

Dies könnte ein Thema der politischen Psychologie, aber auch der angewandten Sozialpsychologie sein, es geht hier psychologisch vor allem darum, wie und wozu ideologische Bestimmungen von Heimat, Nation, Zugehörigkeit usw. in das individuelle Bewußtsein übernommen und wie soziale Einstellungen, Zuschreibungen und Vorurteile angeeignet, gelernt und auch reflektiert werden. Das Thema der Mystifizierung von Heimat könnte dazu untersucht werden, die Rolle der Medien bei der Vermittlung ideologischer Heimat-Stereotype, und es könnte auch um die Beziehung zwischen Heimat und Widerstand gehen.

f. Heimat als Problem

Dieser Themenkreis beinhaltet die Erfahrung von Heimat als Problem, er schließt die Kategorien von Vielfalt, Nostalgie und Fremde, quasi also Gegen- oder Grenzerfahrungen von Heimat, ein. Ich vermute hier Ergebnisse am ehesten in der pathopsychologischen Forschung und klinischen Psychologie; weniger pathologisierende Interpretationen gibt es in der Bewältigungsforschung, interessante Perspektiven würde ich aber auch aus der soziologischen Debatte um Individualisierung in Folgen der Moderne erwarten. Im Zusammenhang damit gibt es auch in der neueren Identitätsforschung weiterführende Überlegungen.

Am Ende dieses Abschnittes möchte ich nochmals auf meine Grundkatagorien von Subjektivität, Ambivalenz und Funktionalität zurückkommen. Welche Aussagen kann man aufgrund der Pilotstudie über subjektive Konzepte von Heimat in bezug darauf treffen?

Am deutlichsten gezeigt hat sich die *Subjektivität* des Phänomens von Heimat. Es gibt keinen "common sense", keine kollektive Definition von Heimat mehr, stattdessen gibt es individuelle Versuche, diesen Kontex für sich selbst zu beschreiben. Die Subjektivität der Äußerung basiert auf der Subjektivität der Erfahrung, einerseits innerhalb der individuellen Biographie, anderseits in der aktuellen Lebenssituation, aber auch in deren subjektiver Brechung und Projektion auf einen idealen Zustand oder eine Zukunftsvorstellung hin.

Die *Ambivalenz* von Heimat wird in meiner Untersuchung auf zwei Ebenen deutlich- zum einen geht es um emotionale Ambivalenzen, um Gefühle von Geborgenheit aber auch Einengung, die mit Heimat verbunden werden. Umgekehrt wird auch die Fremde -als Gegenpol von Heimat-ambivalent wahrgenommen, nämlich sowohl bedrohlich als auch verlockend. Selbst Nostalgiegefühle sind nicht nur negativ belegt, sondern sichern offensichtlich historisch Einbindung und damit Selbstverortung. Auf einer zweiten Ebene gibt es in den Texten Ambivalenzen als Handlungswidersprüche: gehen oder bleiben, Haus bauen oder meditieren, sich manipulieren lassen oder Einfluß nehmen- stehen als Möglichkeiten bereit.

Über die *Funktionalität* dieser subjektiven Konzepte für diese Personen kann ich bisher nur Vermutungen anstellen, soweit ich die biographischen Umstände und die Lebenssituation dieser Personen kenne. Im Rahmen der inhaltlichen Kategorien habe ich solche Vermutungen über subjektive Funktionalität mitunter geäußert. Allerdings müssen diese für den Leser vorerst spekulativ bleiben, so daß ich auf das Problem der Funktionalität in einem späteren Zusammenhang ausführlicher zurückkommen werde.

Teil III
Psychologische Perspektiven

A. Warum gibt es keine Heimatpsychologie?

Ich hatte im ersten Teil bereits meine Überraschung darüber geäußert, wie wenige im engeren Sinn psychologische Arbeiten zum Thema Heimat es gibt. Eine erste Antwort auf die Frage, warum das so ist, formuliert der Titel des schon erwähnten Readers von einer Tagung für Politische Psychologie: Wem gehört die Heimat? [45].

Offensichtlich gehört sie nicht den Psychologen, jedenfalls nicht den Psychologen allein- Heimat ist, wie wir schon im Abriß der Begriffsgeschichte gesehen haben kein genuin psychologisches Phänomen (so wie z.B. die klassisch psychologischen Themen Wahrnehmung, Denken, Gedächtnis oder Lernen). Heimat ist, darauf weisen auch die Befunde aus meiner empirischen Vorstudie hin, ein "diskursiver Knoten"[46], in dem sich nicht nur sehr unterschiedliche subjektive, sondern auch verschiedene objektive Bedeutungsdimensionen treffen, und damit auch die Forschungsstränge mehrerer Fachwissenschaften. Heimat ist bereits ein Thema für Ethnologen, Soziologen, Historiker, Theologen usw. Was bleibt angesichts dieser Konkurrenz für Psychologen noch übrig?

Es bleibt die die Tatsache, daß Heimat, wie wir empirisch sehen konnten, zunehmend subjektiv bestimmt wird und in dieser Subjektivität nur von Psychologen zu analysieren ist. Es bleibt auch das psychologische Problem, das Menschen mit Heimat haben bzw. als Heimatproblem formulieren, hier muß Heimat also zum Problem und damit auch zum Gegenstand der Psychologie werden. Bleibt erneut die Frage, warum ist sie das noch nicht bzw. kaum?

---

45 RÄTHZEL N (1994) Harmonious "Heimat" and Disturbing "Ausländer". In: Bhavnani & Phoenix. Shifting Identities Shifting Racisms. Feminism and Psychology Reader. Sage, London. S.81 94; PIAGET J, WEIL AM (1951) The development in children of the idea of the homeland. In: International Social Science Bulletin, Jg.3, S.561-578; BOESCH E (1991) Skizze zur Psychologie des Heimwehs. In: Rück P (ed.) Grenzerfahrungen. Schweizer Wissenschaftler, Journalisten und Künstler in Deutschland. Marburg an der Lahn; BELSCHNER W, GRUBITZSCH S, LESZCZYNSKI C, MÜLLER-DOOHM S (eds.), Wem gehört die Heimat? Beiträge der politischen Psychologie zu einem umstrittenen Phänomen., Bd. 1. Leske und Budrich, Opladen, Bd 1(1995) Wem gehört die Heimat?

46 JÄGER S (1994) Kritische Diskursanalyse. DISS, Duisburg; S.185

Aus meiner Sicht gibt es dafür drei Gründe, die im Phänomen selbst liegen- der erste heißt Subjektivität. Es mag paradox klingen, aber ein Verständnis von Psychologie als Subjektwissenschaft beginnt sich erst in den letzten Jahren durchzusetzen. Die akademische Tradition der Psychologie ist nach wie vor am Wissenschaftsideal der klassischen Physik orientiert- es geht eher um von außen objektivierbares Verhalten und meßbare Eigenschaften von Menschen als um die schwer faßbare Innensicht der Subjekte. Aber wie kann man Heimatverhalten objektivieren und auf welcher Skala könnte das subjektive Empfinden von Heimat gemessen werden?

Der zweite Grund für die psychologische Enthaltsamkeit in bezug auf Heimat liegt in der Ambivalenz und Komplexität dieses Phänomens, subjektive Heimatbezüge verbinden Außen- und Innenwelt, Emotionales und Rationales, Handeln und Imagination usw. Auf welche Seite soll sich ein Wissenschaftler aus einem abgegrenzten Fachgebiet schlagen, wenn er doch nicht allen Aspekten gleichzeitig gerecht werden kann?

Der dritte Grund schließlich ist die Funktionalität von Heimat: die Nähe dieses Begriffs zu politischem Mißbrauch und Manipulation. Mit diesen verhängnisvollen Einbindungen begründet bspw. Grubitzsch in seinem psychologiegeschichtlichen Überblick[47], warum sich die Psychologie "Nah dem Menschen-Fern der Heimat" positionieren sollte. Er erinnert an die psychiatrische Ausgrenzung von "Heimatlosen", die Selektion von Einwanderern in den USA und schließlich die "eugenische" Selektion nichtseßhafter Personen im Dritten Reich. Wenn aber die Nähe zu Menschen, beispielsweise denen multikultureller Herkunft oder von im Transformationsprozeß marginalisierten Jugendlichen direkt zum Heimatproblem hinführt? Und wenn gerade die scheinbare Politikferne psychologischer Erkenntnisse deren politischen Mißbrauch erleichtert- wenn z.B.im Zusammenhang der Asylgesetzgebung von einer verhaltenspsychologischen Grundlage her ganz objektiv diskutiert wird, welcher Anteil an "Fremden" einer Population gerade noch "zuträglich" ist? Ist dann eine Auseinandersetzung mit diesen politisch brisanten Themen- so auch mit Heimat- aus einer psychologi-

---

47 GRUBITZSCH S (1995) Psychologie: Fern der Heimat - nah dem Menschen. In: Belschner W, Grubitzsch S, Leszczynski C, Müller-Doohm S (eds.), Wem gehört die Heimat? Beiträge der politischen Psychologie zu einem umstrittenen Phänomen., Bd 1. Leske und Budrich, Opladen; S.221-228

schen Perspektive nicht gerade besonders notwendig, um Mißbrauch zu verhindern? Gerade aufgrund dieser angewandten Fragen, muß sich die Psychologie aus meiner Sicht auch einer theoretischen Auseinandersetzung mit dem Heimatbegriff stellen. Dabei darf die geringe Anzahl expliziter Äußerungen zum Thema Heimat nicht darüber hinwegtäuschen, daß in der Psychologie sehr viele Ergebnisse erarbeitet worden sind, die für ein psychologisches Verständnis von Heimat grundlegend sein können. Es gibt zwar keine Heimatpsychologie- aber es gibt eine Ökologische Perspektive in der Entwicklungpsychologie, es gibt die Gemeindepsychologie, es gibt auch Kulturpsychologie und Ethnopsychoanalyse, es gibt die sozialpsychologische Identitätsforschung- in allen diesen und in anderen Gebieten lassen sich Erkenntnisse finden, die den subjektiven Umgang mit Heimat besser begreifbar machen. Ich werde mich hier auf die Diskussion einiger ausgewählter Arbeiten beschränken, auf denen eine Heimatpsychologie aus meiner Sicht aufbauen könnte. Es gibt sicher noch andere, vielleicht auch interessantere- aber irgendwo muß man anfangen. Mitunter werde ich auch in fachfremden Gebieten "wildern"- weil mir gerade die soziologische und ethnologische Debatte für ein psychologisches Verständnis von Heimat sehr wichtig und anregend erscheint. Als Gliederung dienen mir dabei die sechs psychologischen Themenkreise, die ich aus meiner empirischen Vorstudie abgeleitet habe.

B. Heimat als Problem in der Psychologie

1. Heimatgefühl und Heimatbedürfnis

Für ein psychologisches Verständnis von Heimat scheint das Heimatgefühl eine zentrale Kategorie zu sein. Im Alltagsverständnis wird den Gefühlen eine primäre Qualität zugeschrieben- "Gefühle lügen nie", "man muß nur seinen Gefühlen folgen"- jeder weiß aus eigener Erfahrung aber auch, daß Gefühle nicht immer eindeutig und manchmal schwer zu benennen sind. Die Gefühle, die mit Heimat verbunden werden, sind scheinbar eindeutig positiv belegt: es geht um Sicherheit, Vertrautheit und Geborgenheit, die man in Bezug auf eine bestimmte Umgebung erlebt. Diese Gefühle sprechen eigentlich über eine bestimmte Qualität der Umgebungsbeziehung: Es geht dabei nicht nur darum ob eine Umgebung (objektiv) Sicherheit, Geborgenheit usw. vermittelt, sondern ob sie von einer Person subjektiv so empfunden wird. Ein Ort, an dem man sich immer wohlgefühlt hat, kann einem "verleidet" werden. In der Geborgenheit der Kindheitswelt fühlt man sich als Jugendlicher zunehmend "eingeengt", sehnt sich dennoch in "angeschlagenen" Situationen als Erwachsener vielleicht danach zurück. Eine vertraute Umgebung kann einem fremd werden, aber man sieht bspw. im Zustand von Verliebtheit plötzlich eine Stadt "mit ganz neuen Augen" ... Es geht also wirklich um ein subjektives Maß, das in erster Linie mit den Bedürfnissen einer Person zusammenhängt. Das Heimatgefühl sagt also letztlich etwas über die Übereinstimmung einer Umgebung mit der aktuellen Bedürfnislage einer Person aus.[48]

Nun gibt es in der Psychologie sehr unterschiedliche Bedürfniskonzepte, zum einen geht es um unmittelbar körpergebundene, physiologische Bedürfnisse, aber auch um psychische, soziale, kulturelle, spirituelle- die kritische Psychologie unterscheidet vitale und produktive Bedürfnisse[49].

---

48 ROST W (1984) Psychologie der Emotionen. Springer, Berlin

49 HOLZKAMP-OSTERKAMP U (1975) Grundlagen der psychologischen Motivationsforschung. Campus, Frankfurt/Main; HOLZKAMP-OSTERKAMP U (1978) Erkenntnis, Emotionalität, Handlungsfähigkeit. In: Forum Kritische Psychologie 3. Argument-Verlag, Berlin

Freuds Triebkonzept[50] argumentiert zwar von einer physiologischen Grundlage her, macht aber auch deutlich, daß sich Bedürfnisse entsprechend der "Triebschicksale" verändern bzw. auf unterschiedliche "Objekte" beziehen können. Er macht auch darauf aufmerksam, daß Bedürfnisse und die damit einhergehenden Emotionen aufgrund lebensgeschichtlicher Erfahrungen verdrängt, abgewehrt oder sublimiert werden. Heimat wäre also in seinem Konzept kein Ort vollkommener Triebbefriedigung, sondern ein Ort gelingender Objektbesetzungen und damit auch ein Ort gelungener Verdrängung.

In Weiterentwicklungen der Psychoanalyse, beispielsweise im stärker sozialpsychologischen Ansatz von Erikson werden die Partialtriebe mit Entwicklungsaufgaben im Rahmen eines entwicklungs-psychologischen Stufenmodells kombiniert[51]. Grundlegend für die Erfahrung von Geborgenheit ist dabei der Aufbau von Urvertrauens in der frühen Kindheit, das früh erworbenen Gefühl zu bekommen, was man braucht, und sich auf seine Umgebung verlassen zu können- was sowohl physische Sättigung, als auch soziale Nähe und emotionale Zuwendung einschließt.

In der humanistischen Psychologie nimmt bspw. Rogers ein zentrales Bedürfnis nach Selbstverwirklichung an[52] - Heimat wäre für ihn also möglicherweise der Ort, der Selbsterkenntnis, Selbstentfaltung und Selbstverwirklichung zuläßt, gestützt durch soziale Akzeptanz, Wärme und emotionale Einfühlung, wie er sie als therapeutische Basisvariablen skizziert. Maslow[53] entwirft eine Bedürfnis-Pyramide, deren Grundlage ebenfalls quasi physiologische oder vitale Bedürfnisse bilden und deren Spitze das Bedürfnis nach Selbstverwirklichung ist.

Die Kritik an den psychologischen Bedürfnis-Modellen (sowohl Freuds als auch der Humanistischen Psychologie) hat sich v.a. darauf gerichtet, daß die unter bestimmten historischen Umständen bei einer bestimmten Schicht auftretenden Bedürfnisse quasi zur menschlichen Natur erhoben wurden. Auch das Bedürfnis nach Heimat hat sich historisch sicher stark verändert, die Frage nach dessen natürlichen Grundlagen hat sich damit aber nicht erledigt.

---

50 Freud S. Gesammelte Werke. Fischer, Frankfurt

51 Erikson EH (1973) Identität und Lebenszyklus. Suhrkamp, Frankfurt/M

52 Rogers CR (1977) Entwicklung der Persönlichkeit. Klett-Cotta, Stuttgart; Rogers CR (1973) Client-centered therapy. Kindler, München

53 Maslow AH (1973) Psychologie des Seins. München

Die Schweizer Psychologen Urs Fuhrer und Florian Kayser haben ein Modell der *Ortsbindung* entwickelt, mit dem sie beispielsweise die emotionale Bewertung von Wohnumgebungen und bestimmte Mobilitätsphänomene erklären.[54] Sie stützen sich dabei einerseits auf das verhaltensbiologisch begründete Prozeßmodell sozialer Motivation von Norbert Bischof, in dem die aus der Umwelt empfangene soziale Information vier verschiedene emotionale Bedeutungen haben kann:

- *Sicherheit* bezieht sich auf die Vertrautheit, Wichtigkeit und Anwesenheit eines Sozialpartners;
- *Erregung* bezieht sich auf die erlebte Fremdheit und die Bedeutung der Abwesenheit/des Fehlens eines vertrauten Sozialpartners;
- *Autonomie* steht in Beziehung zur eigenen Handlungskompentenz in der Situation und
- *Libido* beschreibt die sexuelle Gestimmtheit einer Situation.[55]

In diesem Verständnis wäre Heimat ein Ort der optimalen Regulation einander zum Teil widersprechender Bedürfnisse (z.B. nach Sicherheit und nach Erregung). Fuhrer und Kayser können empirisch zeigen, daß deren Verhältnis zueinander höchst individuell ist; das Bedürfnis nach Autonomie ist beispielsweise bei einigen Menschen stärker ausgeprägt, für andere hingegen zählen in erster Linie Vertrautheit und Sicherheit der Umgebung.

Sie beziehen sich über Bischofs Bedürfniskonzept hinaus auf das Konzept der Kultivation von Ernst Boesch.[56] Dieses beinhaltet, sehr vereinfacht gesagt, daß Menschen in ihrer Umwelt nicht nur überleben sondern diese kultivieren wollen- sie wollen "*Spuren hinterlassen*"[57], wie es Fuhrer ausdrückt.[58]

---

54 vgl. u.a. FUHRER U, KAYSER FG (1992) Bindung an das Zuhause: Die emotionalen Ursachen. In: Zeitschrift für Sozialpsychologie, 1992. S.105-118; FUHRER U, KAYSER FG (1992) Ortsbindung: Ursachen und deren Implikationen für die Wohnungs- und Siedlungsgestaltung. In: Harloff (ed.) Psychologie des Wohnungs- und Siedlungsbaus. Psychologie im Dienst von Architektur und Stadtplanung. Verlag für Angewandte Psychologie, Göttingen, Stuttgart. S.57-73

55 vgl. BISCHOF N (1985) Das Rätsel Ödipus. Die biologischen Wurzeln des Urkonflikts von Intimität und Autonomie. Piper. München

56 vgl. BOESCH EE (1980) Kultur und Handlung. Huber, Bern; BOESCH EE (1991) SYMBOLIC ACTION THEORY FOR CULTURAL PSYCHOLOGY. SPRINGER, BERLIN

57 FUHRER U (1993) Living in our own Footprints - and in those of Others: Cultivation as Transaction. In: Schweizerische Zeitschrift für Psychologie 52. 2/1993 S 130-137

58 Das Konzept von Boesch entspricht in seiner dialektischen Auffassung von Internalisierung und Externalisierung dem, was die sowjetische Kulturhistorische Schule in ihrem

Boesch selbst definiert Heimat als "*inneres Bild einer spezifischen handlungsgeprägten Ich-Umwelt-Beziehung*" und nennt "*Sich-Orientieren*" und "*Handeln-können*"[59] als Voraussetzungen von Heimatgefühl. Darüberhinaus geht es um biographische Erfahrungen (siehe B.2) und um die nur vor dem Hintergrund eines bestimmten Ortes bzw. einer bestimmten Kultur möglichen Selbst- bzw. Identitätsentwürfe (B.5), die das Handeln ausrichten.

Fuhrer und Kayser definieren auf der Basis dieser beiden Ansätze ihr Konzept von Ortsbindung in bezug auf die Wohnumwelt unter Bezug auf Bedürfnisse nach Identität, Kommunikation, Handlungsmöglichkeiten und emotionale Regulation.[60]

Den Gedanken über den Zusammenhang zwischen Ortsbindung und Selbst entwickeln Fuhrer und Kayser mehrfach weiter[61]; der Kern dieser Überlegung ist, daß eine Person eine Umgebung braucht, in der sie sich erfolgreich kultivieren kann. Dabei zeigen sie, daß moderne Wohnumgebungen diesem Bedürfnis nach Kultivation immer weniger gerecht werden und erklären damit die zunehmende Freizeitmobilität und das Ausweichen auf andere Orte:

> "...we assume that many people live in the wrong house and, therefore, they go out of their way to find places, where they can cultivate themselves more successfully. Thus, the rapidly increasing leisure time mobility mirrors the frustration of a still growing number of residents, who cannot manage their cultivation at the place where they live. What happens is a subtle transformation of a rather spatially concentrated form of living to a style of dwelling which is anchored in multiple places. This change from monolocal living to multi-local-living, as we named these phenomenon, results in the cultivation of a growing number of smal-scale "niche-cultures" or second homes."[62]

Tätigkeitskonzept unter der Dialektik von Aneignung und Vergegenständlichung faßt. Es geht dabei um einen Prozeß, indem einerseits Kultur angeeignet und andererseits geschaffen wird. In diesem Sinn wäre Heimat eine Umgebung, in der nicht nur individuell Bedürfnisbefriedigung gelingt, sondern auch indivdiuelle Teilhabe an der Entwicklung von Kultur möglich ist. s.a. LEONTJEW AL (1979) Tätigkeit - Bewußtsein - Persönlichkeit. Volk und Wissen, Berlin; WYGOTSKI LS (1985) Ausgewählte Schriften. Volk und Wissen, Berlin

59 BOESCH EE (1991) Skizze zur Psychologie des Heimwehs. In: Rück P(ed.) Grenzerfahrungen. Schweizer Wissenschaftler, Journalisten und Künstler in Deutschland. Marburg an der Lahn

60 vgl. FUHRER UND KAISER (1992) Ortsbindung

61 vgl. FUHRER U (1993) Living in our own Footprints - and in those of Others: Cultivation as Transaction. In: Schweizerische Zeitschrift für Psychologie 52. 2/1993 S 130-137; FUHRER ET AL (1995) Wie Kinder und Jugendliche ihr Selbstkonzept kultivieren: Die Bedeutung von Dingen, Orten und Personen. In: Psychologie in Erziehung und Unterricht, 42.Jg. 1/1995 S.57-64

62 FUHRER U. Footprints S.136

Dieser Befund steht möglicherweise auch hinter der Vervielfältigung subjektiver Heimatbedeutungen in meiner Vorstudie. Allerdings könnte eine Ursache für diese multiple lokale Orientierung auch die zunehmende Differenzierung von Bedürfnissen überhaupt sein, die nicht mehr alle am selben Ort miteinander vereinbar sind.

Auch in der Ethnologie bzw. Kulturanthropologie wird der Heimatbegriff mit dem Begriff der Identität im Zusammenhang diskutiert.Bausinger definiert Heimat als "*Gesamtheit menschlicher Bezüge zum sie umgebenden geographischen, sozialen und kulturellen Nahraum*" und als *"Basis von Identität"*. Vielleicht am einschlägigsten zur Problematik von Heimat hat sich in den letzten Jahren die Frankfurter Kulturanthropologin Ina-Maria Greverus geäußert. Sie definiert Heimat als

> "Lebensraum, in dem die Bedürfnisse nach Identität (dem Sich-Erkennen, Erkannt- und Anerkanntwerden), nach materieller und emotionaler Sicherheit, nach Aktivität und Stimulation erfüllt werden, ein Territorium, das sich die Menschen aktiv aneignen und gestalten, das sie zur Heimat machen und in dem sie sich einrichten können."[63]

Ihr Ausgangspunkt ist "der territoriale Imperativ", die ihrer Meinung nach existentiell notwendige Orientierung auf ein "*Satisfaktionsterritorium*", das *"Sicherheit, Aktivitätssentfaltung und Identität"* gewährt, und das sie als anthropologische Konstante annimmt:

> "Der Mensch als Art ist ein bewegliches Wesen. Ja, er braucht diese körperliche und geistige Beweglichkeit, um seiner Bestimmung, sich Umwelt erst zur Heimat zu machen, gerecht werden zu können. Gleichzeitig aber braucht er einen Ort, ein Territorium, wo er hingehört, das ihm seine Identität gibt. Hier ist er der Mensch, der sich kennt und auskennt, der erkannt und anerkannt wird. Identität steht gegen Anonymität."[64]

Greverus begründet Heimat also nicht nur anthropologisch -mit der Natur des Menschen- sondern auch sozialpsychologisch, mit dessen Bedürfnissen nach Identität, Zugehörigkeit und Zusammengehörigkeit. Sie verweist darauf, daß

---

63 GREVERUS IM (1995) Wem gehört die Heimat? In: Belschner W, Grubitzsch S, Leszczynski C, Müller-Doohm S (eds.), Wem gehört die Heimat? Beiträge der politischen Psychologie zu einem umstrittenen Phänomen. Leske und Budrich, Opladen. S.23-40; S.24

64 ebd. S.28

Umwelt erst zur Heimat gemacht werden muß und sieht genau darin die "Bestimmung" des Menschen.

Eine Gegenposition zu dieser allgemeinen Einigkeit über den Zusammenhang von Heimat und einem postulierten Bedürfnis nach ortsgebundener Identität will ich hier nur andeuten, da ich später aufführlicher darauf zurückkommen werde. Der französische Ethnologe Marc Augé behauptet, daß gegenwärtig das Bedürfnis nach Anonymität und Gleichheit, also quasi Nicht-Identität oder zumindestens Nicht-Identifizierbarkeit zunimmt. Er geht in seiner "Ethnologie der Einsamkeit" davon aus, daß Heimat zunehmend an Nicht-Orten gesucht und gefunden wird, also an Orten, die gerade nicht Identität und auch nicht Gemeinschaft stiften(z.B. Supermärkten, Autobahnraststätten und Flughäfen).[65]

Auch wenn dieser Ansatz polemisch konstruiert ist, weist er doch wiederum darauf hin, daß Bedürfnisse, auch die nach Identität, Gemeinschaft, aber auch z.B. nach Sicherheit, Orientierung und Selbstverwirklichung, erstens individuell unterschiedlich ausgeprägt sein können und sich zweitens möglicherweise in gewissen historischen Zeiträumen verändern.

Die Tendenz der Diskussion geht also insgesamt dahin, ein anthropologisches Grundbedürfnis nach Heimat anzunehmen, das verschiedene Aspekte hat:

Es geht zum einen um *Selbsterhaltung* auf verhaltensbiologischem Niveau, also um Sicherheit, Bewegungsfreiheit, Orientierung, die Sicherung vitaler Bedürfnisse. Heimat auf diesem einfachsten, aber auch grundlegenden Niveau ist dort, wo meine physische Existenz gesichert ist.

Es geht zum zweiten um *Selbstverwirklichung*, um Autonomie, Handlungskompetenz und Gestaltungsraum, um die Befriedigung produktiver Bedürfnisse. Heimat auf diesem Niveau ist dort, wo ich meine Umgebung beeinflussen, verändern, umgestalten kann, wo ich mich handlungsfähig und wirksam fühle.

Es geht drittens um *soziale Integration*, um Zugehörigkeit und um Anerkennung, es geht um die Sicherung sozialer und kommunikativer Bedürfnisse. Heimat in diesem Sinn ist dort, wo ich mich vertraut, sozial eingebunden und anerkannt fühle.

Es geht viertens um Selbsterkenntnis, um Selbstpositionierung und um *Identität*, es geht um biographische Kontinuität, Kohärenz und um subjektiven Sinn, es

---

65 vgl. AUGE M (1994) Orte und Nicht-Orte. Vorüberlegungen zu einer Ethnologie der Einsamkeit. Fischer Verlag. Frankfurt am Main

geht um die Realisierung reflexiver Bedürfnisse. Heimat in diesem Sinn ist dort, wo ich mich am zu mir passenden Platz fühle.

Es geht fünftens um *Kultivation* bzw. Teilhabe an einem kulturellen Prozeß, der über meine individuelle Existenz hinausgeht. Heimat in diesem Sinn ist dort, wo ich Verantwortung übernehme und Spuren hinterlasse. Dabei scheint die kulturelle Entwicklung dahinzugehen, daß es für die sich differenzierenden Bedürfnisse auch mehrere Orte bzw Heimaten geben muß.

Zu erinnern ist widerum daran, daß es dabei um subjektive Widerspiegelungsleistungen geht- das subjektive Heimatgefühl einer Person muß also nicht unbedingt etwas über die Heimatlichkeit einer Umgebung aussagen. Die Abspaltung nichtlebbarer Bedürfnisse und die Verdrängung negativer Emotionen konstituieren das Heimatgefühl oftmals mit. Nicht jede/r hat genug Raum für die Befriedigung seiner Grundbedürfnisse und nur wenige haben die Möglichkeit, an vielen Orten zu leben.

2. Heimat als biographische Konstruktion

In diesem Themenkreis geht es um die Frage, wie Heimat biographisch entsteht, also wie man zu dem Maß kommt, mit dem man künftig Umgebungen bewerten kann und wie man überhaupt lernt, sich mit einer bestimmten Umgebung zu identifizieren.

Die einzige mir bekannte entwicklungspsychologische Studie, die sich explizit mit der Herausbildung des Heimatbegriffes beschäftigt, ist von Jean Piaget und Anne-Marie Weil (1951)[66] Diese haben auf eine sehr unkomplizierte Weise Schweizer Kinder im Alter von vier bis fünfzehn Jahren nach ihrem Verständnis von Heimat (im Original vermutlich "patrie"- also es geht in erster Linie um nationale Zugehörigkeit) befragt.

Piaget und Weil dokumentieren in den teilweise sehr lustigen Gesprächssentenzen mit den Kindern, wie schwer es diesen anfangs fällt, ihre unmittelbare Erfahrung auf ein hierarchisch gegliedertes Begriffssystem von Zugehörigkeiten zu beziehen: so sagen sie z.B. von sich, daß sie Genfer sind, aber keine Schweizer, weil sie doch schon Genfer sind. Die Wissenschaftler beschreiben es

66 PIAGET J, WEIL AM (1951) The development in children of the idea of the homeland. In: International Social Science Bulletin, Jg.3, S.561-578

als Entwicklungsfortschritt, wenn die Kinder sich schließlich die abstrakte Bedeutung der Begriffe und ihre hierarchische Anordnung (alle Genfer sind auch Schweizer) aneignen, auf kollektive Werte- z.B. die Schweizer Neutralität - beziehen und "vernünftig" genug sind, sich in dieser Zugehörigkeit auch quasi von außen zu betrachten. Dahinter steht ein kognitives Entwicklungsmodell, daß den Übergang vom egozentrischen zum reziproken Denken fokussiert.

Ich finde in den Gesprächen mit den Jüngsten allerdings gerade die spontane affektive Bewertung von Umgebungen und die Selbstzuordnung zu überschau- und erfahrbaren Einheiten interessant, die mir genau die emotionale Qualität von Heimat abzubilden scheint. Wenn beispielsweise ein kleiner Genfer die anderen Länder arm dran findet, weil sie keinen See haben, und ein kleiner Engländer im Entscheidungsfall gern weiter zu den Engländern gehören möchte, weil er viele von denen kennt, ein anderer Junge Deutschland gut findet, weil da seine Mama wohnt, und ein kleines Mädchen lieber in einem Ort in Frankreich leben möchte, weil es da immer Schokolade bekommen hat, ist das natürlich egozentrisch, aber eben auch in einem sehr direkten Bezug zu den eigenen Bedürfnissen. Und auch die quasi ungebrochene Gewißheit, daß andere Menschen ihre Heimat sicher ebenso gut finden wie sie selbst, scheint mir nicht nur ein Entwicklungsrückstand gegenüber den vorsichtigen Relativierungen der Älteren zu sein, sondern eben auch eine hohe (wenn auch möglicherweise falsche) Sicherheit über die eigene Eingebundenheit - das Gefühl, am besten und richtigen Platz zu sein - wiederzuspiegeln.

Ein rationales Verständnis von "homeland", als hierarchisch strukturierte und zu relativierende Zugehörigkeit ist, wie Piaget und Weil nachweisen, eine relativ späte Entwicklung im Prozeß des Fortschreitens vom egozentrischen zum reziproken Denken. Ursprünglich ist Heimat dem egozentrischen Denken, dem Denken in den Katagorien eigener Bedürftigkeit und Befriedigung zuzuordnen. Das scheint mir ein wichtiger Ausgangspunkt für die weitere Analyse. Heimat ist eben nicht nur ein zu erlernendes kognitives Konzept, sondern auch- und sicher in stärkerem Ausmaß - ein affektiver Abgleich zwischen eigenen Bedürfnissen und Umgebungsqualitäten.

Daraus läßt sich wieder auf die Frage zurückkommen, wie überhaupt ein (emotionaler) Bezug zu einer Umgebung entsteht; hier gibt es widerum sehr verschiedene psychologische Konzepte.

Auf einer verhaltensbiologischen Ebene handelt es sich dabei um einen Prozeß der *Prägung*. Das genetisch fixierte Repertoire an Verhalten wird durch Schlüsselreize der frühen Umgebung ausgelöst, die Merkmale der ersten Bezugspersonen und des ersten Reviers "prägen" sich ein und prägen die Wahrnehmung aller weiteren. Konrad Lorenz hat Entenjunge auf einen Luftballon "geprägt", dem sie wie einer Mutter folgten- vielleicht ist auch Heimatliebe so eine Art Luftballon, das, was zuerst da war als das Kind zu sehen und zu laufen begann?

An einem solchen Denken setzen Überlegungen an, die die prägende Wirkung von "Ersterfahrungen" von Heimat formulieren.[67] Heimat wäre somit automatisch der Geburtsort bzw. die Umgebung der frühen Kindheit, des ersten Lächelns, der ersten Schritte, der ersten Worte, des ersten Schultags, der ersten Liebe - quasi lebenslang würde sich Heimat mit den Merkmalen der damals nahen Personen, Wohnung und Landschaft verbinden. Diese wirken vor allem als physiologisch konkrete Sinnesreize: Geruch, Geschmack, Klang, Licht- und Temperaturverhältnisse - und bilden das un- bzw. vorbewußte Bezugssystem, auf das hin alle späteren Erfahrungen organisiert werden. Daß solche quasi physiologischen Prozesse eine wichtige Rolle spielen, läßt sich beispielsweise in den von mir ausgewerteten Texten zeigen, insbesondere, wenn sie auf körperlich-sinnliche Erfahrungen zurückgreifen. Sie reichen allerdings meines Erachtens zur Erklärung der Komplexität von Heimatbindung nicht aus.

In der Verhaltenspsychologie wird Entwicklung hingegen als *Lernen* beschrieben. Die Person beginnt im Zustand einer "tabula rasa", und die weitere Biographie eines Individuums basiert dannn folglich auf seiner Lern- bzw. Verstärkungsgeschichte, in der es sich ein bestimmtes Verhalten bzw. bestimmte "Einstellungen" als übergreifende Verhaltensregeln angeeignet hat.

Heimat in diesem Sinne wäre das, was man gelernt hat, bzw. die Umgebung, für die man das passende Verhalten herausgebildet hat, das man oft genug wiederholt und dabei immer wieder positiv (verstärkt) erfahren hat. Dabei geht es nicht nur um Anpassung. Hinter dem Konzept der Verstärkung verbirgt sich nämlich ebenfalls die Frage nach subjektiven Bedürfnissen bzw. danach, was als Verstärkung erfahren wird. Heimat wäre in diesem Verständnis der Ort, an dem eine Person (die meisten) Verstärkungen erfahren hat, bzw. ein Ort, der immer

---

67 vgl. BOESCH. Skizze zur Psychologie des Heimwehs

wieder aufgesucht wird, weil dort Verstärkungen zu erwarten sind. Eine solche Heimat kann - und das ist zweifellos ein Vorzug des Modells im Vergleich zum Konzept der Prägung- wieder ab- oder auch umgelernt werden. Man ist also nicht lebenslang an die Herkunftsheimat gebunden, sondern kann lernen, sich in einer neuen Umgebung heimatlich zu fühlen. Anders formuliert: Man gewöhnt sich an alles- vorausgesetzt, daß irgendeine Art von Verstärkung erfahrbar ist.

Auch dafür lassen sich in den Texten meiner Vorstudie empirische Belege finden, die die Rolle von Gewohnheit und Verhaltenssicherheit bei der Bestimmung von Heimat beschreiben oder die darauf hinweisen, daß die Aneignung neuer Heimaten schließlich als Gewinn erfahren wurde.

Eine Weiterentwicklung dieses Ansatzes ist die kognitive Entwicklungstheorie von Piaget, die sich vor allem auf die Entwicklung des Denkens und der Begriffsbildung von Kindern richtet. Umwelt gilt hier in erster Linie als Quelle von Information; man eignet sie sich über ihre kognitive Repräsentation bzw. über die *Entwicklung kognitiver Schemata* an. Der Kern des Modells ist die Aneignung von Umwelt über die Aneignung eines Begriffs von Umwelt. Heimat ist also das, was man als Heimat bezeichnen, kennen und begreifen gelernt hat. In diesem Zusammenhang steht auch die am Beginn dieses Abschnittes dargestellte empirische Studie.

Aus meiner Sicht am meisten Erklärungswert für ein (tiefen)psychologisches Verständnis von Heimat oder, genauer gesagt, für den frühkindlichen Prozeß von Beheimatung hat die Psychoanalyse, die die kindliche Entwicklung in erster Linie als *Libidoentwicklung* beschreibt, also in Bezug setzt zu quasi physiologischen Bedürfnissen bzw. Trieben, die sich in erster Linie auf emotional bedeutsame Bezugspersonen richten. Es geht hier also um die individuelle Geschichte von geglückten oder gescheiterten Objektbesetzungen, um Fixierung der eigenen Bedürfnisse und Emotionen an bestimmte Objekte einer Umgebung und um deren Ablösung. Es geht dabei auch um die Introjektion, also die Verinnerlichung von solchen Objekten und um deren symbolische Repräsentation. Und es geht um die Identifikation mit den unmittelbaren Bezugspersonen, die man als zu sich gehörig erfährt, indem man ihre Orientierungen verinnerlicht.

Zu Heimat kommt man also im Freudschen Verständis über die gelungene Identifikation mit den frühen Bezugspersonen, deren Hereinnahme/Introjektion als "innere Objekte" und die gelingende Ablösung und Verschiebung libidinöser

Energien auf (andere) Objekte der Umgebung. Eine starke Heimatbindung würde von Freud möglicherweise aber auch als Fixierung auf frühere Entwicklungsphasen bzw. als Regression interpretiert werden, der Rückkehr in frühkindliche Zustände wie den des "ozeanischen Gefühls" der Verschmelzung von Ich und Umgebung oder den des primären Narzismus, der die ganze Welt als auf sich bezogen erfährt.

Konkrete individuelle Heimatvorstellungen ließen sich psychoanalytisch daraufhin untersuchen, welche Bedürfnisse darin verdrängt und welche befriedigt würden. Sie wären möglicherweise differenzierbar nach dem Entwicklungsalter bestehender Fixierungen: Orale Heimaten betonen Versorgung und Geborgenheit, anale Ordnung und Kontrolle oder im Gegenteil Raum für Kreativität, ödipale sind gegründet auf soziale Beziehungen und Identifikationen, Angstfreiheit und moralische Übereinstimmung, genitale möglicherweise auf gelingende Intimität und sexuelle Freiheit. In jedem Fall aber enthielte eine individuelle Heimatvorstellung unterschiedliche unbewußte Anteile, die erst psychoanalytisch bewußtgemacht werden können. Das würde auch bedeuten, daß wesentliche Anteile der Heimatbindung unbewußt sind und bleiben müssen.

Auf der Grundlage des Freudschen Modells gibt es aus meiner Sicht zwei wichtige Weiterentwicklungen für ein entwicklungspsychologisches Verständnis von Heimat:

- Zum einen die Arbeiten zum Konzept frühkindlicher Bindung, die vor allem auch in ihren modernen empirischen Umsetzungen den Zusammenhang zwischen sicherer Bindung an emotional bedeutsame Bezugspersonen und dem Explorationsverhalten von Kleinkindern in bezug auf die weitere räumliche, aber auch soziale Umgebung deutlich gemacht haben. Für ein Verständnis von Heimat bedeuten diese Befunde, daß die frühe familiäre Bindung nicht nur Voraussetzung emotionaler Sicherheit (im Sinne von Urvertrauen bei Erikson), sondern auch Ausgangspunkt für die Erkundung und Aneignung der weiteren Umgebung, also die Basis weiterer Beheimatungsprozesse ist.
- Zum anderen die Arbeiten von Erikson über die Identitätsentwicklung, die die Frage der Identifikationen aufgreifen. Urvertrauen vs. Mißtrauen, Autonomie vs. Scham und Zweifel, Initiative vs. Schuldgefühl und Werksinn vs. Minder-

wertigkeitsgefühl[68] können in diesem Sinn auch als Modi von Beheimatung begriffen werden, also beschreiben, wie sich ein Kind mit seiner Umgebung identifiziert bzw. wie es sich in bezug auf seine Umgebung positioniert. Daraus entwickelt sich schließlich im Jugendalter auch die Identität einer Person in bezug auf die eigene Biographie und den eigenen Platz in der Erwachsenengesellschaft.[69]

Während diese persönlichkeitspsychologisch begründeten Entwicklungskonzepte sich v.a. mit der Dynamik und den Triebkräften kindlicher Entwicklung beschäftigen, versuchen phänomenologische Studien v.a. genau zu beschreiben, was beobachtet wurde.

Eine sehr schöne, wenn auch schon historische Untersuchung in dieser Tradition ist von Martha Muchow in den zwanziger Jahren unter dem Titel: "Der Lebensraum des Großstadtkindes" in Hamburg durchgeführt worden. Muchow hat untersucht, wie Großstadtkinder sich ihren Lebensraum Stadt erschließen, organisieren und spielerisch verändern.[70]

Dabei unterscheidet Muchows zwischen *Raum, in dem das Kind lebt, den das Kind erlebt und den es lebt*, und trifft damit meines Ermessens eine wichtige Differenzierung für das Problem von Heimat. Aus der objektiv vorhandenen Umwelt (die objektiv bestimmte Entwicklungsbedingungen) setzt, wird ein bestimmter Ausschnitt subjektiv bedeutsam, da er mit eigenen Bedürfnissen in besonderer Weise korrespondiert. Dieser Raum wird aber nicht nur passiv wahrgenommen, sondern aktiv mit Bedeutungen besetzt, verändert und umgestaltet. Potentiell steht Kindern die ganze Stadt als Spiel- und Streifraum zur Verfügung, dieser wird aber entlang eigener, eigenartiger "*Markierungen*", Wege und Erfahrungen erschlossen und zunehmend erweitert.

Gut übertragbar scheint mir auch der Befund, daß die so erschlossene Umgebung in Abhängigkeit von Geschlecht, Bildung und sozialer Situation unterschiedlich groß ist bzw. entsprechend beschränkt wird. Auch gilt für Heimat so wie für den "Lebensraum", daß es charakteristische Entwicklungsphasen für ihre expansive Erweiterung oder im Gegenteil Sicherung gibt. Über den vertrauten -

---

68 vgl. ERIKSON. Identität und Lebenszyklus

69 MARCIA JE (1989) Identity Diffusion differenciated. In: Luszcz, MA, Nettelbeck T (eds.) Psychological development across the life-span. Elsevier. North-Holland. S.289-295

70 MUCHOW M, MUCHOW H (1935;21980) Der Lebensraum des Großstadtkindes. päd.extra. Benzheim

heimatlichen - Raum der unmittelbaren Nachbarschaft hinauszugehen, hat dabei verschiedene, auch emotional unterschiedlich gefärbte, Antriebe: Neugier, Erkundungsdrang, Suche nach mehr Anregung und anderer Gesellschaft auf der einen Seite (als das, was anzieht) eine ungünstige Lage bzw. Verkehrssituation, Streit oder Konflikte, räumliche Enge, fehlende Anregung auf der anderen Seite (als das, was wegtreibt). Aus dem ambivalenten Zusammenwirken dieser beiden "Kräfte" resultiert die subjektive Bestimmung und "Behandlung" von Heimat.

Während in Muchows Studie die Kinder der zwanziger Jahre sich ihren Lebensraum noch Schritt für Schritt (nämlich meist zu Fuß) und sozusagen ganzheitlich erschließen und dadurch der psychologische Zusammenhang mit dem geographischen weitgehend übereinstimmt, spricht eine aktuelle Untersuchung von Helga Zeiher von der "*Verinselung*" des kindlichen Lebensraumes.[71] Das Spiel in der Nachbarschaft wird erweitert und teilweise ausgetauscht durch das Aufsuchen von "Inseln" - Orten von Freizeitaktivitäten bzw. Wohnungen von Freunden -, die scheinbar kaum noch miteinander verbunden sind. Dieser Befund korrespondiert mit Fuhrers Beschreibung multilokaler Orientierungen, die so offensichtlich schon im Kindesalter entstehen und angelegt werden.

Dahinter stehen objektive Entwicklungen, die die Stadt als Kindheitsumgebung radikal verändert haben: das hohe Verkehrsaufkommen, das ein Spielen auf der Straße immer gefährlicher macht, geringere Geburtenraten, die die Zahl möglicher Spielgefährten in der Nachbarschaft reduzieren und die Höherbewertung von "Freizeitaktivitäten", zu denen die mittelständische Mutter ihre Kinder herumfährt, während schlichtes Spielenlassen schon beinahe als Verwahrlosungssymptom erscheint. Die Frage ist, was solch ein Befund für die Entwicklung von Heimat bedeutet: Löst diese sich als ganzheitlicher, geographisch erfahrbarer Zusammenhang auf, fällt sie quasi "auseinander" bzw. ist nur noch fragmentarisch - also kurzzeitig an vielen Orten - erfahrbar? Wächst vielleicht gerade dadurch die Relevanz sozialer Einbindung oder die Abhängigkeit von der integrierende Rolle der begleitenden Bezugsperson für die Herausbildung von Heimat?

---

71 ZEIHER H (1994) Kindheitsräume zwischen Eigenständigkeit und Abhängigkeit. In: Beck, U., Beck-Gernsheim, E. Riskante Freiheiten. Suhrkamp. Frankfurt S.353-375

Auch in der entwicklungspsychologischen Jugendforschung wird über die Auswirkungen neuer kultureller Entwicklungen diskutiert[72]. Baacke beobachtet bei städtischen Jugendlichen ein "Zappen" zwischen verschiedenen "Erlebniswelten", deren Zusammenhang nur noch durch die Einbindung in die peer-group (die gleichzeitig die Funktionen anderer Sozialisationsinstanzen übernehmen muß) hergestellt wird. Heimat wird für ihn zur "Suchbewegung", in bezug auf die er konstatiert:

> "Heimat ist heute ein Echo..., dessen raumgebundener Ursprung längst verhallt ist. Sie ist nur noch dort, wo Menschen sich zeigen, daß sie einander angehen"[73]

Einen etwas anderen Befund liefert ein Forschungsbericht über Jugendarbeitslosigkeit und lokale Identität von Jugendlichen, der an der TU Berlin erarbeitet wurde.[74] Hier wird deutlich, daß räumliche Gestaltung, lokale "Treffpunkte", Freizeitangebote und auch das "Image" eines Stadtteils quasi den Hintergrund - und damit zumindestens eine Voraussetzung - für die Sozialintegration von Jugendlichen darstellen.

Auch in unserem eigenen Längstschnittprojekt[75], zeigt sich nach den ersten zwei Erhebungen, daß regionale Ressourcen und regionale soziale Einbindungen eine wichtige Voraussetzung für die Identitätsentwicklung sind und die regionale Mobilität in unmittelbarem Zusammenhang mit der Ablösung von der Herkunftsfamilie steht. Dabei zeigt sich ein Phänomen, das den Bindungs-Explorations-Zusammenhang der frühen Kindheit scheinbar umkehrt. Eine geringe bzw. konflikthafte Bindung zum Elternhaus scheint im Jugendalter die Exploration von

---

72 u.a. BAACKE D (1990) Heimat als Suchbewegung. Problemlösungen städtischer Jugendkulturen. In: Cremer, Klein (eds.), Heimat: Analysen, Themen, Perspektiven, Bd. 249/I Bundeszentrale für politische Bildung, Bonn, Bd. 249/I, S.479-496; BÖHNISCH L (1990) Distanz und Nähe - Jugend und Heimat im regionalen Kontext. In: Cremer, Klein (eds.), Heimat: Analysen, Themen, Perspektiven, Bd. 249/I Bundeszentrale für politische Bildung, Bonn, Bd. 249/I, S.465-478; ASCHERMANN, JÜTTEMANN, LEGGEWIE, MEY, MRUCK & SPOHR (1990) Jugendarbeitslosigkeit und lokale Identität. 2. Ergebnisbericht; Forschungsbericht. TU Berlin

73 BAACKE D (1990) Heimat als Suchbewegung. Problemlösungen städtischer Jugendkulturen. In: Cremer, Klein (eds.), Heimat: Analysen, Themen, Perspektiven, Bd. 249/I Bundeszentrale für politische Bildung, Bonn, Bd. 249/I, S.479-496; S.496

74 ASCHERMANN, JÜTTEMANN, LEGGEWIE, MEY, MRUCK & SPOHR (1990) Jugendarbeitslosigkeit und lokale Identität. 2. Ergebnisbericht; Forschungsbericht. TU Berlin

75 MITZSCHERLICH, GMÜR (1995) Regionale Orientierungen von Jugendlichen. Beitrag auf der 12. Tagung für Entwicklungspsychologie. Unveröffentlichtes Manuskript

Umgebungen eher zu befördern, Jugendliche können offensichtlich unter bestimmten Umständen familiäre Defizite durch enge regionale Einbindung kompensieren.[76] Auch Böhnisch diskutiert regionale Identität vor dem Hintergrund seiner Untersuchungen über regionale Orientierungen von Landjugendlichen in bezug auf ihre Bewältigungsfunktion.[77] Regionale Orientierung kann seiner Meinung nach für diese Jugendlichen den Konflikt zwischen Enge und Vertrautheit der Heimat auf der einen Seite und zwischen Risiko und Reiz der Fremde auf der anderen Seite vermitteln. Dabei korrespondiert der, für männliche Jugendliche im allgemeinen größere Bewegungsraum mit einer höheren Bleibeorientierung in der Region, während weibliche Jugendliche der für sie größeren "Enge" der Heimat auch häufiger zu entkommen versuchen, also eine geringere Bleibeorientierung äußern.[78]

Für eine grundlegende Interpretation solcher Befunde bietet sich der Ansatz der Ökologischen Sozialisationsforschung an, wie ihn Bronfenbrenner formuliert hat:

> "Die Ökologie der Entwicklung befaßt sich mit der fortschreitenden gegenseitigen Anpassung zwischen dem aktiven, sich entwickelnden Menschen und den wechselnden Eigenschaften seiner unmittelbaren Lebensbereiche. Dieser Prozeß wird fortlaufend von den Beziehungen dieser Lebensbereiche untereinander und von den größeren Kontexten beeinflußt, in die sie eingebettet sind."[79]

Übertragbar auf eine Analyse von Heimat scheint mir zum einen das von ihm entwickelte formale Kategoriensystem ökologischer Kontexte unterschiedlicher

---

76 Das erklärt möglicherweise die Wirksamkeit von City Bound Programmen gerade bei scheinbar "bindungslosen", delinquenten bzw. sozial benachteiligten Jugendlichen. So entwirft Peter Brückner in seiner autobiographischen Skizze den Typus des "Stadtwilden", der "bindungslos" streunend die Möglichkeiten der Stadt erkundet und sie für seine Bedürfnisse besser nutzen kann als die "domestizierten" Altersgefährten. BRÜCKNER P (1994) Das Abseits als sicherer Ort. Wagenbach. Berlin

77 BOEHNISCH. Distanz und Nähe. - Jugend und Heimat im regionalen Kontext. In: Cremer, Klein (eds.), Heimat: Analysen, Themen, Perspektiven, Bd. 249/I Bundeszentrale für politische Bildung, Bonn, Bd. 249/I, S.465-478

78 Dieser Befund läßt sich vor dem Hintergrund unserer eigenen Untersuchung allerdings komplexer diskutieren. Schwieriger ist für weibliche Landjugendliche nicht nur die regionale Mobilität, sondern auch die Bewegungsfreiheit hinsichtlich Arbeitsmarkt- und Ausbildungsplatzsituation, familiären Anforderungen und kulturellen Vorgaben über Freizeit- und Partnerschaftsgestaltung

79 BRONFENBRENNER U (1989) Die Ökologie der menschlichen Entwicklung. Natürliche und geplante Experimente. Fischer, Frankfurt; S.37

Komplexität und unterschiedlicher Reichweite zu sein, die als zusammenhängend begriffen werden. Das bedeutet, daß für die Entwicklung einer individuellen Heimatvorstellung und Heimatpraxis nicht nur die unmittelbare Herkunftsfamilie, sondern auch die Nachbarschaft, der Arbeitsplatz der Eltern und das kulturelle Klima des Landes von Bedeutung sind. Sinnvoll erscheint mir auch der Begriff der ökologischen Übergänge, der Entwicklung mit dem Wechsel von Kontexen assoziiert. Auf Heimat übertragen würde das heißen, daß Heimat sich nicht nur in der "Bleibeorientierung", sondern auch im Verlassen und Hinausgehen über bisherige Entwicklungskontexe zeigt, also gerade an den Brüchen und kritischen Übergängen einer individuellen Entwicklung.

Der entwicklungspsychologische Überblick führt für mich zu der Schlußfolgerung, Heimat nicht nur als Entwicklungskontext im engeren Sinn zu fassen, sondern in der Vielfalt wechselseitiger Beeinflussung von familiären, im weiteren Sinne sozialen, kulturellen und regionalen Bedingungen. Heimat ist dabei nicht nur als sicherer Hort (im Sinne der Bindungstheorie), sondern auch als eine Entwicklungsaufgabe (im Sinne Eriksons) zu begreifen. Die Art und Weise der Bewältigung dieser Entwicklungsaufgabe - von der Beheimatung innerhalb der Herkunftsfamilie bis zur Regionalorientierung des Jugendlichen - wird zur Basis der individuellen Identitätsentwicklung. Damit geht es bei Heimat als psychologischem Phänomen auch und vielleicht in erster Linie um einen Entwicklungsprozeß, der mit dem Erreichen des Jugendalters genausowenig abgeschlossen ist wie die Identitätsentwicklung.

Allerdings hat eine biographische Perspektive auf Heimat noch einen zweiten Aspekt. Dabei geht es darum, daß von der Kindheit im Zusammenhang mit Heimat ja zumeist von Erwachsenen gesprochen wird[80]; Kindheit wird also nicht erlebt, sondern erinnert und quasi im Rückblick geschildert. Aus der Biographieforschung[81] wissen wir , daß eine Autobiographie immer eine narrative Konstruktion unter einem bestimmten Gesichtspunkt und für einen bestimmten Adressaten ist. Man erfährt also auch aus autobiographischen Bezügen in Texten oder Erzählungen über Heimat nicht, wie es wirklich war, sondern allenfalls, wie

80 KROCKOW C GRAF VON (1992) Heimat - Erfahrungen mit einem deutschen Thema. dtv, München

81 JÜTTEMANN G, THOMAE H (1987) Biographie und Psychologie. Springer, Berlin; darin bes. Leggewie H. Interpretation und Validierung biographischer Interviews; S.138-150

es aus heutiger Sicht gewesen sein soll.[82] Vermutlich gibt es meist mehrere mögliche Erzählungen über die Heimat der Kindheit, mit einigen festen, identitätsstiftenden Anhaltspunkten. Es geht also immer um *subjektive Konstruktionen* über Vergangenheit, die zur Begründung und Stabilisierung eines aktuellen Selbst bzw. einer aktuellen Heimat-Beziehung dienen müssen. Die Darstellung einer Heimat der Kindheit ist also in erster Linie eine aktuell sinnvolle subjektive Konstruktion, die begründen soll, wer man heute geworden bzw. wo man heute "gelandet" ist. Dabei kann und muß man davon ausgehen, daß gerade konflikthafte Erfahrungen in der Vergangenheit, deren Ambivalenzen damals nicht integrierbar waren, verdrängt, oder gar vergessen werden.[83]

Die Analyse unbewußter Anteile bzw. die Dekonstruktion von Texten zur Bewußtmachung solcher unbewußten Beziehungen zur Vergangenheit und deren heutiger Funktionalität schafft bestenfalls eine neue, unter Umständen differenziertere oder vollständigere Narration. Auch insofern ist Heimat ein Ort,"*der allen in der Kindheit scheint und worin noch niemand war*" (E.Bloch).

3. Heimat als aktuelle Lebenswelt und Handlungsraum

Hier geht es nicht mehr um biographische, sondern um aktuelle Heimatvoraussetzungen bzw. den subjektiven Umgang mit den Gegebenheiten aktueller Orte und Beziehungen. Es geht darum, wie solche Gegebenheiten vor dem Hintergrund biographisch gewonnener "Maßstäbe" aktuell wahrgenommen, bewertet

---

82 Ein interessantes Licht auf diese narrativen Inszenierungen von Heimat und Familie in den Erinnerungen prominenter Zeitgenossen wirft die leider kurze Studie von Rainer Krieger zur Anthologie "Mein Elternhaus" von Rudolf Pförtner. Er formuliert als Fazit nicht nur die retrospektive Verklärung des Gewesenen und die subjektive Sicht darauf ("vier Kinder, vier Welten"), sondern betont auch, daß es bei diesen Texten nicht um eine Zeugenaussage, sondern um ein ästhetisches Produkt geht. vgl. KRIEGER R (1995) Heimat und Familie in der Erinnerung prominenter Zeitgenossen: Eine Studie zur Anthologie "Mein Elternhaus" von Rudolf Pförtner. In: Belschner W, Grubitzsch S, Leszczynski C, Müller-Doohm S (eds.), Wem gehört die Heimat? Beiträge der politischen Psychologie zu einem umstrittenen Phänomen. Leske und Budrich, Opladen; S.167-182

83 Der amerikanische Neurophysiologe ISRAEL ROSENFIELD (1992) kennzeichnet in seinem Buch: "Das Fremde, das Vertraute und das Vergessene" diesen Mechanismus als grundlegend für die Anatomie des Bewußtseins. Der Selbst- und Körperbezug jeglicher Erinnerung ist auch der Ausgangspunkt von Identität. Das zeigt Rosenfield beispielsweise in der Reinterpretation klassischer neurologischer Krankheitsfälle. S.Fischer. Frankfurt

und gestaltet werden. In diesem Sinn ist Heimat ein Handlungsraum, der unterschiedlich groß sein kann.

Ein vor allem in der ökopsychologischen Forschung aufgegriffener Untersuchungsansatz, der gerade der Pluralität, möglicherweise auch der "Verinselung" aktueller Heimaten methodisch gerecht werden könnte, ist die Analyse von "*Behaviour settings*", also Räumen, die in erster Linie einen sozialen Verhaltenszusammenhang in relativ kleinen, gut abgrenzbaren Funktionseinheiten des Alltagsgeschehens abbilden.[84]

Solche "Behaviour settings" sind nicht nur die Familie, der Arbeitsplatz, die Nachbarschaft usw., sondern untersuchbar wären z.B. auch die Eckkneipe, der Verein, die Familienfeier, das Selbsterfahrungsseminar, das Kongreßbankett oder der Bahnhof- das Interessante daran ist, daß dieselbe (sozialräumliche Situation) für einige fremd, für andere jedoch vertraut oder sogar heimatlich ist. Die Spezifität solcher "kleiner" Heimaten und die Spezifizierung der subjektiven Beziehungen zu diesen kann untersucht werden; für den Wirt ist die Kneipe auf eine andere Art Heimat als für den Stammgast, der dort täglich trinkt, oder für jemanden, der immer nur hereinkommt, um Zigaretten zu holen oder um Rosen zu verkaufen. Auf diesem Weg könnte auch untersucht werden, in welchem Maß ein Ort bzw. ein sozialer Zusammenhang für jemanden Heimat wird, in Abhängigkeit von dem, was er dort tun bzw. von den Bedürfnissen, die er dort realisieren kann.

In größeren Zusammenhängen sind es v.a. Stadt- und Architektursoziologie, Regionalforschung und Human- bzw. Sozialgeographie, die ausgehend von bestimmten sozialräumliche Strukturen, einer abgrenzbaren Region, einer Stadt oder einem Dorf, einen Stadtteil usw. untersuchen, wie Menschen diesen Raum wahrnehmen, nutzen und bewerten. Es geht um Kategorien wie Regionalbewußtsein oder Regionalkultur, um das "Image" von Regionen und Orten, um die "Lesbarkeit" von Städten, um Lebensqualität und Stadtteilkultur. Dahinter

---

84 BARKER RG (1968) Ecological psychology. Stanford University Press; BARKER RG (1978) Habitats, environment, and human behavior. Jossey-Bass, San Franzisco; WINTER G (1995) Heimat in ökopsychologischer Sicht. In: Belschner W, Grubitzsch S, Leszczynski C, Müller-Doohm S (eds.), Wem gehört die Heimat? Beiträge der politischen Psychologie zu einem umstrittenen Phänomen. Leske und Budrich, Opladen; S.87-94

stehen zumeist angewandte Fragestellungen der Landschafts-, Sozialraum- und Bebauungsplanung, Infrastrukturentwicklung usw.[85]

Das Interessante an den Ergebnissen vieler dieser Untersuchungen ist, - obwohl sie den Menschen in einem gewissen Sinn nur als "Wiederspiegler" bzw. "Nutzer" betrachten - als wie stark bzw. zum Teil sogar im Widerspruch zu objektiven Gegebenheiten sich der Einfluß des "subjektiven Faktors" erweist. Menschen sehen und nutzen die Realitäten häufig völlig anders, als die Planer sich das gedacht haben.[86] Die Projektionen und Phantasien von Menschen über ihre Umgebung haben mitunter mehr Einfluß auf deren Wahrnehmung und Gestaltung als die objektiven Strukturen. Das zeigt sich manchmal besonders deutlich bei solchen Stadtentwicklungsprojekten, die auf Bürgerbeteiligung abzielen und dann vorwiegend mit Konfliktmoderation beschäftigt sind, weil die beteiligten Bürger eben sehr divergente Vorstellungen über die Entwicklung ihres Stadtteils haben.

Dabei sind die unterschiedlichen Projektionen und Phantasien oftmals Ausdruck kultureller Prozesse, die historisch weiter zurückreichen. Insbesondere in der Tradition der französischen Soziologie[87] werden *kollektive Repräsentationen* bzw. *Mentalitäten* im Zusammenhang überschau- und abgrenzbarer Lebenswelten beschrieben und untersucht. Maurice Halbwachs beschreibt dabei das "*Sich-einfügen des kollektiven Gedächtnisses in den Raum*"[88]. Sowohl die kollektive als auch die individuelle Erinnerung orientiert sich an den vergegenständlichten Zeugnissen der Kultur (Bauten, Denkmäler) usw. Architektonische, aber auch politische, juristische und besonders auch ökonomische Bedingungen beeinflussen

---

85 DANIELZYK R, HELBRECHT I (1995) Heimat als Gefahr? Probleme der Regionalentwicklung im Ruhrgebiet. In: Belschner W, Grubitzsch S, Leszczynski C, Müller-Doohm S (eds.), Wem gehört die Heimat? Beiträge der politischen Psychologie zu einem umstrittenen Phänomen. Leske und Budrich, Opladen; S.119-128; PIEPER R (1995) Regionalbewußtsein als regionale, kollektive Identität. In: Belschner W, Grubitzsch S, Leszczynski C, Müller-Doohm S (eds.), Wem gehört die Heimat? Beiträge der politischen Psychologie zu einem umstrittenen Phänomen. Leske und Budrich, Opladen; S.129-140

86 Hier setzen Methoden an, die versuchen, Menschen vor Ort in Planungsprozesse miteinzubeziehen. vgl. Planning for Real. Eine gemeinwesenorientierte Planung. Projektbericht TU Berlin. Fachbereich 7: Institut für Stadt- und Regionalplanung

87 u.a. DURKHEIM E (1984) Die elementaren Formen des religiösen Lebens. Suhrkamp, Frankfurt/Main; SCHÜTZ A (1974) Der sinnhafte Aufbau der sozialen Welt. Eine Einleitung in die verstehende Soziologie. Suhrkamp, Frankfurt/Main; SCHÜTZ A, LUCKMANN T (1979) Strukturen der Lebenswelt. Bd. 1. Frankfurt/Main

88 HALBWACHS M (1991) Das kollektive Gedächtnis. Fischer. Frankfurt. S.142

die Sozialstruktur eines Ortes und die Mentalität der dort lebenden Menschen. Am deutlichsten wird das in Gegenden, die durch eine bestimmte Industrie oder einen Großbetrieb geprägt waren und wo Heimat nicht nur ganz nach dessen Produktionsrhytmen organisiert war, sondern auch mit diesen "abstirbt".

Heimatveränderungen in Folge solcher Modernisierungsprozesse führen oft zu Gegenreaktionen. So haben Gebhardt und Kamphausen *Mentalitätsunterschiede* zwischen Ost-und Westdeutschland am Beispiel zweier benachbarter vogtländischer Dörfer untersucht. Dem Begriff der Heimat kam dabei sowohl in Ost- als auch in Westdeutschland eine zentrale Bedeutung zu:

> "Die Sehnsucht nach Geborgenheit und Überschaubarkeit ist eine in beiden Gemeinden zu beobachtende Grundhaltung, die nicht nur sozial gebilligt, sondern sozial gefordert wird. Sie findet ihren Ausdruck nicht nur in einer strikt mißtrauischen Abwehrhaltung gegenüber allem Fremden und Neuen, sondern vor allem in einer identitätsstiftenden "Heimatverbundenheit".[89]

Die eigene Lebenswelt wird als Heimat "emotional aufgeladen", um Gleichheit, Gemeinschaft und damit Geborgenheit auch dann noch zu schaffen, wenn deren reale Grundlagen durch soziale Differenzierungsprozesse und den "Einbruch des Fremden" bedroht sind.[90]

Psychologisch bleibt die Frage, wie das Bedürfnis nach sozialer Einbindung denn befriedigt werden kann, wenn die bisherigen sozialen Einbindungen in Auflösung begriffen sind? Dazu gehört auch, wie Heimaten entwickelt werden können, die zwar soziale Einbindung und auch das Gefühl von Geborgenheit sichern, aber nicht nur regressiv, nostalgisch und allem Fremdem gegenüber ausschließend sind?

Eine zentrale Rolle kommt dabei offensichtlich, wie die entwicklungspsychologischen Jugendstudien gezeigt haben, den sozialen Beziehungen von Menschen zu. Kultur, Mentalität, aber auch politische Einstellungen und Vorurteile, Konsumgewohnheiten usw. werden über die unmittelbaren sozialen Zusammenhänge von Gruppen und sozialen Netzwerken weitergegeben. Die Position einer Person in diesen Netzwerkbeziehungen bestimmt, wie sie an der entsprechenden

---

89 GEBHARDT W, KAMPHAUSEN G (1994) Zwei Dörfer in Deutschland. Mentalitätsunterschiede nach der Wiedervereinigung. Leske und Budrich. Opladen; S.150

90 Dieser Befund paßt zu der historischen Analyse von Applegate, die das Entstehen der Heimatbwegung ebenfalls im Zusammenhang mit sozialen Differenzierungs- und Auflösungsprozessen diskutiert.

Kultur partizipieren bzw. diese beeinflussen kann, sie eröffnet oder verschließt Handlungsräume. Es ist schwer möglich, einem Ort als Heimat zu empfinden, wo man sozial isoliert ist. (Es sei denn, man hat diesen Ort bewußt gewählt um isoliert zu sein). Dabei sind es eben oft auch strukturelle Vorraussetzungen, die Isolation oder Integration fördern- ob eine Stadt, ein Haus, eine Schule Begegnungsorte schafft oder nur Fluchtwege, ob Gemeinschaftsräume, aber auch Zeiten für Austausch und Integration vorgesehen sind oder nicht.

Mit der Frage nach der sozialen Einbindung beschäftigt sich in der Psychologie vor allem die Gemeindepsychologie[91], deren Anliegen in erster Linie die Initiierung und Untersuchung funktionsfähiger Beziehungssysteme ist, die soziale Unterstützung und sozialen Austausch ermöglichen und auf Selbsthilfe und Selbstorganisation beruhen. Es geht ihr darum, nichtprofessionelle Unterstützungssysteme zu nutzen und zu schaffen, die einerseits für die Prävention psychischer und gesundheitlicher Störungen bedeutsam sind, darüberhinaus aber selbst - beispielsweise durch sozialpolitisches Engagement- Einfluß auf die krankmachenden Bedingungen gewinnen können. Die Gemeindepsychologie ist also in dieser Hinsicht Heimatpsychologie- mit dem Schwerpunkt auf die Stärkung und den Ausbau bestehender sozialer Netzwerke.
Bei den gemeindepsychologischen Untersuchungen lassen sich zwei hauptsächliche Forschungsrichtungen differenzieren. Zum einen geht es auch hier um die Analyse von *Lebenswelten*[92], die allerdings einen etwas anderen Schwerpunkt setzt als die Soziologie. Es geht hier weniger um einen objektiv abgrenzbaren kulturellen Zusammenhang, als um die von Individuen als subjektiv relevant und als beeinflußbar wahrgenommene Umgebung. Theoretischer Ausgangspunkt sind also nicht objektiv gegebene Einheiten (Dorf, Stadtteil), sondern die subjektive Sicht von Individuen auf diese Umgebung. Lebenswelten, die in diesem Sinn untersucht werden, sind dann beispielsweise auch die Lebenswelt "Arbeit", die Lebenswelt "Kindheit" oder die Lebenswelt "Nachbarschaft". Der Ortsbezug geht dabei natürlich nicht verloren, wird aber anders, nämlich ausgehend von den Subjekten, definiert.

---

91 Rappaport J (1977) Community Psychology. Values, research and action. Holt, New York. Keupp H (1988) Gemeindepsychologie. In: Asanger R, Wenniger G (eds.) Handwörterbuch der Psychologie. Psychologie-Verlags-Union, München; S.219-226

92 Buchholz, Gmür, Höfer und Straus (1984) Lebenswelt und Familienwirklichkeit. Profil, München

Zum anderen geht es um die Analyse *sozialer Netzwerke*[93], also der zwischen Personen bestehenden unmittelbaren und vermittelten sozialen Beziehungen. Traditionelle Perspektiven in der Netzwerkforschung sind dabei einerseits die belastungsmindernde bzw. "puffernde" Wirkung sozialer Netzwerke, zum anderen die innerhalb solcher Netzwerke geleistete soziale Unterstützung. Wie wir in meiner empirischen Pilotstudie sehen konnten, können solche Netzwerke, auch unabhängig von ihrer lokalen Anbindung, zur Heimat werden. Auch in unserem eigenen Projekt zeigt sich die Bedeutung sozialer Netzwerke für die Identitätsentwicklung junger Erwachsener- sie stellen nicht nur Ressourcen zur Verfügung, sondern vermitteln unterschiedliche Identitätsentwürfe. Die sozialen Netzwerke verknüpfen die verschiedenen lebensweltlichen Bezüge, beispielsweise zwischen Arbeit, Freizeit und Familie.

Um die Bedeutung dieser sozialen Einbindungen und deren sozialräumlichen Voraussetzungen für das Heimatgefühl deutlich zu machen, scheinen mir zwei Begriffe aus der Gemeindepsychologie einen hohen Erklärungswert zu haben.

Das ist zum einen die Idee eines *"sense of community"*[94]. Dabei geht es also um Gemeinsinn oder auch "Bürgersinn" unter zwei Aspekten: dem Gefühl der Verbundenheit mit anderen und dem Gefühl von Mitverantwortung für gemeinschaftliche Belange. Die subjektive Erfahrung, sich in eine Gemeinschaft eingebunden zu erfahren, wird zur Voraussetzung psychischen Wohlbefindens und gleichzeitig zur Voraussetzung persönlichen Engagements.

Zum anderen beschreibt der Begriff *"empowerment"*[95] einen Prozeß der Freisetzung kollektiver Energien innerhalb solcher sozialer Zusammenhänge, der auf die Umgestaltung der bestehenden Verhältnisse gerichtet ist. Auch die Identifikation mit Heimat kann in diesem Sinn zum "empowerment" führen, wie ich weiter unten noch zeigen werde.

Wenn es um aktuelle soziale Einbindungen als Aspekt subjektiver Beheimatung geht, betrifft das also einerseits deren sozialstrukturellen Voraussetzungen- Stadt- und Verkehrsplanung, Architektur, aber auch Gesetzgebung, Politik und

93 KEUPP H, RÖHRLE B (1987) Soziale Netzwerke. Frankfurt

94 SARASON SB (1974) The psychological sense of community. Prospects for a community psychology, Jossey-Buss, San Francisco

95 KEUPP H (1993) Die Wiedergewinnung von Handlungskompetenz: Empowerment in der psychosozialen Praxis. In: Verhaltenstherapie und psychosoziale Praxis 25, Tübingen. S.194-208

Ökonomie, die Begegnung und Kommunikation zwischen Menschen fördern oder behindern. Es geht weiterhin um die in diesem "Umfeld" möglichen sozialen und kulturellen Beziehungen zwischen Menschen, die sozialen Netzwerke, in denen und mittels derer sie sich beheimaten können. Und es geht um die psychologischen Effekte von sozialer Einbindung, die Erfahrung von Unterstützung und Anerkennung im Sinne des sense of community, aber auch die Erfahrung von Beeinflußbarkeit der eigenen Lebensumstände durch kollektives Engagement im Sinne des Empowerment-Begriffes. Damit ist auch gesagt, daß soziale Einbindung nicht per se "gut" ist, sie kann auch mit sozialer Kontrolle, Konformität und Unterdrückung von Individualität einhergehen- das freilich wird dann auch subjektiv kaum noch als Heimat wahrgenommen.

4. Heimat als imaginäre Konstruktion

Heimat als ein auf dieser Welt nicht zu erreichender Zustand von Vollkommenheit steht in einer langen Tradition. Die Hoffnung auf eine andere bessere Welt "dort droben" oder paradiesiesche Zustände in ferner Zukunft, scheint zum menschlichem Leben seit langem dazuzugehören. "*Meine Heimat ist dort droben*", heißt es im Text eines protestantischen Kirchenliedes, den Paul Gerhard bereits 1666 verfaßt hat. Von den "himmlischen Wohnungen" träumten viele, die im Diesseits unbehaust waren. Die Anziehungskraft solcher jenseitigen Utopien hing immer wieder mit den unheimatlichen Zuständen im Diesseits zusammen. Der katholische Dogmatiker Auer sieht den Antrieb dafür im "Streben nach dem Absoluten" und lastet der Aufklärung den Heimatverlust und das daraus resultierende Heimatbedürfnis des modernen Menschen an:

> "Idealismus und Materialismus als Endresultat der Aufklärung verstellen ihm den Zugang zum "Absoluten" und damit zu seiner notwendigen "Heimat im Absoluten", seiner Offenheit zum lebendigen Gott des Glaubens. "[96]

Diese Suche ging allerdings in verschiedene Richtungen. Utopische Gesellschaftsmodelle wurden von vielen Sozialphilosophen (Morus) entworfen und teilweise auch ausprobiert. (Owens, Fourier). Die Utopie einer künftigen,

---

96 AUER J (1983) Die Welt - Gottes Schöpfung. In: Auer J, Ratzinger J. Kleine katholische Dogmatik. Pustet. Regensburg , Bd.3, S.308

besseren Gesellschaft, einer "*Assoziation, worin die freie Entwicklung eines jeden die Bedingung für die freie Entwicklung aller ist*", gehört zu den Grundpfeilern des Marxismus[97], sie war allerdings weniger als Trost denn als Handlungsanweisung für den emanzipatorischen Kampf der Unterdrückten gedacht. Daß dieser- zumindestens im Realsozialismus gerade nicht zur erhofften Freiheit des Individuums führte, scheint eine Spezifität der Utopie- sie ist letztlich praktisch nicht einlösbar.

Ernst Bloch, der an der marxistischen Utopie festhielt, obwohl ihn deren Umsetzung aus dem Land trieb, kommt der Verdienst zu, den zuvor konservativ besetzten Begriff Heimat explizit in Zusammenhang mit dem Begriff Utopie gebracht zu haben. Sein Schlußwort aus dem Buch: "Das Prinzip Hoffnung" gehört vielleicht zu den meist zitierten in Verbindung mit Heimat. Er fordert "*den Umbau der Welt zur Heimat, ein Ort, der allen in der Kindheit scheint und worin noch niemand war.*"[98]

Auf diese Utopie- die Machbarkeit von Heimat, den "Umbau" der Gesellschaft gründet er sein Prinzip Hoffnung. Ein anderer Umbau- die Perestroika- hat zutage gebracht, wieweit diese Idee schon korrumpiert und der Verfall fortgeschritten war.

Ein russischer Künstler, Ilya Kabakow hat diese vergebliche Hoffnung 1995 in einer Installation im Pariser Centre Pompidou in ein faszinierendes Bild gebracht: Zwischen den angefangenen und nie weitergebauten Marmorsäulen eines zukünftigen Palasts vegetieren die Menschen in provisorischen, heruntergewohnten Bauunterkünften, zwischen verrosteten Rohren und verschlissenen Möbeln. "*C'est ici, que nous vivons!*", hat Kabakow diese Installation genannt: Es ist hier, wo wir leben. "*Im Namen der Utopie verwahrlosen die wirklichen Orte des Lebens*", kommentiert der Betrachter. [99]
Für Psychologen stellt sich hier natürlich die Frage, was es mit dieser utopischen Hoffnung oder auch dem "Streben nach dem Absoluten" auf sich hat; warum Menschen trotz wiederholter historischer Erfahrung mit dem Scheitern und dem Mißbrauch von Utopien, immer wieder positiv auf solche reagieren und auch

---

97 vgl MARX K, ENGELS F (1848) Manifest der Kommunistischen Partei.
98 BLOCH E (1967) Das Prinzip Hoffnung. Gesamtausgabe, Band 5. 1. Teilband; Suhrkamp, Frankfurt; S.334
99 DICKEL H (1995) In: Neue bildende Kunst 4/5 1995; S.152

immer wieder ihre eigenen, persönlichen Utopien entwickeln, wie sich das auch in meiner Vorstudie -bei der Untersuchung subjektiver Heimatkonzepte wieder gezeigt hat. Wozu dient das Ideal- welche Funktion hat Utopie?

Alfred Adler, in dessen tiefenpsychologischem Konzept das "*schöpferische Selbst*" und der "*fiktive Finalismus*" eine zentralen Stellenwert haben, erklärt es folgendermaßen:

> "In allen Fällen seelischer Fiktion haben wir es mit Erscheinungen der folgenden Art zu tun: wir nehmen einen fixen Punkt an, obwohl wir uns bei näherer Betrachtung überzeugen müssen, daß er nicht besteht. Wir tun das aber nur, um eine Orientierung im Chaos des Lebens zu gewinnen, um eine Rechnung ansetzen zu können. Alles, von der Empfindung angefangen, wird von uns in ein berechenbares Gebiet hineinversetzt, in dem wir handeln können."[100]

Als eine solche Annahme, und in diesem Sinn utopische Konstruktion, charakterisiert Adler auch seine Kategorie des Gemeinschaftsgefühls, das von vielen Menschen als unmittelbare Erfahrung mit Heimat assoziiert wird- Adler hingegen geht es widerum um ein zwar anstrebenswertes aber unerreichbares Ideal:(Das)

> "Fühlen mit der Gemeinschaft sub specie aeternitatis, ein Streben nach einer Gemeinschaftsform, die für ewig gedacht werden muß... Es handelt sich niemals um eine gegenwärtige Gemeinschaft oder Gesellschaft, auch nicht um politische oder religiöse Formen, sondern das Ziel, das zur Vollkommenheit am besten geeignet ist, müßte ein Ziel sein, das die ideale Gemeinschaft der ganzen Menschheit bedeutet, die letzte Erfüllung der Evolution."[101]

Auch Heimat ist in ihrer utopischen Dimension eine solche Fiktion, eine Annahme, die dem Handeln von Menschen Ziel und Orientierung geben kann.
In der Handlungspsychologie wird dieser Mechanismus unter den Begriffen Intentionalität und Modellbildung kognitiv begründet; auch hier geht es um die Ausrichtung des Handelns durch Zielbildung, unabhängig davon, ob dieses Ziel durch Handeln auch erreicht werden kann.

In der neueren Diskussion spielt der Begriff der *imaginären Konstruktion* von Begriffen eine zunehmend wichtige Rolle.[102] Imaginär bedeutet, daß es weniger

---

100 ADLER A (1933) Menschenkenntnis. Fischer, Frankfurt; S.23

101 ebd. S.26

102 PECHRIEGL A, REITTER K (eds.) (1994) Die Institution des Imaginären; Tauria und Kant, Wien, Berlin

um ein kognitives Konzept oder Handlungsprogramm geht, als um ein ganzheitliche, bildhafte Vorstellung- ein Traum bzw. Tagtraum, der nicht ohne weiteres in klare Handlungsschritte zerlegbar ist. Unter Zuhilfenahme dieses Begriffes der "imaginären Konstruktion" wird die Funktionalität der utopischen Ausrichtung von Heimat noch deutlicher.

Die Imagination dient zum einen der intersubjektiven Verständigung auf einer vor- bzw. unbewußten symbolischen Ebene. Das geteilte "imaginäre", also auch nicht scharf abgegrenzte Bild von Heimat scheint stärker zu verbinden, als ein hochstrukturiertes "Heimatprogramm", weil es dem Individuum die Freiheit der individuellen Ausgestaltung läßt. Das Bild stiftet also einerseits einen kollektiven Zusammenhang, andererseits integriert es aber auch ambivalente individuelle Wünsche. Damit sichert die imaginäre Konstruktion von Heimat nicht nur die Erfahrung von Kohärenz innerhalb der vielfältigen Zerissenheiten moderner Lebenswelten, sondern verleiht der eigenen Existenz eine quasi übergeordnete Bedeutung. Es ist nicht mehr beliebig, was ich tue, sondern es macht Sinn in bezug auf dieses übergeordnete Ideal.

In bezug auf ihre imaginäre bzw. fiktive Konstruktion bleibt Heimat natürlich ein Balanceakt zwischen der Flucht in die Illusion und realer Erschöpfung bzw. Demoralisierung. Für die Balance zwischen Ideal und Realität, für das rechte Maß zwischen Zukunftsorientierung und Gegenwartsbewältigung scheint mir ein Begriff aus der sowjetischen Entwicklungspsychologie hilfreich, der von der *Zone der nächsten Entwicklung* spricht.[103] Das eigene Ideal von Heimat in der Zone der nächsten Entwicklung anzusiedeln, würde bedeuten, daß quasi immer nur der nächste Schritt in Richtung Heimat projektiert wird. Zu einer multilokalen Orientierung von Heimat käme also eine multitemporale, auf verschieden Zeitpunkte bezogene, Bestimmung von Heimat hinzu.

Wenn es um eine psychologische Auseinandersetzung mit dem utopischen Aspekt von Heimat geht, muß also einerseits untersucht werden, Ausdruck welcher Ambivalenzen bzw. Antwort auf welche Probleme der Gegenwart die Projektion von Heimat in die Zukunft ist. Es muß aber auch anerkannt werden, daß eine Heimatutopie eine subjektive Konstruktionsleistung ist, die eine

---

103 WYGOTSKY LS (1985) Ausgewählte Schriften. Volk und Wissen, Berlin

imaginäre Problemlösung anzielt und darüberhinaus eine symbolische Verbindung zu anderen stiften kann, wenn diese Utopie (mit) geteilt wird.

Schließlich darf auch der Aspekt der subjektiven Sinnstiftung und Herstellung von Kohärenz nicht vernachlässigt werden, der offensichtlich gerade dann an Bedeutung gewinnt, wenn die Überzeugungskraft der Großutopien schwindet.

5. Heimat als politischer Begriff

Vom politischen oder gar nationalen Mißbrauch subjektiver Heimatgefühle haben sich in meiner Vorstudie die meisten Befragten kritisch abgesetzt. Dahinter steht ein Verständnis von Politik, daß diese als von außen aufoktroyierte Ideologie begreift. Politik wird aber auch von Menschen gemacht und wenn Psychologie sich mit Politik befaßt, muß es also in erster Linie um die Mitwirkung oder auch Verstrickung von Menschen, also um subjektive Politisierungsprozesse gehen.

Als Einstieg möchte ich dazu eine qualitative Untersuchung über subjektive Heimatkonzepte vorstellen, die Nora Räthzel vom Hamburger Institut für Migrations- und Rassismusforschung durchgeführt hat.[104] Sie hat Konzepte über "Heimat" und "Ausländer" bei Personen untersucht, die in der antirassistischen Arbeit engagiert sind. Es überrascht, daß sogar dieser Personenkreis (oder besonders dieser Personenkreis) eine scharfe Grenze zwischen beiden Konzepten zieht.

Auf der einen Seite gibt es die schöne "Heimat", die - von Frauen noch stärker als von Männern - harmonisiert und idealisiert wird. Auf der anderen Seite steht der fremde, andere, bedrohliche oder auch bedrohte Ausländer. Norah Räthzel interpretiert diese Unterscheidung als einen Versuch, Kontrolle zu erlangen; der durch kulturelle bzw. gesellschaftliche Vorgaben nahegelegt wird. Sie charaktisiert diese "*defensiven Praktiken von Identifikation*" als Ausdruck der "*Multiplizität von Identitäten und der Abgrenzungen zwischen diesen*"[105]. Die Harmonisierung und Personalisierung der Heimat zu etwas, was außerhalb bzw.

---

104 RÄTHZEL N (1994) Harmonious "Heimat" and Disturbing "Ausländer". In: Bhavnani & Phoenix. Shifting Identities Shifting Racisms. Feminism and Psychology Reader. Sage, London. S.81-94

105 ebd. S.96; Übersetzung von mir

getrennt von Politik existiert, wird von ihr selbst als politische Konstruktion gekennzeichnet.

Mir scheint das wiederum darauf hinzuweisen, daß es bei Heimat eben nicht um die objektive Realität der Umwelt geht, die weder ideal noch harmonisch sein mag, sondern daß der projektive Gehalt von Heimat, die emotionale Aufladung als idealer Ort vielleicht gerade mit der Unwirtlichkeit realer Umgebungen korrespondiert - was treibt denn Menschen in die politische Arbeit, wenn nicht Unzufriedenheit mit den bestehenden Verhältnissen?

Ähnlich lassen sich natürlich in das Bild des Ausländers, des Fremden, auch allerlei Ängste projizieren, die oftmals nur Rückseite der eigenen Bedürfnisse sind und real vielleicht viel mehr mit Heimat- bzw. Herkunftserfahrungen zu tun haben als mit dem Ausland.[106]

Problematisch erscheint mir Räthzels Schlußfolgerung, (zumindestens versuchsweise) eine einheitliche, ganzheitliche und nichtabgegrenzte Identität anzustreben oder, wie sie es in Anlehnung an Doris Lessing formuliert: "*All of myself in one book*".[107] Aus meiner Sicht geht es gerade nicht um die Einheitlichkeit, sondern um die Respektierung der Vielfalt und Widersprüchlichkeit, auch und gerade in ein- und derselben Person, mehr aber noch in einem politisch-gesellschaftlichen Diskurs, in dem das eigentliche Problem aus meiner Sicht nicht die unterschiedlichen Identitäten (sowohl was Geschlechts- als auch ethnische und kulturelle Unterschiede anbelangt), sondern die daran geknüpften Privilegien von Macht und Herrschaft sind.

Eine soziologische Gemeindestudie über "*Etablierte und Außenseiter*" von Norbert Elias und John L. Scotson[108] zeigt das am Beispiel einer englischen Industriegemeinde sehr plastisch. Das Problem scheint hier zunächst darin zu liegen, daß den Bewohnern eines später entstandenen und auch geographisch abgetrennten Ortsteils von den "eingesessenen" Bewohnern eine negative Identität zugeschrieben wird. Bei näherer Analyse zeigt sich, daß die Bewohner dieses Ortsteils nicht nur sozial weniger integriert sind (bei der Mitgliedschaft in Kirchen, Vereinen usw.), sondern vor allem auch von allen Machtpostionen in

---

106 s.a. SCHÄFFTER O (ed.)(1991) Das Fremde. Erfahrungsmöglichkeiten zwischen Faszination und Bedrohung. Westdeutscher Verlag. Opladen

107 LESSING D (1982). Das goldene Notizbuch. Fischer Taschenbuch. Frankfurt/Main

108 ELIAS N, Scotson JL (1993) Etablierte und Außenseiter. Suhrkamp Taschenbuch. Frankfurt

der Gemeinde ausgeschlossen bleiben. Psychologisch interessant an dieser Studie ist, daß die "Außenseiter" die Zuschreibung einer negativen Identität (als arbeitsscheu, delinquent usw.) schließlich selbst übernehmen bzw. auf ihre unmittelbaren Nachbarn anwenden und damit die soziale Desintegration untereinander und gegenüber der Gemeinde der "Einheimischen" verstärken. Genau dadurch gewinnen sie allerdings scheinbar wieder Kontrolle in diesem Zuschreibungsprozeß, sie sind nicht mehr nur Opfer von Ausgrenzung, sondern aktiv, wenn auch letztlich gegen die eigenen Interessen. Besonders bemerkenswert ist an dieser Studie, daß die Ausgrenzung und damit Verhinderung von Beheimatung an der Tatsache des Wohnorts, also einer geographischen Abgrenzung, ansetzt. Das ist ein Mechanismus, der seit der Ghettoisierung der Juden im Mittelalter immer wieder benutzt wird, um die Ausgrenzung von Gruppen festzuschreiben- in Südafrika wurden diese Ghettos der schwarzen Bevölkerung sogar "homelands" genannt.

In der Frauen- und Rassismusforschung sind viele Ergebnisse über solche Diskriminierungs- und Ausschlußprozesse und deren psychologische Folgen erarbeitet worden. Hier werden in erster Linie körperliche Merkmale wie Geschlechtszugehörigkeit, Hautfarbe usw. zum Ausgangspunkt psychologischer Zuschreibungen und diese dann zur Begründung für den Ausschluß von Machtpositionen.

Wenn Beheimatung, wie es weiter oben bereits diskutiert wurde, nicht nur mit physischer Sicherheit - und auch die ist für die diskriminierten Gruppen ja oftmals eingeschränkt -, sondern auch mit Gestaltungsfreiheit, Mitbestimmung und Teilhabe an kulturellen Entwicklungen zu tun hat, wird Beheimatung durch Diskriminierung in jeglicher Form behindert.

Psychologisch bedeutsam ist, daß dabei der Heimatbegriff selbst oftmals zur Begründung des Ausschlusses benutzt wird und daß er auch dazu dient, Einschränkungen zu verinnerlichen. So argumentiert Christina Thürmer-Rohr in ihren feministischen Essays "Vagabundinnen" vehement dagegen, daß sich Frauen mit dem Verweis auf Heimat "binden", ruhigstellen und auf Heim und Herd reduzieren lassen.[109] Sie begründet deren Bindungsbereitschaft psycholo-

109 THÜRMER-ROHR C (1987) Vagabundinnen. Feministische Essays. Orlanda Frauenverlag. Berlin. Meine Bestellung für dieses Buch bekam ich übrigens aus der Deutschen Bücherei recht passend mit dem Stempel "Vermisst!" versehen zurück.

gisch mit Trennungsangst, die an das Vertraute und Bekannte bindet. Sie zeigt aber selbst an anderer Stelle auch (in bezug auf die Briefe ihres Vaters aus dem II.Weltkrieg an die "Heimatfront"), was Frauen im Zusammenhang mit Heimat nahegelegt, bzw. von früh auf "ansozialisiert" wurde: Verpflichtung zum Lieb- und Bravsein, zum Frohsein, zum Durchhalten, zum Gehorsam und zu Dankbarkeit und Stolz.[110] Die Art der Heimatbindung und das Maß an Selbst-beschränkung, das damit einhergeht, ist also nicht nur eine quasi anthropologische Reaktion auf Trennungsangst, sondern ein Ergebnis von Sozialisation.

Daß und wie Orte - und damit auch Heimaten - nicht nur zum Ausgangspunkt von Repression, sondern auch zu Räumen von Widerstand werden können, zeigt ein Sammelband über "*Place and the Politics of Identity*", der von Michael Keith und Steve Pile herausgegeben worden ist.[111] Sie formulieren in der Einleitung ein Programm für einen Dialog zwischen Geographie und cultural politics, das den Zusammenhang zwischen Orten und Identitäten nicht mehr festschreibt, sondern gerade auf die Entwicklung und Veränderung von Identität durch die politische Auseinandersetzung mit Orten ausgerichtet ist:

> "If Enlightenment Man stands discredited as gendered and ethnocentric, then the individual has become a contested category. Injustices and old polarities, naturalized in our imagined geographies where everybody is ascribed a proper place, can be deconstructed through analyses of the politics of location. Through the actions of the new social movements, new political subjects have been created, asserting the unfixed character of identity. A cultural politics of resistance, exemplified by black politics, feminism and gay liberation, has developed struggles to turn sites of oppression and discrimination into spaces of resistance. This new cultural politics employs a richly spatialized vocabulary, focusing on how identity is forged."[112]

In einem politisch-psychologischen Diskurs über eine in diesem Sinn als vielfältig verstandene Heimat müßte es also um folgende Probleme gehen: um die politisch motivierte Zuschreibung von Identitäten, um daran geknüpfte Dominanzverhältnisse[113] und um den individuellen und kollektiven Widerstand gegen solche Zuschreibungen mit dem Ziel der Entwicklung einer emazipatorischen Identität,

110 ebd. S.57-75

111 KEITH M, PILE ST (1993) Place and the Politics of Identity. Routledge. London

112 ebd. S.I

113 ROMMELSPACHER B (1995) Rassismus und Antisemitismus - wer ist betroffen? In: Attia I et al. (eds.) In: Multikulturelle Gesellschaft - monokulturelle Psychologie? Antisemitismus und Rassismus in der psychosozialen Arbeit. dgvt Verlag, Tübingen: Forum für Verhaltenstherapie und psychosoziale Praxis; Band 28; S.5-17

d.h. einer Identität, die zum einen sich selbst, aber auch andere aus den Identitätszwängen befreit. Diese kann damit zum Ausgangspunkt der Verhandlung von Interessenkonflikten zwischen verschiedenen Interessengruppen und innerhalb ein- und derselben Gruppe oder gar Person werden. Beheimatung wäre dann in einer politisch-psychologischen Perspektive der lokal und kulturell orientierte Prozeß einer emanzipatorischen Auseinandersetzung mit den Zwängen und Zuschreibungen von Identitäten.

Eine solche Analyse setzt allerdings voraus, daß die Funktionalität von Heimat als Abgrenzungs- und Ausgrenzungsbegriff durchschaut und durchbrochen wird. Hier geht es in erster Linie darum, das Bedürfnis von Menschen nach Kontrolle über und Einflußnahme auf ihre Lebensumstände anzuerkennen und dafür Möglichkeiten zu eröffnen.

6. Heimatlosigkeit als psychisches Problem

Heimat wird- und das hat sie mit Identität gemeinsam- erst als verlorene zum Problem. Was einmal ein Problem von einzelnen war, die ungünstige Umstände in die "Fremde" verschlagen hatten, wurde zum Problem größerer Gruppen von Migranten, die aus der Heimat vertrieben wurden oder in der Fremde auf eine Verbesserung ihrer Lebensumstände hofften. Inzwischen scheint Heimatlosigkeit allerdings zu einer Alltagserfahrung ganz normaler Menschen zu werden. Diese Entwicklung hat natürlich Auswirkungen auf die psychologische Beschreibung des Problems von Heimatlosigkeit.

Lange Zeit war dieser Begriff eine psychiatrische Diagnose. Der Begriff "Nostalgie" wurde bereits im 18. Jahrhundert als Krankheitsbezeichnung für diejenigen schweizerdeutschen Söldner geprägt, die vor Sehnsucht nach der Heimat nicht mehr kämpfen konnten bzw. wollten.[114] Zu Beginn des 20. Jahrhunderts wurde dieser Begriff in das psychiatrische Klassifikationssystem aufgenommen,

---

114 "Les heimatloses" wurde im 19. Jahrhundert sogar als Lehnwort in die französische Sprache aufgenommen und diente zur Bezeichnung der deutschstämmigen, meist völlig verarmten subproletarischen Gastarbeiter in den Vorstädten, die sich in diesen miserablen Lebensbedingungen auch wohl kaum beheimaten konnten. vgl. PABST W (1993) Über die Situation deutscher Arbeitsimmigranten in Paris des 18. Jahrhunderts. In: Bade K.J. Deutsche im Ausland. Fremde in Deutschland. Migration in Geschichte und Gegenwart. C.H. Beck. München. S.263-270

Karl Jaspers schrieb seine Doktorarbeit über die Nostalgie unter dem Titel: "*Heimweh und Verbrechen*"[115]. "*Über krankhaften Wandertrieb*"[116] und "*psychopathische Persönlichkeiten*"[117] schreiben auch andere Psychiater. Heimatlosigkeit haftetet quasi an den "abnormen" Personen und war dem normalen Bürger ein Greul. Der "unstillbare Wandertrieb", die Poriomanie, wurde von Lange bspw. so beschrieben:

> "In ihren Verstimmungen, vor allem in den gereizt-nervös-ablehnenden, treibt es...sie davon, aus ihren Stellen, aus ihrer Arbeit, von ihrer Familie fort auf die Landstraße, an andere Plätze. Die Hauptsache ist dabei nicht das Ziel, nicht das Wandern und Umherirren als solches, sondern der Drang "fort", das Getriebenwerden, die ziellose innere Spannung"[118].

Die Konsequenz einer solchen psychiatrischen Etikettierung war die Verwahrung in Anstalten, wo die Personen zwangsläufig gehindert waren, ihren "krankhaften Trieb" auszuleben. Im Nationalsozialismus führten sie zur Sterilisierung oder zur Ermordung solcher Menschen, deren z.B. nomadisierende Lebensweise nicht in die herrschende Norm paßte. Psychologie und Psychiatrie haben nicht nur mit ihren wissenschaftlichen Einteilungen, sondern auch mit der Teilnahme an der Selektion solcher Menschen dazu beigetragen.[119] Auch heute noch finden sich ähnliche Etikettierungen in psychiatrischen Definitionen, beispielsweise werden bei "Nichtseßhaften" "*pathologische Kommunikation*"[120] und Unfähigkeit zu anderen als "*evasiven*" (ausweichenden) Konfliktlösungsstrategien[121] diagnostiziert. Moderne psychopathologische bzw. sozialpsychiatrische

---

115 JASPERS K (1909) Heimweh und Verbrechen. In: Archiv für Kriminalistische Anthropologie. Leipzig

116 SCHULTZE E (1903). Über krankhaften Wandertrieb. In: Allgemeine Zeitschrift für Psychiatrie und psychisch-gerichtliche Medizin Nr.6. S.795-832

117 SCHNEIDER K (1950) Die psychopathischen Persönlichkeiten. Deuticke. Wien

118 LANGE J (1943) Lehrbuch der Psychiatrie. Thieme. Leipzig. S.160f.

119 s.a. GRUBITZSCH S (1995) Psychologie: Fern der Heimat - nah dem Menschen. In: Belschner W, Grubitzsch S, Leszczynski C, Müller-Doohm S (eds.), Wem gehört die Heimat? Beiträge der politischen Psychologie zu einem umstrittenen Phänomen. Leske und Budrich, Opladen, S.221-228

120 KAYSERLINGK A VON (1978). Klient und Betreuer in der ambulanten Hilfe. In: Gefährdetenhilfe. Nr.1; S.13

121 WICKERT J, HELMES D (1983) Zur Persönlichkeit des Nichtseßhaften. Forschungsbericht, Bd.III. Stuttgart. S.14

Ansätze[122] haben sich nicht nur mit der unheilvollen Vergangenheit der Disziplin auseinandergesetzt, sondern Aspekte herausgearbeitet, die für das Verständnis psychiatrischer Störungen, auch im Zusammenhang von Heimatlosigkeit und Heimatverlust, entscheidend sind. Solche Störungen wurden zunehmend als Reaktionen auf unerträgliche Lebensumstände verstanden, v.a. aber auf Erfahrungen mit sozialer Ausgrenzung und Isolation, wie sie durch psychiatrische Etikettierungen mitverursacht wurden.

In der Folge erschien auch Heimatlosigkeit weniger als individuelle Störung, denn als ein Gruppenproblem- "typisch" für Gruppen, die Erfahrungen von "Entwurzelung", "Vertreibung" oder sozialer Ausgrenzung bis hin zur Vernichtung verarbeiten mußten. Abnorme psychische Reaktionen schienen nur folgerichtig bei unerträglichen Erfahrungen und Bedrohungen u.a.
- bei den jüdischen Überlebenden des Holocaust und anderen Lagerinsassen, sowie deren Nachkommen, der 2. und 3. Generation, die in ihrer bisherigen Heimat Verfolgung, Vertreibung und Vernichtung erfahren hatten
- bei MigrantInnen, AsylantInnen, Flüchtlingen, also Menschen, die ihre Heimat verlassen und in einen völlig anderen kulturellen Kontex zurechtkommen mußten
- bei Menschen, die von Kriegsfolgen, Umweltkatastrophen oder Transformationsprozessen größeren Ausmaßes betroffen sind, deren Heimat sich also rapide verändert hat, so daß bisher adaptive Strategien nicht mehr funktional sind.

Unterscheiden muß man dabei sicher zwischen unmittelbar lebensbedrohlichen Situationen und deren Langzeitfolgen und den Anpassungsschwierigkeiten an einen neuen Kontex, gemeinsam scheint allerdings eine Erfahrung von Identitätsverlust, die der jüdische Philosoph Vilem Flusser "bodenlos" genannt hat und die in wissenschaftlichen Untersuchungen als "*Kulturschock*"[123] bzw. "*Akkulturationskrise*"[124] beschrieben wird. Deren Hauptmerkmale sind u.a. der Verlust aller Handlungsroutinen (Kontrollverlust) und das Unterbrechen des Handlungsstromes, der Verlust sozialer Einbindung und Anerkennung und die

122 DOERNER K, PLOEG U (1987) Irren ist menschlich. Lehrbuch der Psychiatrie/Psychotherapie. Psychiatrie-Verlag, Bonn; KEUPP H (1979) Normalität und Abweichung. Fortsetzung einer notwendigen Kontroverse. Urban und Schwarzenberg, München

123 FURNHAM A, BOCHNER S (1986) Culture shock: Psychological reactions to unfamiliar environments. Methuen. London

124 BERRY J, KIM U (1988) Acculturation and mental health. In: Dasen P, Berry JW, Sartorius N (eds.) Cross-cultural psychology and health: Towards applications. Sage. Newbury Park (Ca). S.207-236

Infragestellung der eigenen personalen und kulturellen Identität. In welchem Ausmaß solch ein krisenhafter Zustand als Reaktion auf den Heimatverlust erfolgt, hängt von unterschiedlichen Faktoren ab. Zum einen von situativen- die die Situation des Heimatverlassens bzw. -verlierens beschreiben: Ob man die Wahl hatte oder vertrieben wurde, ob der Weggang überstürzt oder gründlich vorbereitet war, in welchem Ausmaß Informationen über das Aufnahmeland verfügbar waren usw. Zweitens spielen personale Faktoren und soziale Einbindung (Familienstand, allein oder begleitet migriert, Ausmaß an Netzwerkeinbuße, Austausch und Solidarisierung mit ähnlich Betroffenen) eine Rolle und schließlich hängt natürlich viel davon ab, wie man in einer anderen Kultur aufgenommen und bei der Neuintegration unterstützt wird. Lange Aufenthalte in Flüchtlingslagern und Behelfssiedlungen, Arbeitslosigkeit, wirtschaftliche und rechtliche Unsicherheit oder gar Illegalität des Aufenthaltes, vor allem aber auch rassistische oder fremdenfeindliche Reaktionen der einheimischen Bevölkerung verstärken die Problematik und können die Akkulturationskrise zur Dauerkrise chronifizieren.

Auch bei äußerlich gelingender Anpassung drückt sich die extreme physische und psychische Belastung in einem hohen Anteil an psychosomatischen und psychiatrischen Erkrankungen besonders unter MigrantInnen aus[125], was von Castelnuovo folgendermaßen kommentiert wird:

> "Die als psychisch krank klassifizierten Migranten sind lediglich die sichtbarsten Zeugen eines Zustandes, der von Grund auf transformiert werden müßte. Psychopathologie und Epidemologie der Emigration weisen auf "andere" Bedingungen hin, die sich unterhalb der sichtbaren Spitze des Eisberges befinden, und reflektieren ein Mißbehagen und Leiden, eine Thematik von der alle betroffen sind, die Haus und Heimat verlassen müssen und zur Emigration gezwungen sind, nicht nur diejenigen unter ihnen, die unter psychiatrische Beobachtung geraten."[126]

Das Ausmaß dieser Erschütterung von Heimat- genaugenommen die radikale Infragestellung von Vertrautheit, Geborgenheit und Sicherheit, zeigt sich auch daran, daß die existentielle Erfahrung von "Verunsicherung" an die Kindergeneration weitergegeben wird und oftmals erst von diesen ausgedrückt werden kann. Für diese wird die Erfahrung des "Zwischen-den Kulturen-stehens", aber

125 s.a. MORTEN A (ed.) (1988) Vom heimatlosen Seelenleben. Entwurzelung, Entfremdung und Identität. Psychiatrie-Verlag. Bonn

126 zit. ebd. S.203

auch die Erfahrung von- oftmals subtiler- Benachteiligung zum Auslöser eigener Reflexionsprozesse.

Mecheril und Teo[127] bezeichnen solche Menschen multiethnischer oder/und multikultureller Herkunft in Deutschland als "*Andere Deutsche*", um auf das Phänomen ihrer doppelten Zugehörigkeit und gleichzeitig doppelten Nicht-Zugehörigkeit aufmerksam zu machen. Wie beispielsweise auch Atabay[128] wehren sie sich freilich dagegen, die Identitätsentwicklung solcher Menschen von vornherein als problematisch oder gar pathologisch zu charakterisieren.

Das Problem mit der eigenen Zugehörigkeit wird von Mecheril[129] in bezug auf "Heimat" näher analysiert. Er beschreibt weniger einen Heimatverlust als "Modifikationen" des Heimatverständnisses, z.B. dessen Pluralisierung (mehrere Heimaten), Temporalisierung (veränderliche Heimaten), Entlokalisierung (nicht ortsgebunden) und Entfatalisierung (nicht schicksals- bzw. geburtsgebunden) einhergehen. Er beschreibt auch folgende Neu-Bestimmungen von Heimat:

- Egozentrierung: "Heimat ist da, wo ich mich aufhalte";
- Personalisierung: "Heimat ist da wo meine Bezugspersonen sind";
- Hedonisierung: "Heimat ist da, wo ich mich wohl fühle";
- Rationalisierung: "Heimat ist da, wo ich mit geltenden Regeln und Werten einverstanden bin".

An diesen Neubestimmungen von Heimat wird auch deutlich, daß eine doppelte Zugehörigkeit sehr produktive Elemente haben kann und insofern nicht nur Risiko, sondern auch Chance ist. Mecheril formuliert dabei u.a. die Hypothese, daß offenere Formen von Identität gerade unter den Bedingungen der Postmoderne eine neue Bedeutung erlangen könnten.

Die Frage, die daraus abgeleitet werden kann, wäre die, ob nicht auch Heimatlosigkeit in einer sich schnell verändernden Welt eine Ressource sein kann und ob die Zugehörigkeit zu vielen verschiedenen Kulturen nicht auch Fähigkeiten hervorbringt, die in einer vielfältigen und in jeder Hinsicht multikulturellen Gesellschaft durchaus von Belang sein können.

---

127 vgl. MECHERIL P, TEO T. Andere Deutsche

128 vgl. ATABAY I (1994) Ist dies mein Land?

129 MECHERIL P (1994) Die Lebenssituation anderer Deutscher. Eine thematische Annäherung in 13 Schritten. In: Mecheril P, Teo T (eds.) Andere Deutsche. Zur Lebenssituation von Menschen multiethnischer und multikultureller Herkunft. Dietz. Berlin. S.57-94

Das würde mit Ergebnissen der moderne Identitätsforschung im Anschluß an Marcia[130] korespondieren, die darüber Auskunft geben, daß die von Erikson[131] noch als pathologisch qualifizierte Identitätsdiffusion- das Nichtbekennen zu einer, festumschriebenen und festgelegten Identität nicht nur zunehmend normaler wird (Marcia muß allerdings 1989 feststellen, daß sich in empirischen Untersuchungen auf der Basis seines "*Identity status Interview*"[132] seit 1984 der Anteil von Jugendlichen, die im Status Diffusion verbleiben, von früher regelmäßig 20 % auf ca. 40 % erhöht hat) sondern möglicherweise sogar"*kulturell adaptiv*"[133] sein könnte. Es scheint also, daß sich die kulturelle Normalität von personaler Identität verändert, weil sich die Kultur verändert hat.[134] Statt starrer, abgeschlossener, das Eigene und das Fremde scharf voneinander abgrenzender Zugehörigkeiten, gewinnen "fluide", facettenreiche und in diesem Sinn "verschwommene" Identitäten an Bedeutung.

Was Marcia im Zusammenhang mit der Ausbreitung von Identitätsdiffusion diskutiert; prägt seit Jahren den soziologischen Diskurs über die Auswirkungen der Postmoderne. Eine der zentralen Diagnosen dabei ist das *Verschwinden der Heimat*. Berger u.a. beschreiben in ihrem Buch "*Das Unbehagen in der Modernität*"[135] diese kulturelle Entwicklung als Ursache des Heimatproblems:

> "Der moderne Mensch litt und leidet an einem sich dauernd vertiefenden Zustand der "Heimatlosigkeit". Das Korrelat des Wandercharakters seiner Erfahrung der Gesellschaft und des Selbst ist, was man einen metaphysischen "Heimatverlust" nennen könnte. Es versteht sich von selbst, daß dieser Zustand psychisch schwer zu ertragen ist. Er hat deshalb seine eigenen Sehnsüchte hervorgebracht - Sehnsüchte nach einem Zustand des "Zuhauseseins" in der Gesellschaft, bei sich selbst und letztlich im Universum."[136]

---

130 Marcia JE (1989) Identity diffusion differenciated; Marcia, Waterman, Matteson, Archer, Orlovsky (1993) Ego identity. A handbook of psychosocial research. Springer. New York

131 Erikson EH (1973) Identität und Lebenszyklus. Suhrkamp. Frankfurt

132 Marcia JE (1966) Development and validation of ego-identity status. In: Journal of Personality and Social Psychology Nr.3(5). S.551-558

133 vgl. ebd. S.557

134 Kraus W, Mitzscherlich B (1995) Identitätsdiffusion als kulturelle Anpassungsleistung. In: Psychologie für Erziehung und Unterricht. 42.Jg. S.65-72

135 Berger PL, Berger B, Kellner H (1987) "Das Unbehagen in der Modernität" Campus. Frankfurt, New York. Im amerikanischen Original (1973) trug es den Titel "The homeless mind. Modernization and Consciousness"

136 ebd. S.74. Dieses Thema entwickelt Peter L. Berger weiter: Sehnsucht nach Sinn. Glauben in einer Zeit der Leichtgläubigkeit. (1994). Campus. Frankfurt, New York

Metaphorisch formuliert das auch Zygmunt Baumann mit dem Titel: "*Wir sind wie Landstreicher*"![137] Den Weg von der Moderne in die Post-Moderne beschreibt er als einen "*Weg vom Pilger zum Touristen*"[138], das protestantische Bemühen um Verdienste im Jenseits führt zur "Verwüstung" des Diesseits:

> "Sie erfanden die Möglichkeit, sich zur Pilgerfahrt einzuschiffen, ohne die Heimat zu verlassen, und die Heimat zu verlassen, ohne heimatlos zu werden. Das gelang ihnen allerdings nur, weil sich die Wüste bis weit in ihre Städte erstreckte...; ihre Alltagswelt selbst wurde immer "wüstenähnlicher"... Wie die Wüste, so wurde die Welt ortlos.[139]

Baumann beschreibt, wie in der Moderne noch marginale (und folglich als pathologisch klassifizierbare) Lebensstile nun "*von einer Mehrheit im besten Alter und an lebensweltlich zentralen Orten praktiziert*" werden. Er beschreibt den Flaneur, den Vagabund, den Tourist und den Spieler gemeinsam als "*die Metapher für die postmoderne Strategie, die durch den Horror vor Bindungen und Festlegungen ausgelöst wird.*"[140] In einem anderen Buch[141] weist er darauf hin, wie schwer es ist, die "*Unsicherheit der Ambivalenz*" zu ertragen und erklärt wie Feindschaft und sogar Gewalt gegenüber dem Fremden Ordnung und Struktur in einer als unklar und unübersichtlich erfahrenen Welt schaffen. Obwohl Baumann vor allem die moralische und politische Gefahr der "Bindungslosigkeit" sieht, dokumentieren seine Beschreibungen auch die davon ausgehende Faszination :

> "Der Vagabund ist jetzt nicht mehr Vagabund, weil er die Seßhaftigkeit scheut oder schwierig findet, sondern weil es nur noch wenige Orte der Seßhaftigkeit gibt. Jetzt ist es sehr wahrscheinlich, daß die Leute, die er auf seinen Reisen trifft, ebenfalls Vagabunden sind- heute oder morgen. Die Welt holt den Vagabunden ein, und sie holt ihn schnell ein. Die Welt entwirft sich neu und der Vagabund ist ihr Vorbild."[142]

---

137 BAUMANN Z (1993) Wir sind wie Landstreicher. Die Moral im Zeitalter der Beliebigkeit. In: Süddeutsche Zeitung vom 16./17.11.1993. S.17

138 BAUMANN Z (1994) Vom Pilger zum Touristen. In: Argument S.389-408

139 ebd. S.392

140 ebd. S.397

141 vgl. BAUMANN Z (1992) Moderne und Ambivalenz. Das Ende der Eindeutigkeit. Junius, Hamburg

142 vgl. BAUMANN. Pilger. S.400

Der französische Ethnologe Marc Auge schließlich beschreibt den Gewinn an der Bindungslosigkeit und an der "Passage" explizit in seiner "Ethnologie der Einsamkeit"[143]: *"Endlich ganz allein!"* atmet sein Monsieur Dupont im Flugzeug unter Kopfhörern erleichtert auf. Augé beschreibt die Gegenwart als surmodernité (statt als Postmoderne), gekennzeichnet nicht durch den Verlust sondern das "Übermaß" an zeitlichen, räumlichen und sozialen Beziehungen. Aufgrund neuer Verkehrs- und Informationstechnologien kommt es zu einer "*Scheinvertrautheit*" mit allen Orten, zur Entstehung einer in ihrer Vielfalt homogenen Welt. Dieses Übermaß, das subjektiv als Überforderung erfahren wird, produziert quasi als Reaktion die anonymen und beziehungslosen "*Nicht-Orte*".

> "Unsere Hypothese lautet nun, daß die "Übermoderne" Nicht-Orte hervorbringt, also Räume, die selbst keine anthropologischen Orte sind und... die alten Orte nicht integrieren... Eine Welt, die Geburt und Tod ins Krankenhaus verbannt, eine Welt, in der die Anzahl der Transiträume und provisorischen Beschäftigungen unter luxuriösen oder widerwärtigen Bedingungen unablässig wächst (die Hotelketten und Durchgangswohnheime, die Feriendörfer, die Flüchtlingslager, die Slums, die zum Abbruch oder Verfall bestimmt sind), eine Welt, in der sich ein enges Netz von Verkehrsmitteln entwickelt, die gleichfalls bewegliche Behausungen sind, wo der mit weiten Strecken, automatischen Verteilern und Kreditkarten Vertraute an die Gesten des stummen Verkehrs anknüpft, eine Welt, die solcherart der einsamen Individualität, der Durchreise, dem Provisorischen und Ephemeren überantwortet ist, bietet dem Anthropologen ein neues Objekt, dessen bislang unbekannte Dimensionen zu ermessen wären, bevor man sich fragt, mit welchem Blick es sich erfassen und beurteilen läßt."[144]

Das Interessante ist dabei für Augé die scheinbare Anziehungskraft der Nicht-Orte, die alle Überlegungen über Bedürfnisse nach Gemeinschaft und Identität scheinbar widerlegen. Augé begründet diese mit einem Bedürfnis nach Anonymität und Gleichheit infolge der ständigen An- und Überforderung von Identität und Kommunikationfähigkeit durch ein Übermaß an sozialen Beziehungen und Anforderungen. Anders als Baumann interpretiert er die Fremdenfeindlichkeit folglich auch eher als Abwehr der Faszination, die von deren "Heimatlosigkeit" ausgeht:

---

143 AUGE M (1994) Orte und Nichtorte
144 ebd. S.92f.

"Daß die Einwanderer eine so starke (und oft so abstrakte) Furcht bei den Einheimischen auslösen, rührt vielmehr daher, daß sie ihnen zeigen, wie relativ die an den Boden geknüpften Gewißheiten sind. Eigentlich ist es der Auswanderer, der sie in der Person des Einwanderers beunruhigt und zugleich fasziniert."[145]

Die "Relativierung der an den Boden geknüpften Gewißheiten" und die damit einhergehende Angst oder auch Verunsicherung wird zum psychologisch zentralen Kern dieser Kulturdiagnosen. Die Erfahrung von "Bodenlosigkeit" wird zur Alltagserfahrung und damit auch die der Ambivalenz- es könnte so, es könnte aber auch ganz anders sein. Es kommt quasi zu einer allgemeinen Akkulturationskrise. Ob das als Verunsicherung, als Überforderung oder als Befreiung erlebt wird, hängt widerum mit konkreten Lebensumständen und Ressourcenlagen zusammen- mit personalen, sozialen und situativen Faktoren. Sicher scheint immerhin, daß daraus neue Formen von Identität entstehen bzw. bisher als pathologisch charakterisierte "diffuse", "multiple" oder auch "vagabundierende" Identitäten nicht nur besonders anziehend sondern auch zunehmend funktional werden. Das heißt auch, daß solche individuellen Neubestimmungen von Heimat und Identität, wie sie bisher schon MigrantInnen, Menschen multikultureller Herkunft oder Angehörige anderer Minderheitengruppen für sich entwickeln mußten, zur Normalität werden.

Das kulturelle Problem von Heimatlosigkeit wird zur individuellen Aufgabe, es muß individuell bewältigt werden. Heimat ist damit kein kollektiv definierter fester Ort bzw. Platz mehr, sondern ein individueller Prozeß von "Passagen", von selbstgeknüpften Beziehungen und von subjektiver Sinnstiftung. Genau dieser individuelle Prozeß wird dann zum Gegenstand wissenschaftlicher Analyse, wie es Augé gefordert hat.

"Keine Analyse des sozialen Gefüges darf länger das Individuum verkennen und keine Analyse des Individuums kann fortan die Räume ignorieren, durch die es sich hindurchbewegt."(S.140f)

145 ebd. S.139

C. Zusammenfassung: Beheimatung als Gegenstand der Psychologie

Was läßt sich aus diesem Streifzug durch psychologische Theorien und empirische Untersuchungen über die Psychologie von Heimat sagen?

Der Kernpunkt ist eine Definition von Heimat als ein inneres Verhältnis von Personen zu ihrer Umgebung. Es geht um ein "Maß", mit dem Umgebungen hinsichtlich der Bedürfnisse einer Person wahrgenommen und bewertet und auf das hin sie gestaltet werden können. Dieses "Maß" entwickelt sich in der individuellen Biographie auf eine individuelle Weise- die Erfahrung mit und die Bindung an bestimmte, biographisch bedeutsame Orte, Personen, Gewohnheiten bildet den Hinter- oder auch Untergrund dafür, wie neue Beziehungen zu anderen Orten und Personen aussehen können. Dabei werden nicht nur positive, sondern auch negative und ambivalente Kindheitserfahrungen integriert. Heimat wird zu einer imaginären Konstruktion, einem Vor-Bild für die Gestaltung realer Orte, das viele, teilweise auch widersprüchliche und ambivalente Erfahrungen integrieren kann und das- in der Annäherung an das Ideal- subjektiv Orientierung und Sinn stiftet.

Bei der Gestaltung realer Orte zur Heimat kommt dabei der sozialen Einbindung eine zentrale Rolle zu- in dem Maß, wie solche sozialen Beziehungen nicht mehr selbstverständlich anfallen, werden selbstgeknüpfte soziale Netzwerke zur Voraussetzung für die Erfahrung von sozialer Einbettung und auch für die Möglichkeit sozialer Einflußnahme. Die Anerkennung von Ambivalenz udn Widersprüchlichkeit ist auch hier Voraussetzung dafür, daß Heimat nicht mehr als Mittel sozialer Ausgrenzung und Polarisierung politisch mißbraucht- sondern zum Ausgangspunkt emanzipatorischer Aktivitäten werden kann.

Die Pluralisierung der Lebenswelten, die Vielfalt und Reichweite kommunikativer Beziehungen und die individuelle Verantwortung für die Gestaltung der eigenen Biographie bedarf ganz offensichtlich solcher überschau- und beeinflußbarer sozialer Zusammenhänge, um subjektiv nicht als Überforderung erlebt zu werden. Das Spiel mit unterschiedlichen Aspekten der eigenen Identität und die

Offenheit gegenüber fremden Identitäten, braucht den geschützten "Spielraum", der weiterhin Sicherheit, Geborgenheit und Anerkennung vermitteln kann.

Heimat als psychologischer Terminus verbindet also den Bedeutungsgehalt dreier Begriffe, die in der Psychologie bisher getrennt diskutiert wurden: *sense of community, sense of control und sense of coherence.*

Aus meiner Sicht müssen diese Begriffe in Zusammenhang diskutiert werden: Die Verklärung von Gemeinschaft ohne Beachtung dessen, was und wie sie Kontrolle ausübt und ohne Respektierung individueller Sinnstiftungsprozesse schafft nur Enge, Konformität und Unterdrückung von Individualität. Kontrolle allein führt zu Dominanz, egozentrischer Machtanhäufung und subjektivem Sinnverlust. Kohärent kann auch eine stimmige Lebenslüge sein, die sich nicht mit den sozialen Gegebenheiten der Umwelt und ihren eigen Effekten auf diese auseinandersetzen muß. Die Gestaltung von Heimat wird so zu einem indivduellen Prozeß des Sich-Verbindens- mit anderen Menschen, den eigenen Bedürfnissen und Orten auf dieser Welt.

Diesen psychologischen Prozeß werde ich im weiteren mit dem Begriff Beheimatung bezeichnen, der mir gegenüber dem traditionellen Heimatbegriff folgende Vorteile zu haben scheint.

Er macht das *Problem* an Heimat deutlich, das heute für immer mehr Menschen darin besteht, Heimat zu finden, zu bestimmen und zu gestalten, die sowohl mit den Bedürfnissen einer Person als auch mit den Möglichkeiten einer gegebenen Kultur übereinstimmt.

Er beschreibt Heimat nicht als ein für allemal erreichten Status, sondern formuliert Beheimatung als ständigen und möglicherweise lebenslangen *Prozeß*, der mit der Aneignung und Gestaltung von Orten, sozialen Beziehungen, kulturellen Orientierungen und der Herstellung von subjektivem Sinn zu tun hat. Es geht dabei also sowohl um einen äußeren als auch um einen inneren- aber immer individuellen Prozeß.

Er weist darauf hin, daß Heimat nicht nur an einem, eindeutigen und einheitlichen, Ort zu finden ist, sondern daß Beheimatung in einer *Vielfalt von lebensweltlichen Bezügen*, in bezug auf unterschiedliche, sich teilweise ergänzende, zum Teil aber auch widersprüchliche und konflikthafte Lebenswelten und damit auch Lebenswirklichkeiten stattfindet.

Und er macht darauf aufmerksam, daß Heimat nichts Gegebenes ist, sondern Beheimatung mit der *Aktivität von Subjekten* zusammenhängt. Diese Aktivität kann dabei ganz unterschiedliche Formen annehmen, auch das Verweigern von Beheimatung ist eine sehr aktive (und anstrengende) Strategie, genau wie das Festlegen, Suchen, Finden oder Schaffen von Heimat. Diese unterschiedlichen subjektiven Strategien des Sich-Verbindens werden damit zum Gegenstand psychologischer Untersuchung- womit ich zur Darstellung meiner empirischen Hauptuntersuchung kommen möchte.

Teil IV
Beheimatung als individueller Prozeß

A. Fragestellung und Untersuchungsansatz

Die Fragestellung meiner Hauptuntersuchung leitet sich direkt aus diesen theoretischen Überlegungen ab. Wenn wir Beheimatung als psychologischen Terminus für den individuellen Prozess des Sich-Verbindens mit Orten, Personen und kulturellen Rahmenbedingungen einführen, geht es also um folgende Frage: **Wie können sich Subjekte unter partiell als problematisch erfahrenen Voraussetzungen in unterschiedlichen lebensweltlichen Bezügen beheimaten und welche subjektiven Strategien entwickeln sie dabei?**

Aus dieser Fragestellung ergibt sich die Grundentscheidung für ein qualitativ-hermeneutisches Vorgehen: es geht zunächst um die phänomenologische Beschreibung von Beheimatungsproblemen, Beheimatungsprozessen und Beheimatungsstrategien. Es geht darüber hinaus um die Interpretation subjektiver Sinnzusammenhänge und objektiver Funktionalitäten.

Aus den vier beschriebenen Aspekten von Beheimatung ergibt sich die Struktur der Hauptuntersuchung, in der Probleme der Vorstudie methodisch reflektiert und überwunden werden sollen. Es geht erstens darum, Personen bzw. Personengruppen zu finden, für die Beheimatung ein zentrales, reales und aktuelles Lebensproblem ist, solche Menschen also, die quasi von selbst darüber reflektieren. Darüberhinaus sollten diese im Kontrast zur Vorstudie nach Möglichkeit einer anderen (möglichst jüngeren) Altersgruppe und einem anderen (möglichst niedrigeren) Bildungsniveau angehören, begründet durch die Annahme, daß die Problematik von Beheimatung dadurch deutlicher werden könnte. Es geht also im Sinne von Glaser & Strauss (1967) um "*theoretical sampling*".

Während die subjektiven Konzepte von Heimat situativ und damit nur statusorientiert erhoben wurden, verlangt die Untersuchung des Prozesses von Beheimatung zumindest eine Zweipunkterhebung, in der etwas von der Entwicklung und Veränderung subjektiver Heimatbezüge im Längsschnitt deutlich werden kann. An beiden Zeitpunkten müßten dabei die subjektiven Verbindungen zwischen Vergangenheit, Gegenwart und Zukunft untersucht werden. Heimat als Entwicklungsproblem zu definieren, kann aber wiederum auch bedeuten, eine solche Stichprobe zu wählen, bei der Beheimatung in besonderem Maße ein

Entwicklungsproblem ist- also eine Gruppe jüngerer, materiell und kulturell weniger etablierter Menschen.

Drittens muß die Untersuchung von Beheimatung auf die lebensweltlichen Zusammenhänge gerichtet sein, in denen dieser Prozeß stattfindet und auf den hin er ausgerichtet ist. Es geht also nicht mehr nur darum, was Personen im Zusammenhang mit Heimat äußern, sondern auch darum, "wozu" sie sich so äußern, also darum, in welchem Bezug ihr subjektives Heimatkonzept zu ihrer realen Beheimatung in der Außenwelt steht. Das setzt zumindestens ein Mehr an Daten über lebensweltliche und auch biographische Bezüge voraus, als ich in meiner ersten Umfrage erhoben habe. Es erfordert aus meiner Sicht auch ein quasi indirekteres, rekonstruktives bzw. interpretatives Vorgehen bei der Auswertung dieser Daten.

Wenn es um Beheimatungsstrategien geht, muß die Funktionalität dieser Strategien in bezug auf lebensweltliche Zusammenhänge und ihr subjektiver Sinn innerhalb der biographischen Logik einer Person erkennbar werden. Das setzt voraus, das Personen explizit nach solchen Begründungszusammenhängen gefragt bzw. ihnen Interpretationen dazu angeboten werden. Das geht letztlich nur in einer Gesprächs- bzw. Interviewsituation, wo Rückfragen und Formen kommunikativer Validierung von Interpretationen möglich sind. Darüber hinaus erfordert es eine kritische Interpretation, die über die von den Personen selbst hergestellten Bezüge hinausgehen kann. Aus diesen methodischen Vorüberlegungen heraus ist mein Untersuchungsansatz begründet.

Das Ausgangsmaterial meiner Untersuchung entstammt einem Längsschnittprojekt über Identitätsentwicklung, Erwerbskarrieren und soziale Netzwerke junger Erwachsener, das seit 1991 im Sonderforschungsbereich 333 der Universität München und in Leipzig durchgeführt wird. In dieser Untersuchung werden 152 junge Erwachsene im Alter von 17-21 Jahren insgesamt dreimal im Abstand von jeweils zwei Jahren befragt. In den zwei Fallgruppen - Jugendliche mit kontinuierlichen und mit diskontinuierlichen Erwerbskarrieren - aus vier Regionen (München, Leipzig, Oberbayern, Oberfranken) sind weibliche und männliche Jugendliche jeweils gleichverteilt.

Die Analyse dieses Materials unter dem Gesichtspunkt von Beheimatung hat sich innerhalb des Projektzusammenhangs als sinnvoll gezeigt. Erklärungsbedarf entstand besonders durch die Häufung von "Problem"-Fällen, deren Identitätsentwicklung nicht ohne Theoretisierung ihres Heimatbezuges erklärbar war. Darüber hinaus zeigte sich, daß in der Untersuchung angezielte Gruppenvergleiche, beispielsweise zwischen ost-und westdeutschen Jugendlichen, zwischen Frauen und Männern und auch zwischen den Fallgruppen durch regionale Einflüsse stark spezifiziert wurden.[146] Diese spezifische Rolle regionaler Einflüsse und deren Wahrnehmung durch die befragten Jugendlichen machte es notwendig, Identitätsentwicklung im Zusammenhang mit subjektiven Beheimatungsprozessen zu analysieren. Mit den methodischen Vorüberlegungen (s.o) korrespondierten v.a. folgende Besonderheiten des empirischen Materials:

- das methodische Herangehen, das nicht nur mit der Durchführung ausführlicher Interviews, sondern auch durch den Einsatz zusätzlicher Methoden wie der Erarbeitung einer Netzwerkkarte (in beiden Interviews) und einer Regionalkarte (im Zweitinterview) eine Fülle von relevanten Daten produziert hat;
- die Größe der Stichprobe von insgesamt 152 Fällen (das ist eine für qualitative Untersuchungen vergleichsweise große Fallzahl), die es möglich machte, aus einer Vielzahl von Personen diejenigen auszuwählen, für die Beheimatung explizit ein Problem ist;
- die Möglichkeit, den Prozeß von Beheimatung bzw. die Veränderung subjektiver Heimatkonzepte im Längsschnitt (von drei geplanten Interviews sind zwei bereits durchgeführt und weitgehend ausgewertet) zu untersuchen, zudem in einer Altersphase (junge Erwachsene, die im Erstinterview 17-20 Jahre alt waren), in der es genau darum geht, den eigenen Platz zu finden bzw. zu definieren (Wohnort-, Berufs- und Partnerwahl stehen zumindestens als Entscheidungen an);
- die Vielfalt der Daten über lebensweltliche und biographische Bezüge im Rahmen der Interviewerhebung, von denen viele explizit mit Beziehungen, Einbindungen und Orientierungen zu tun haben.

Als Material liegen für alle Einzelfälle die transkribierten teilstandardisierten Interviews der ersten zwei Erhebungen (1992 und 1994) vor, wobei das Erstinterview insbesondere biographische Abläufe, die aktuelle Lebenssituation und persönliche Pläne in den Bereichen Arbeit, Familie, Freizeit und Selbstbild erhebt. Bereits im Erstinterview gab es eine Frage nach regionaler bzw.

---

146 KRAUS, MITZSCHERLICH (1995) Identitätsdiffusion als kulturelle Anpassungsleistung. In: Psychologie für Unterricht und Erziehung. München. 42.Jg.; S.65-72

nationaler Zugehörigkeit, die auch als narrativer Einstieg für die Frage nach subjektiven Auswirkungen der Vereinigung gedacht war.

Das Zweitinterview ist auf Veränderungen in diesen Lebensbereichen und auf in der Erstauswertung auffällige Widersprüche gerichtet, darüberhinaus ist der Bereich der Selbstreflexion vor allem in Hinsicht auf Gesundheit und Sexualität sowie politische Überzeugungen und Ideale erweitert worden. Im Rahmen des Zweitinterviews ist auch ein eigener Interviewabschnitt über Heimat bzw. regionale Orientierungen eingefügt worden. In diesem Abschnitt wird zusätzlich eine Regionalkarte über die reale Raumnutzung (Wo wohnst/arbeitest/verbringst Du Deine Freizeit? Wo wohnen deine Freunde? Wo kennst Du Dich am besten aus?) erarbeitet. Aus beiden Untersuchungen liegen Netzwerkkarten über wichtige soziale Beziehungen in allen Lebensbereichen vor, die jeweils im Interview von den Jugendlichen hergestellt und kommentiert worden sind. Die Auswertung der Interviews erfolgt im Rahmen der Gesamtuntersuchung mit einem Auswertungsleitfaden, einem darauf basierenden computergestützten Codierungsprogramm und einem Rating.

Ein grundlegenes methodisches Problem bei der Umsetzung meiner Fragestellung war die Auswahl der Fälle, die den oben genannten Kriterien genügen, sich also als besonders problematisch in bezug auf Beheimatung darstellen.[147]

Aus dem Gesamt-Sample sind für die vorliegende Untersuchung in Diskussion mit den Interviewern und Auswertern, die als Experten für bestimmte Fallgruppen gelten können, dabei zunächst Problemgruppen herausdifferenziert worden, deren Heimatbezug als besonders interessant bzw. besonders problematisch eingeschätzt wurde. Es handelte sich dabei um folgende Gruppen:
- eine Gruppe von *Landjugendlichen*, die die Familientradition Landwirtschaft aufgegeben haben und in der Verwaltung arbeiten, also quasi beruflich "entwurzelt" oder auch "modernisiert", aber gleichzeitig regional und sozial zumeist noch sehr traditionell eingebunden sind. Deren modernisierungsbedingtes Heimatproblem wurde von mir zunächst als Konflikt zwischen traditionell orientierter familiärer Lebenswelt und modern (bürokratisch) orientierter

147 Ausgehend von meiner theoretischen Auseinandersetzung, habe ich Beheimatung zwar als allgemeines (kulturelles) Problem definiert, das sich bei genauerer Analyse also bei jedem dieser 152 Fälle zeigen lassen müßte. Es erscheint aber zunächst sinnvoll, eine Auswahl zu treffen, bei der dieses Problem besonders offensichtlich und daher der Untersuchung im besonderen Maß zugänglich ist.

professioneller Lebenswelt bestimmt, mit Folgekonflikten im Bereich von Freizeitorientierungen und Partnerschaftsentwicklung;
- eine Gruppe *ostdeutscher Jugendlicher*, die in den alten Bundesländern wohnen und arbeiten bzw. zur Ausbildung dorthin gegangen sind und die im Erstinterview zumeist eine deutliche (soziale) Bindung an die Herkunftskultur und explizite Rückkehrwünsche geäußert haben. Deren transformationsbedingtes Heimatproblem wurde von mir im Ergebnis einer ersten Analyse zunächst als Verlust sozialer Einbindung definiert, der mit einem Verlust der (kulturell geprägten) Routinen sozialer Kommunikation einhergeht;
- eine Gruppe von *Jugendlichen multikultureller bzw. multiethnischer Herkunft*, zumeist aus München, die lange in Deutschland leben bzw. dort geboren sind, aber im Erstinterview Probleme mit ihrer nationalen bzw. kulturellen Zugehörigkeit angedeutet haben. Eine erste Analyse führte zu einer Formulierung ihres herkunftsbedingten Heimatproblems aus dem Konflikt, der sich aus ihrer familiären Einbindung in die Herkunftskultur der Eltern und aus ihrer außerfamiliären regionalen, sozialen und beruflichen Einbindung in die deutsche Kultur ergibt;
- eine Gruppe von *Jugendlichen, die familiengelöst sind*, also nicht bei ihren Eltern (sondern allein, bei weiteren Verwandten oder in Einrichtungen der Jugendhilfe) leben, teilweise sozial "entwurzelt" bzw. "auffällig" sind und zumeist sehr wenige soziale, kulturelle und materielle Ressourcen zur Verfügung haben. Deren, im engeren Sinn sozial bedingtes, Heimatproblem wurde von mir im Zuge einer ersten Analyse von Einzelfällen als Konflikt zwischen gewünschter sozialer Integration und problematischer Ressourcenlage definiert.[148]
Diese Problemgruppen haben sich als Suchraster für das Auffinden besonders problematischer Einzelfälle bewährt. Als erstes Ergebnis der differenzierten fallrekonstruktiven Auswertung hat sich allerdings gezeigt, daß sich die Einteilung in Problemgruppen bzw. die Zuordnung einzelner Personen zu diesen nicht auf-

---

148 Eine ausführlichere, dem damaligen Erkenntnisstand entsprechende Problembeschreibung der ersten beiden Gruppen findet sich in MITZSCHERLICH B (1994) Entwurzelung als sozialpsychologisches Phänomen. Materialien des Teilprojekts A6 München SFB 333. Die Problemlage der Gruppe sozial benachteiligter Jugendlicher ist ausführlicher beschrieben in AHBE, GLÜCKSMANN UND MITZSCHERLICH (1995) Identitätsentwicklung junger Erwachsener. In: Lutz B, Schröder H (eds.) Entwicklungsperspektiven von Arbeit im Transformationsprozeß. Rainer Hampp-Verlag, München und Mehring; S.21-64

recherhalten läßt. *Beheimatung erweist sich also in erster Linie als individuelles und nicht als Gruppenproblem!* Das beruht auf folgenden Befunden:

1. Es gibt in jeder der theoretisch angenommenen Problemgruppe Personen, die kein Problem mit Beheimatung haben bzw. äußern. Es gibt darüberhinaus Personen, die zwar ein Problem mit Beheimatung äußern, aber nicht das für ihre Gruppe "vorgesehene". Ein Jugendlicher multikultureller Herkunft kann z.B. kein kulturelles, aber statt dessen ein im engeren Sinn soziales bzw. familiäres Problem haben.

2. Es gibt Fälle, die gleichzeitig zu mehreren Problemgruppen gehören (also z.B. sowohl multikultureller Herkunft als auch sozial benachteiligt und familiär entwurzelt sind) und deren Beheimatungsproblem sich auch so komplex zusammensetzt.

3. Die Problematik von Heimat und Beheimatung unterscheidet sich zwischen einzelnen Fällen innerhalb derselben Gruppe oft viel stärker als zwischen den Problemgruppen. Darüberhinaus gibt es mitunter starke Gemeinsamkeiten zwischen Fällen, die unterschiedlichen Problemgruppen angehören.

Aus diesem Grund habe ich mich für eine Analyse auf der Basis von Einzelfällen entschieden, bei der das "Typische" einer individuellen Beheimatungsstrategie besser herauszuarbeiten ist. Es ergibt sich also eine Reihe von (zehn) Einzelfallstudien, die keine Fallbeschreibungen im engeren Sinn, sondern im Ansatz (theoriegeleitete und zur Theorieentwicklung dienende) Fallrekonstruktionen darstellen.[149] Dennoch habe ich in der Darstellung wichtige Textpassagen zitiert, einerseits um darauf basierende Theoretisierungen zu stützen, andererseits um es den LeserInnen zu ermöglichen, eine eigene, möglicherweise auch mir widersprechende Interpretation daraus abzuleiten. Mit der Analyse und Darstellung von problematischen - allerdings aus meiner Sicht nicht pathologischen - Einzelfällen verbinde ich auch das Anliegen, das Problem von Beheimatung relativ praxisnah aufzuarbeiten.[150]

Die Rekonstruktion der Fälle folgt den vier Auswertungsschwerpunkten, also folgenden damit verbundenen Auswertungsfragen:

---

149 vgl. HILDEBRANDT B (1991) Fallrekonstruktive Forschung. In: Flick U. et.al. (ed.) Handbuch Qualitative Sozialforschung. Psychologie Verlags-Union. München. S.256-260

150 vgl auch AUCKENTHALER A (1991) Klinische Einzelfallforschung. In: Flick U. et.al. (ed.) Handbuch Qualitative Sozialforschung. Psychologie-Verlagsunion. München. S.263

1. Wie beschreibt diese Person ihr Problem mit Beheimatung? Wodurch kommt es zustande bzw. wie wird es von der Person begründet? Wie begründet die Person sich in bezug auf ihr Heimatproblem? Was sind verursachende, auslösende, chronifizierende und möglicherweise auch kompensierende Bedingungen für dieses Problem? Welche Widersprüche und Ambivalenzen sind Bestandteil dieses Beheimatungsproblems?

2. Wie verändert sich das Heimatproblem dieser Person im Längsschnitt und wodurch verändert es sich? Wie verläuft der Prozeß von Beheimatung bei dieser Person? Wie werden Bezüge in Vergangenheit, Gegenwart und Zukunft organisiert?

3. Wie organisiert diese Person Beheimatung in unterschiedlichen Lebenswelten? Welche Gemeinsamkeiten, welche Unterschiede und welche Verbindungen gibt es zwischen den unterschiedlichen Lebensbereichen? In welchem Lebenbereich gelingt Beheimatung am besten und wo gestaltet sie sich am schwierigsten?

4. Wie bewältigt die Person ihr Heimatproblem, welche kognitiven, narrativen und kommunikativen Strategien hat sie dabei entwickelt? Wie positioniert sie sich in ihrer Umgebung: als Akteur oder als Opfer, als Außenstehender, vom Umfeld Abhängiger oder als Gestalter der eigenen Umgebung? Welche Effekte hat diese Art und Weise der Positionierung auf sie als Person (Zufriedenheit, Gesundheit, Handlungsfähigkeit)?

Dabei muß nochmals vorangestellt werden, daß aus der Auswertung von verbalen (in diesem Fall Interview-) Daten letztlich nicht abgeleitet werden kann, wie jemand "objektiv" sein Leben organisiert, sondern nur, wie er es kommunikativ im Hinblick auf die Interviewer und deren Fragen konstruiert. Dieser narrative Charakter der Interviewtexte und die Art und Weise der mit der Problemdarstellung verbundenen Selbstinszenierung kann selbst zum Gegenstand der Analyse werden.[151] Das setzt allerdings u.a. eine systematische kommunikative Validierung der herausgearbeiteten individuellen Muster voraus, die in unserer Untersuchung ausführlicher erst für das Drittinterview vorgesehen ist, also in diesem Rahmen noch nicht genutzt werden kann. Teilweise gibt es allerdings bereits im Rahmen der Zweitinterviews Rückkopplungen von Auswertungs-

151 JÄGER S (1994) Kritische Diskursanalyse. DISS, Duisburg

ergebnissen aus der ersten Welle, die von den Jugendlichen bestätigt oder auch korrigiert werden und so jeweils in die Einzelfallanalysen eingegangen sind.
Die Anordnung der Einzelfälle in der folgenden Darstellung folgt zwei Prinzipien: Der jeweils nachfolgende Fall hat mindestens eine wichtige Gemeinsamkeit mit dem zuvor dargestellten und er kontrastiert ihn in mindestens einem anderen, für Beheimatung relevanten Aspekt. Zum anderen gibt es eine gewisse, implizite Entwicklungslogik von Fällen mit eher klassischen Beheimatungsproblemen aus ländlichen Regionen bis zu Jugendlichen aus großstädtischen Regionen mit sich vervielfältigenden Heimatproblemen.

Pseudonym	Geb.jahr	Region	Schulabschluß	Jahr	Fallgruppe
1 Hermann	1974	Oberfranken	Hauptschule (HS)	1991	Projekt
2 Martin	1973	Oberfranken	Mittlere Reife	1989	VfA
3 Exodus	1974	Oberbayern	HS + Qualifikation	1990	VfA
4 Judy	1972	München	10. Klasse POS	1989	VfA
5 Moni	1972	München	10. Klasse POS	1989	VfA
6 Dorothee	1973	München	Mittlere Reife	1990	VfA
7 Tony Banks	1973	Oberfranken	8. Klasse POS	1988	Projekt
8 Karin	1975	Oberfranken	10. Klasse POS	1991	VfA
9 Brian	1975	München	HS + Qualifikation	1990	VfA
10 Daphne	1974	München	HS + Qualifikation	1990	Projekt

Tab. 5: Soziographische Daten zu den Einzelfallstudien

B. Beheimatungsprozesse junger Erwachsener - Zehn Einzelfallstudien

Fall 1 *Hermann*: "*unsere eigene Arbeit schaffen*"

Dieses sehr deutsche und sehr patriarchale Pseudonym hat sich ein türkischer Jugendlicher gewählt, der zum Zeitpunkt des Erstinterviews in der Schreinerwerkstatt eines Jugendarbeitslosenprojekts arbeitete. Er gehört zur dritten Generation einer Gastarbeiterfamilie, sein Vater kam im Alter von 15 Jahren mit dem Großvater nach Deutschland; Hermann selbst ist in Deutschland geboren. Die Familie wohnt seit vielen Jahren in einer oberfränkischen Kleinstadt, in der Hermann auch aufgewachsen und zur Schule gegangen ist. Gegen Ende der Schulzeit gab es Schwierigkeiten, er ging lieber zur Disco als in die Schule, schaffte den qualifizierten Hauptschulabschluß nicht und fand dadurch zunächst keinen Ausbildungsplatz. Auf dem Arbeitsamt wurde ihm gesagt, daß zuerst Deutsche vermittelt werden, daraufhin ging er auch dort nicht mehr hin. Den Tip mit der Werkstatt bekam er von einem Freund, er konnte dort eine Schreinerlehre anfangen, war froh darüber, überhaupt einen Ausbildungsplatz gefunden zu haben. Sein Vater hatte sich lange vertrösten lassen, begann aber zum Schluß Druck auszuüben, damit Hermann nicht länger zuhause "herumhängt".

Das Verhältnis zur Familie ist im Erstinterview sehr zwiespältig; für den Vater muß Hermann viel arbeiten, da dieser ein Haus gekauft hat und ausbaut, um ein Geschäft darin zu eröffnen. Die Mutter achtet auf die Einhaltung kultureller Normen, vor allem darauf, daß er keine Mädchen mitbringt. In der Familie wird hauptsächlich türkisch gesprochen, nur mit den Schwestern spricht Hermann deutsch.

Hermann erklärt im Erstinterview, daß er mit Deutschen besser auskommt als mit Türken. Mit Türken meint er solche, die erst zwei, drei Jahre in Deutschland sind: "*Die wissen nicht, wie sie hier leben.*" Er weiß es (besser), denn er ist hier geboren und aufgewachsen. Er gehört zu einer multikulturellen Clique aus zumeist deutschen Jungen und italienischen Mädchen, die sich auf dem zentralen Platz der Kleinstadt trifft: "*Es kommt nicht auf die Nationalität an, sondern auf den Charakter*" und darauf, "*Spaß zu haben*". Er rapt, geht zum Taek-wan-Do und ist im Jugendbeirat seiner Heimatstadt, wo er anzusprechen versucht, was für die Jugendlichen verbessert werden müßte. In eine türkische Fußballmannschaft ist er von seinem deutschen Verein "verkauft" worden und schimpft über die türkischen Zuschauer, die schnell handgreiflich werden, wenn man schlecht spielt oder versehentlich flucht. An Deutschland stört ihn eigentlich nur, daß man überall soviel arbeiten muß, allerdings ist auch sein Vater für ihn in dieser Hinsicht Deutschland.

Zweifel an der scheinbar klaren Einbindung in Deutschland enstehen nur am Rande der Darstellung, wenn man beispielsweise erfährt, daß sein bester deutscher Freund ihn mit einem aus äußeren Merkmalen abgeleiteten, rassistischen Spitznamen ("Neger-Lilli") ruft, dessenwegen er sich eigentlich schämt, aber gegen den er sich nicht wehrt. Auch berichtet er von einer Schlägerei zwischen Heavy Metals und Türken, bei der er so "*ausgerastet*" ist, daß er ein Gerichtsverfahren bekam: "*sowieso, ich hatte sowieso so einen Haß.*" Auch das schulische Scheitern scheint mir nicht nur Ausdruck jugendlichen Leichtsinns bzw. pubertärer Krisen zu sein, sondern möglicherweise auch eines kulturellen Konflikts mit deutschen Leistungsansprüchen.

Zwei Jahre später ist die deutsche Heimat zwar als Überschrift erhalten geblieben, real ist Hermann aber viel stärker in der türkischen Community und auch Tradition eingebunden. Obwohl er der beste von 40 Schreinerlehrlingen in Oberfranken war, hat ihn sein Vater aus der Lehre genommen und läßt ihn jetzt in seinem inzwischen eröffneten türkischen Restaurant arbeiten. Zwar hatte sein Meister versucht, ihn zu halten, "*aber er (der Vater) hat gesagt: Nein. Er muß bei mir arbeiten. Weil bei uns in der Tradition ist das halt so, der Vater hat zu sagen, egal welches Alter du hast. Er hat zu sagen. Und wenn du nicht hörst, kriegst du eins ab.*" Die Frage ist, warum sich Hermann dieser Tradition gebeugt hat, was er inzwischen eindeutig kommentiert: "*Ich habe einen Fehler gemacht.*" Es scheint, daß ihn die extrem harte Arbeit (teilweise 16 Stunden am Tag) nicht nur belastet; sie macht ihm auch Spaß, weil er sich damit stark identifiziert und seine persönliche Perspektive darin sieht: "*Unsere eigene Arbeit, jeder versucht halt irgendwie zu leben, wir versuchen es halt so.*" Er gilt bereits als Geschäftsführer, soll mit 21 das Geschäft ganz übernehmen und entwickelt schon Ideen, was er dann verändern will, z.B ein stärker multikulturelles Klima zu schaffen, statt nur "*Klein-Istanbul*" zu sein, weibliche Angestellte zu beschäftigen - das gilt in der türkischen Community als anstößig - und Projekte an anderen Orten zu versuchen.

Im Moment lebt er allerdings real nicht nur eng eingebunden, sondern auch sehr eingeschränkt: Er hat fast nur noch Kontakt zu den türkischen Angestellten und Gästen und kaum noch Freizeit. Die verbringt er ausschließlich mit seiner deutschen Freundin, die er immer noch vor der türkischen Gemeinde versteckt, wie anfangs auch vor seiner Familie. Er erklärt, daß er viel von ihr lernt und mit ihr ein Stück weitergehen möchte, z.B. möchte er demnächst eine gemeinsame Wohnung mit ihr in einem Nachbarort beziehen. Seine Familie hofft zwar, daß er sich noch besinnt und am Ende doch eine Türkin heiratet, aber er möchte eigentlich mit seiner Freundin zusammenbleiben, die dann natürlich die moslemische Religion annehmen müßte - nicht weil es ihm, sondern weil es seiner türkischen Umgebung wichtig ist. Im Sommer will er mit ihr in die Türkei fahren, auch um dort nach den Geschäften seines Vaters zu sehen. Er kann es sich inzwischen auch vorstellen, ein halbes Jahr in der Türkei zu leben und zu arbeiten und ein halbes Jahr in Deutschland. Wichtig ist ihm vor allem die wirtschaftliche Basis, die er quasi als Voraussetzung für seine Anerkennung in der deutschen und in der türkischen Gesellschaft sieht: "*Weil hier in dieser Welt, wenn du Geld hast, kannst du alles machen. Wenn du kein Geld hast, bist du der letzte Arsch.*" Wenn sein Geschäft gut läuft, will er auch sozial Verantwortung übernehmen und Arbeitsplätze schaffen, also quasi ein Musterbürger werden. Seine Heimat ist Deutschland, sagt er, oder vielleicht auch nur Oberfranken, denn da kennt er alles, aber eigentlich, das betont er mehrmals, ist er ja in der Schwarzwaldklinik geboren. (Deutscher geht es nicht.) Der Vater beantragt im Moment die deutsche Staatsbürgerschaft für die ganze Familie; wenn er die hat, will Hermann auch wählen gehen, diejenigen, die gute wirtschaftliche Bedingungen und die Sicherheit von Ausländern gewährleisten.

Hermann benennt als seine Heimat zuerst Deutschland, schränkt das dann ein auf die Region Oberfranken. Real ist er einerseits auf seine türkisch geprägte Wirtschafts-, Kultur- und Lebensgemeinschaft in der oberfränkischen Kleinstadt, andererseits auf seine deutsche Freundin und die durch sie vermittelte Kultur bezogen. Beides läßt sich nicht ohne weiteres vereinbaren, Konflikte gibt es sowohl auf einer kulturell-normativen Ebene (Zusammenleben vor der Ehe vs. "Unberührtheit" der Frau) als auch auf einer praktisch-organisatorischen. (Zeit für Freundin vs. Zeit für's Geschäft) Das sind jeweils nicht nur äußere, sondern auch innere Konflikte von Hermann, die er in dem expliziten Bekenntnis zu Deutschland (und dem impliziten zur Notwendigkeit der Anpassung an türkische Tradition) zu integrieren versucht. Seine Beheimatungsstrategie läßt sich so zusammenfassen:

1. "*unsere eigene Arbeit*" bzw. geschäftlichen Erfolg als quasi unangreifbare Basis von Anerkennung in beiden Kulturen zu schaffen;

2. sich - zumindestens äußerlich - arrangieren mit den kulturellen Normen der türkischen Herkunftskultur, selbst wenn diese ihm persönlich wenig bedeuten, ist ihm doch die damit verbundene soziale Einbindung sehr wichtig;

3. seine persönlichen Bedürfnisse und Ambitionen (z.B. nach Zusammensein mit seiner Freundin) quasi unter der Hand, mit sehr viel Geduld, Geschick und auch Täuschung, zu realisieren, auch wenn sie eigentlich im Gegensatz zu diesen kulturellen Normen stehen.

Er formuliert für sich folgerichtig: "*Ich such mir immer das Beste raus für mich.*" Er beschreibt sich damit auch selbst als einen, der in der Heimat nicht nur klarkommt, sondern sich nimmt, was er braucht und sich dafür anstrengt. Seine Heimat ist quasi das Wirtschaftswunderland der 50er/60er Jahre (in das sein Großvater und Vater damals eingewandert sind), in dem es der Tüchtige zu etwas bringen kann und dafür von seinen Mitbürgern geachtet wird, wenn er sich ansonsten anständig und unauffällig verhält.

Die Fiktion dabei ist, daß Fleiß und geschicktes Verhalten ausreichend Sicherheit schaffen und daß die kulturellen Widersprüche letztlich doch für integrierbar gehalten werden. Was Hermann dabei ausblendet, sind die durchaus realen Bedrohungen im Deutschland der 90er Jahre - einerseits seines Geschäftes und andererseits seiner Beziehung, und in beiden Fällen seiner Person. In bezug auf rassistische Übergriffe bzw. Brandsätze auf türkische Häuser äußert er sich dabei regelrecht fatalistisch: "*Die kommen nachts, wenn man schläft. Da kann man nichts machen dagegen.*" Diese Angst vor dem Verlust des mühsam Aufgebauten kann er nur ausblenden.

Und auch seine Beziehung wird ja nicht nur von der eigenen Familie mißbilligt und muß vor der türkischen Gemeinschaft geheimgehalten werden (dem könnte er durch Wohnen in einer anderen Stadt leicht entgehen), sondern beim Zusammensein mit seiner Freundin hat Hermann die Erfahrung gemacht, daß vielleicht 70% der Deutschen Vorbehalte gegen solche Beziehungen haben. Das Zusammensein mit der Freundin geht also eigentlich nur im Versteck, nicht öffentlich - da wird es zum Spießrutenlaufen zwischen beiden Kulturen.

Hermann nimmt also nicht nur das Beste aus beiden Kulturen, er bekommt auch den Druck von beiden Kulturen und die Anstrengung, die ihn das kostet, muß er ebenfalls ausblenden. Seine Traumreise würde ihn folglich auch weder nach Deutschland noch in die Türkei führen, sondern zusammen mit seiner Freundin auf eine einsame Insel, frei von Leistungs- und sozialem Druck - die ideale Heimat für Hermann?

Hermanns *Heimatproblem* besteht also auf einer kulturellen Ebene in der Vermittlung von Anforderungen und Werten der engeren türkischen Gemeinde und der weiteren deutschen Umgebung, z.B als Voraussetzung für wirtschaftlichen Erfolg, aber auch für seine persönlichen Bedürfnisse nach Anerkennung. Dahinter steht allerdings auch noch ein Modernisierungsproblem: Während in seiner Herkunftsfamilie Arbeits- und Privatbereich integriert sind, der Vater also auch in bezug auf die Arbeit das Sagen hat, hat Hermann ein Bedürfnis nach Privatheit, zumindest was seine Freundin betrifft, entwickelt, mit der er sich und die er bisher aus diesem Arbeits- und Lebenszusammenhang herauszuhalten versucht

In Hinsicht auf seinen *Beheimatungsprozeß* ist er aus seiner marginalen Position in bezug auf beide Kulturen im Zweitinterview herausgekommen und, durch die stärkere Einbindung in den Arbeitszusammenhang der Herkunftsfamilie und die dahinter stehenden türkische Tradition, möglicherweise gleichzeitig und zumindestens wirtschaftlich besser integriert, was deutsche kulturelle Normative betrifft.

Dabei organisiert er seine *Beheimatung* in einer nahezu einheitlichen Lebenswelt: Arbeit, Herkunftsfamilie, Freunde und kulturelle Einbindung gehören faktisch zusammen, den einzigen Lebensbereich, den er davon unabhängig zu halten und auch zu privatisieren versucht, ist die Partnerschaft mit seiner deutschen Freundin.

Seine *Beheimatungsstrategie* deklariert er als gewinnorientiert; sie ist auf jeden Fall sozial und kulturell integrativ: Er nimmt "*das Beste aus beiden Kulturen*", die wirtschaftlich-gemeinschaftliche Einbindung aus der türkischen, die private Initimität aus der deutschen Kultur, aber er leistet dafür auch sehr viel und steckt

Bedürfnisse nach Privatheit zurück. Eine kritischere Analyse zeigt, daß die Anpassungskosten dabei recht hoch sind und daß die dadurch gewonnene Sicherheit teilweise trügerisch sein könnte.

Fall 2 MARTIN: "*sich überall bekannt machen*"

Martin hat wie Hermann Probleme mit seiner Herkunftstradition, er hatte zumindestens zeitweilig ebenfalls Konflikte mit seinem Vater, er sucht soziale Anerkennung und ist ähnlich wie Hermann scheinbar "heimgekehrt". Dennoch stellt sich nicht nur sein Heimatproblem anders dar, sondern auch die Lösung, die er dafür entwickelt hat.

Martin ist der zweite Sohn eines oberfränkischen Landwirts und war zum Zeitpunkt des Erstinterviews noch in einer Ausbildung als Verwaltungsfachangestellter bei der Gemeinde, in der sein Vater damals dritter Bürgermeister war. In der Landwirtschaft kennt er sich zwar aus, ist aber froh, den Hof nicht übernehmen zu müssen. Das macht sein älterer Bruder, von dessen "*Seßhaftigkeit*" sich Martin schon im ersten Interview abgrenzt. Zur Arbeit in der Gemeinde haben ihn seine Verwandten überredet, für die das eine "*Superstellung*" ist, er selbst wäre lieber Groß- und Außenhandelskaufmann geworden und schmiedet mit einem Freund Pläne für ein eigenes Geschäft. Er kann und möchte nicht lange auf einer Stelle "*sitzenbleiben*", sondern würde gern immer wieder Neues kennenlernen, möglicherweise sogar für länger in's Ausland gehen, um dort "*groß einzusteigen*".

Auch in seiner Freizeitorientierung ist er sehr beweglich und eher modernisiert, was zum Zeitpunkt des Erstinterviews zu häufigen Konflikten mit dem Vater führte. Er ging lieber ins Fitneßzentrum, als in der Landwirtschaft zu helfen, fuhr im Urlaub nach Fuerteventura, anstatt für den Hausbau zu sparen, und gab aus der Sicht der bäuerlich sparsamen Eltern überhaupt zuviel Geld aus.

Der Hausbau ist fest geplant und ein Grundstück schon auf seinen Namen überschrieben, die Freundin, mit der er zum Zeitpunkt des Erstinterviews schon drei Jahre zusammen war, schien in diese Pläne als Quasi-Schwiegertochter von den Eltern fest eingeplant. Martin selbst aber fühlte sich in dieser sehr traditionelle Beziehung zunehmend eingeengt und festgefahren: "*Ich hab immer das Gefühl gehabt, ich erleb zu wenig... Mensch, du bist wie ein Vierzigjähriger, sitzt daheim vor dem Fernseher, holst vielleicht noch eine Pizza, das ist alles."* Er versuchte, sich aus dieser Beziehung zu lösen und formulierte als sein Ziel: "*Ich will erstmal noch aus meinem Leben was machen, ich will nicht an einen Standort fest gebunden sein. Ich möcht beweglich sein, mobil, bis dreißig, dreißig ist das Alter, kann man sagen, muß man sich mal setzen."* Dann soll es auch ganz traditionell weitergehen; Familie, Kinder, Erbe: "*Doch. Der Name X. soll weitervererbt werden."*

Neben den Plänen vom Auswandern und anderswo Groß-Herauskommen verfolgt Martin aber noch eine zweite Strategie, um sich "*ein größeres Umfeld*" zu schaffen. Er ist in vielen Vereinen tätig, hat in manchen Vorstandsfunktionen und versucht bewußt, "*die meisten Leute kennenzulernen*". Dahinter steht der Traum von einer politischen Karriere vor Ort, der Wunsch, bekannt und "gut angesehen" zu werden. Im Erstinterview ist er hin- und hergerissen zwischen diesen zwei Optionen: Auswandern und die ganze Welt bereisen oder Haus bauen und im Dorf bekannt werden; dabei sieht er allerdings die Gefahr, zu "*verstauben*".

Zwei Jahre später hat er sich auf beiden Seiten ausprobiert und in den meisten Punkten für die "heimatliche" Variante entschieden. Er hat sich zunächst von seiner früheren Freundin getrennt, hat mit dem Freund neben bzw. nach seiner Arbeit in der Verwaltung ein Export-Import-Geschäft aufgebaut und ein halbes Jahr lang extensiv betrieben, war nochmal in Fuerteventura und mit dem Freund zusammen sogar in Kuba: Sie haben "*a weng auf großem Fuß*" gelebt und waren jeden Tag bis spät in die Nacht zusammen.

Im Dorf gab es allerdings bald zunehmend "Gemunkel" über die vermeintliche oder tatsächliche Homosexualität des Freundes - worüber Martin nur in Andeutungen spricht und was auch auf ihn "*abzufärben*" begann. Er fühlte sich "*in der Zwickmühle*" und fing an, grundsätzlich nachzudenken: "*Was mach ich da eigentlich, wenn ich da mit dem zusammenwohn, dann das aufbau? Das ist für mein Leben, späteres Leben, also kann ich nicht, schaff ich nicht. Ich möcht ja in meinem Beruf weitermachen, hab ich mich entschlossen."* Er hat dann kurzfristig ein mehr oder weniger zufällig getroffenes Mädchen zur einzig Richtigen für sein Leben deklariert, eine "*Notlüge*", um von dem Freund "*loszukommen*". Die hätte zwar auch in die Vorstellungen seiner Eltern sehr gut gepaßt, denn sie kam aus einer angesehenen Familie mit drei Häusern, aber Martin hat sie nach drei

Monaten wieder "*auf kalt gestellt*", weil seine Gefühl ihm sagte, daß es nicht die Richtige ist und er sich dem Erwartungsdruck der Eltern in dieser Beziehung nicht beugen wollte. Seitdem ist er allein geblieben, was die Familie sehr zu beunruhigen scheint.

Er investiert stattdessen seine ganze Energie darin, "*sich bekannt zu machen*", so ist er inzwischen Vorstand der Dorfjugend, die durch seine Aktivitäten auf 40 Mitglieder angewachsen ist, Oberfeuerwehrmann, der bald zum Truppenführer ausgebildet werden soll, bemüht sich um Kontakte im Landkreis, organisiert Busse zum Besuchen von Festen in den Nachbargemeinden, schreibt Artikel für das Gemeindeblatt und die Regionalzeitung und spricht auf dem Dorffest vor 1000 Leuten. Die meisten dieser Funktionen hat er von seinem ehemaligem Freund übernommen, der ihm ursprünglich auch darin Vorbild war, aber sich seit der Trennung aus allen Aktivitäten zurückgezogen hat. Martin versucht auch dessen von ihm bewunderte Ausstrahlung zu übernehmen, bzw. seine eigene zu entwickeln, so ist er beispielsweise schon auf mehreren Rhethorikkursen der CSU gewesen. Eine politische Karriere ist für ihn kein ferner Traum mehr, sondern er rechnet bereits, in wieviel Wahlperioden er es bis zum Landtagsabgeordneten bringen könnte, wenn er "*es langsam aufbaut*". Die Jugend des Landkreises zu organisieren und mit vielen ins Gespräch zu kommen, ist dafür eine bewußt gewählte Strategie.

Politisch bewegt er sich in den Fußstapfen seines Vaters, der inzwischen Bürgermeister der Gemeinde ist und mit dem er auch beruflich, als inzwischen fest übernommener und demnächst einziger Angestellter der Gemeinde viel zu tun hat. Er berät ihn nicht nur in Rechts- und Finanzfragen, worin er sich aufgrund seiner Ausbildung besser auskennt, sondern bereitet inzwischen auch dessen Reden vor bzw. sagt dem Vater, wie er "*mit eigenen Worten*" zur "*einfachen Schicht*" sprechen und den "*dörflichen Charakter*" treffen kann.

Martin hat nämlich inzwischen eine eigene Philosophie über den "*dörflichen Charakter*" entwickelt und begründet damit auch, weshalb er sich in A., wo er zur Gemeinde gehört und arbeitet, wohler fühlt, als in B., wohin er schulisch und kirchlich gehört - sein Wohnort ist ein kleiner Weiler zwischen diesen zwei Orten. In "*A., wo noch der dörfliche Charakter herrscht und das gemeinschaftliche Gefühl da ist, wo die Jugendlichen beim Bier zusammensitzen und keiner sagt: Ich muß unbedingt auffallen*", hat er eine Chance, sich bemerkbar zu machen und zu profilieren, indem er auf Menschen zugeht und sie anspricht. Während in B. hingegen "*schon alles da*" ist, "*da gibt es DDR-ler und sogar Punks*", "*die sind gemischt und da bringst du kein gemeinschaftliches Gefühl mehr her*".

Seine eigene Entwicklung sieht Martin positiv: "*Sagen wir so - mein Selbstbewußtsein hab ich gesteigert, gefestigt. Charakter ist da, daß ich auf die Menschen zugeh, mit ihnen red über die Probleme. Dann das gemeinschaftliche Gefühl hab ich entwickelt. Also ich bin nicht mehr ein Einzelgänger, also, mit einem zusammen... Ja, wie kann man das noch umschreiben? Und ich hör jetzt auch lieber Probleme an von anderen Menschen, also meine Mitglieder vor allem. Was kann man noch sagen? Gegenüber meinen Eltern bin ich auch erwachsener geworden. Die nehmen jetzt meine Ansichten zu achtzig Prozent wahr.*"

Die zwanzig Prozent Unzufriedenheit bei den Eltern haben vor allem damit zu tun, daß er bisher keine Anstalten macht, eine neue Schwiegertochter ins Haus zu bringen. Vorstellen könnte er sich nur eine, die ihn nicht einengt, sondern respektiert, "d*aß ich ein Mensch bin, der viel machen will- also in Richtung öffentlich - also mit Menschen, Kindern und so.*" Den Hausbau treibt er inzwischen unabhängig von einer Partnerschaft voran.

Heimat ist für Martin momentan also die Gemeinde A. sowie der Landkreis, wo er (schon) bekannt und gut angesehen ist und wo er sich bemerkbar gemacht hat. Seine Beheimatungsstrategie ist allerdings auf "*das größere Umfeld*" gerichtet, er will weiter hinaus, allerdings nicht nur hinaus aus seinem unmittelbaren Umfeld, sondern auch aus sich selbst herausgehen, auf Leute zugehen und vor allem bei ihnen ankommen. Sein Regionalprojekt ist also auch ein Selbst-Entwurf. Er will sich "*langsam etwas aufbauen*", gemeint sind damit Beziehungen von Beachtung und Bekanntheit. Interessant ist, wie er das anstellt, nämlich durch das strategische Knüpfen von Beziehungen, durch das gezielte Besetzen von Positionen und durch das Entwickeln von Kommunikation als Mittel zum Zweck. Er nutzt dabei traditionelle dörfliche bzw. regionale Strukturen in seinem Sinn. Selbst das "*gemeinschaftliche Gefühl*" ist etwas, was man "*reinbringen*" kann oder nicht - und eine Voraussetzung für seine Profilierung und vielleicht für eine politische Karriere. Heimat ist dabei quasi eine Ressource, ein Hinterland und die gelungene Beheimatung im Sinne sozialer Einbindung und Funktionsübernahme Voraussetzung für seinen persönlichen und politischen Erfolg.

Mögliche Ambivalenzen scheinen mit der Trennung von dem Freund beseitigt: auswandern, Geschäfte machen, auf großem Fuß leben, vielleicht von der Norm abweichende sexuelle Experimente passen nicht in den Lebensplan eines nach gesellschaftlichen Ansehen in seiner Herkunftsregion strebenden Menschen. Was der Preis dieser Selbstdisziplinierung und des strategischen Verhaltens ist, bleibt abzuwarten. Bisher tragen die Kosten scheinbar nur die anderen. Der enttäuschte Freund, der zwar als Vorbild gut war, aber verlassen und ersetzt wurde, als er ins Gerede kam. Das Mädchen, das erst als Fluchtweg "*benutzt*" und dann "*auf kalt gestellt*" wurde, was "*vielleicht ein bißchen hart*" war.

Andererseits ist durchaus auch die Frage berechtigt, weshalb Martin so viel Anerkennung - eben im größeren Umfeld - braucht, möglicherweise deshalb, weil ihm das unmittelbare familiäre Umfeld davon nicht ausreichend gegeben hat oder weil er aus diesem-zu engen Verbund herauswill. Sicher ist, daß es ihn einige Mühe kostet, sich ständig bzw. gerade in einem größeren Umfeld bemerkbar zu machen, er thematisiert seine starke Nerven (im Kontrast zu denen seines, von der Hofübernahme überforderten und inzwischen psychosomatisch erkrankten, Bruders), die scheint er allerdings auch zu brauchen. Und schließlich ist der Weg nach oben, der politische Aufstieg, auch wieder ein Weg hinaus - spätestens als Landtagsabgeordneter wird er der sozialen Kontrolle des Dorfes endgültig entronnen sein.

Martin ist jemand, der "Heimat" macht, Beziehungen knüpft und öffentlich darstellt; ob er selbst dadurch Heimat gewinnt - im Sinne von Übereinstimmung seiner Umgebung mit seiner Person -, ist noch nicht zu beantworten. Was er auf jeden Fall gewinnt, ist soziale Anerkennung, das ist der ihm wohl wichtigste Aspekt seiner Beheimatung.

Martins *Beheimatungsproblem* schien noch im Erstinterview der Konflikt zwischen Tradition (der "protestantischen Ethik" der Herkunftsfamilie) und Moderne (den hedonistischen Orientierungen, die sein Freund verkörpert hat). Über beide Interviews gesehen, geht es ihm eigentlich darum, wie er in der Herkunftsregion bekannt und angesehen werden kann. Sein Verhalten in bzw. zu diesem *Prozeß* wird im Längsschnitt betrachtet strategischer und sein Bedürfnis dahinter reflektierter: Er fragt sich, wie er eigentlich leben will. Dabei hat er quasi ein klassisches Moratorium durchlaufen, berufliche (Import-Export), freizeitmäßige (Cuba, Fitneß, Vereine) und möglicherweise auch sexuelle Experimente gewagt, um schließlich in einem nur oberflächlich traditionellen Lebensstil anzukommen, in dem diese unterschiedlichen Lebenswelten (wiederum, wie bei Hermann, bis auf die Partnerschaft) scheinbar integriert werden können.

Der Kern seiner *Beheimatungsstrategie* ist dabei die bewußte Aneignung kommunikativer und rhetorischer Mittel, die ihm -in einer wohl eher wortkargen Umgebung - nicht nur Anerkennung, sondern sogar Bewunderung und einen hohen sozialen Status verschaffen. Die Rückseite dieser Strategie ist der durch ihn noch kaum reflektierte zunehmende "Zweckcharakter" seiner sozialen Beziehungen, was sich auf längere Sicht für ihn auch wieder als Verlust an sozialer Einbindung auswirken könnte.

Fall 3 *Exodus*: "*weil's so nimmer wird, wie's bei uns eigentlich ist*"

Exodus verhält sich, zumindestens im Freizeit- und Arbeitsbereich, äußerlich ähnlich wie Martin, der subjektive Sinn und die biographische Logik dahinter ist allerdings ganz anders. Exodus hat sich zwar ein Pseudonym gewählt, das von Auszug spricht, tatsächlich will er aber bleiben, wo er ist, und das möglichst für immer. "*Jo, mei*", sagt er, "*ich bin halt X-bacher.*" X-bach ist eine Gemeinde in Oberbayern, wo Exodus in der Gemeindeverwaltung arbeitet, wohnt und in verschiedenen Vereinen mitwirkt. Exodus scheint also auf den ersten Blick traditionell verwurzelt und eingebunden, zumal er immer wieder betont, daß er nie weg war von dort und auch nie weg will.

Weniger traditionell ist die Mitteilung, daß Exodus bei der Großmutter und nicht bei seinen Eltern aufgewachsen ist, welche aber in einem nur wenige Kilometer entfernten Nachbarort leben. "*Ich war nie weg*!", heißt bei Exodus: Ich war nie bei meinen Eltern zuhause. Das Interview bleibt die Erklärung dafür schuldig, wahrscheinlich weil Exodus es sich selbst nicht erklären kann bzw. nie überzeugend erklärt bekommen hat. Alles was man dazu erfährt ist: "*Ja, ich war ein halbes Jahr lang auch bei meinen Eltern, aber dann hab ich zur Oma umziehen müssen... wegen der Eltern, weil die halt immer arbeiten waren...*" In der Kindheit hat er noch einige Wochenenden bei den Eltern verbracht, seitdem er zur Schule ging und zu den ersten Vereinen, ist er fast nur noch bei der Oma gewesen. Da sein älterer Bruder ebenfalls mit bei der Oma lebt und auch die behinderte Schwester, solange es ging, da gelebt hat, läßt sich nur vermuten, daß die Familienverhältnisse bei den Eltern in irgendeiner Form schwierig waren, und sie die Kinder offensichtlich nicht nehmen wollten oder konnten.

Er zögert, die Eltern überhaupt in sein Netzwerk aufzunehmen: "*Ja, es ist, beim Vater war es fast so, daß ich mit 14, 15, weil ich ihn eben so selten gesehen hab, weil früher, da war er auf dem Bau fort, und dann mit 14, 15 war ich, na schüchtern kann man nicht sagen, aber ich wußte nicht, ob ich Sie oder Du sagen soll, das war fast ein fremdes Verhältnis...*". Auf die Frage, ob er das seinen Eltern nicht übelgenommen hat, reagiert er eher hilflos: "*Nein, das hat sich eigentlich erst jetzt, mit 15, wenn man was wissen wollte, dann hat man ja nicht gewußt, wo man hingehen soll.... Die Oma ist halt irgendwie nach dem alten Stil, so verstehen wir uns letztlich gut, aber die Oma muß auch nicht alles wissen.*"

Es entsteht das Bild von einem Jungen, der keinen hat, den er fragen kann und der versucht, damit irgendwie klar zu kommen. Was das an biographischer Belastung und Verletzung bedeutet haben mag, kann Exodus nur schwer ausdrücken und versucht es positiv für sich zu wenden: "*In der Schule hab ich halt von Anfang an alles selber machen müssen. Da hab ich auch nicht gefragt oder was, weil die Oma hat's nicht können, ich bin eigentlich doch hübsch selbständig gewesen bei solchen Sachen. Und das andere, da hab ich halt viel selber entschieden, da war niemand zum Fragen oder so.*"

Entschieden hat er dabei allerdings oft defensiv bzw. in erster Linie auf Absicherung bedacht, zum Beispiel als er beschloß, nicht auf die höhere Schule zu gehen, trotz recht guter Leistungen und vieler, die ihm zuredeten (einschließlich der fremden Eltern). Ein Grund dafür war, daß er an der Hauptschule gut klarkam und sich auskannte, ein anderer aber auch, daß er nicht weg wollte von X-bach, denn zum Gymnasium hätte er in einen anderen Ort fahren müssen.

Allein entschieden hat er auch, sich für eine Stelle bei der Gemeinde zu bewerben und diese dann auch zu nehmen, nachdem ihm der Bürgermeister gesagt hatte: "*Wenn du magst, kannst du anfangen, aber du mußt gleich Ja oder Nein sagen.*" Der Bürgermeister, der ihn als Lehrer von der Hauptschule kannte, scheint dabei eine positive väterliche Rolle zu übernehmen, so wie vorher schon ein anderer Lehrer, mit dem er sich sehr gut verstand und "*fast auf Du*" (wie ja nicht einmal mit seinem Vater) war: "*Der hat allweil gesagt, ich soll in ein Büro gehen und da hab ich gesagt, nein, in ein Büro geh ich nicht und jetzt...*"

Jetzt gefällt es ihm im Büro, denn "*das Klima ist wie in einer größeren Familie, kann man schon sagen.*" Die Frau seines Lehrers ist in dieser "*größeren Familie*" für ihn zur wichtigsten Bezugsperson geworden: "*Ja, mit der kann man über alles reden, die versteht einen auch, ja und die anderen, das ist wie in so einer Familie, da sind halt alle dabei.*" Exodus beschwört mit Familie einen Zustand, den er so nicht kennengelernt hat, den sucht und findet er auf seiner Arbeit und bedankt sich mit besonderem Engagement. Im Erstinterview hilft er z.B. bei der Herausgabe des Gemeindeblattes, obwohl er eigentlich nur die Kasse machen sollte, zwei Jahre später ist er bereits Systembetreuer für das ganze EDV-System der Gemeinde, hat mehrere Kurse mitgemacht und berät den Bürgermeister bei Neuanschaffungen. Diese besonders enge -familienähnliche - Einbindung führt freilich auch zu besonderer - familienähnlicher - Verletzbarkeit.

Im Zweitinterview reflektiert er beispielsweise, was aus ihm geworden wäre, wenn die Gemeinde ihn nicht übernommen, sondern ihn, so wie seine Herkunftsfamilie, quasi verstoßen hätte. Da steht dann eben noch mehr als berufliche Einbindung auf dem Spiel bzw. gerät diese zur prinzipiellen Frage über die Möglichkeit von Geborgenheit: "*Wenn ich bei der Gemeinde nicht hätte bleiben können, wäre ich schon nicht mehr in eine Gemeinde gegangen, weil's so nimmer wird, wie's bei uns eigentlich ist. Oder ich meine, daß es so nimmer wird, so wirklich eine kleine Familie halt irgendwie. Und dann wär ich wahrscheinlich, wenn ich nicht auf der Gemeinde geblieben wär, dann wär ich weggegangen.*" Das biographische Muster schimmert durch; wenn ich von meiner Familie nicht angenommen werde, gehe ich für immer.

Die daraus resultierende Empfindlichkeit zeigt sich auch in der Darstellung eines familiären Konflikts im Zweitinterview. Exodus wohnt mit seinem Bruder bei der Oma, im Haus von Onkel und Tante, mit denen er sich bis vor kurzem gut verstanden hatte. Als es wegen einer Lappalie einen Streit mit der wahrscheinlich recht impulsiven Tante gab und sie ihm sagte, daß sie ihn in ihrer Wohnung nicht mehr sehen will, ging er ein ganzes Jahr nicht mehr hoch zu ihr (wo er früher täglich war) und antwortete nur noch, wenn er angesprochen wurde. "*Ich hab getan, was sie gesagt hat.*" Zwar hat sie an Neujahr eine Versöhnung probiert, auf die er sich aber nicht mehr eingelassen hat: "*Und durch das, daß ich dann nicht dürfen hab am Anfang war schon so "Na gehst noch auffi unter den Bedingungen?"- "na, du derst net"... Und das hat sich dann, das war zu lang, ein Jahr.*"

Die Frage: Darf ich noch hingehen, wo ich einmal abgewiesen worden bin? beantwortet er inzwischen, vor dem Hintergrund seiner biographischen Erfahrung, mit Trotz: Dann eben nicht! Der Konflikt scheint die Erfahrung der frühen Trennung von den Eltern zu wiederholen, nur daß er inzwischen auch etwas dazu zu sagen hat bzw. sich positionieren kann.

Andeutungen für eine erhöhte Empfindlichkeit gibt es auch im Freizeitbereich: viele seiner Aktivitäten, die mit Vereinen zusammenhängen, beschreibt Exodus als geprägt von Ungerechtigkeit, Enttäuschungen und Streitereien, und er wiederholt immer wieder, quasi wie ein (biographisches) Leitmotiv: "*Die Unterstützung hat gefehlt.*" So war es z.B., als er sich als Oberministrant vom neuen Pfarrer und von seinen Ministranten im Stich gelassen fühlte und den Posten aufgab. Auch Fußball spielte er schließlich lieber in einer auswärtigen Mannschaft, weil er es dem Trainer übelnahm, daß solche auf den Platz durften, die nicht mal zum Training erschienen, während solche, die wie er immer da waren, den "*Idioten machten*". Der Kassenwart seines Faschingsverein hatte mit Vereinsgeldern jongliert und dabei 20.000,- DM unterschlagen, was Exodus in nächtelanger Kassenprüfung mit einem von der Sparkasse aufzuklären versucht hat. Das kann und willl Exodus nicht verstehen, es enttäuscht und trifft ihn eben an einem wunden Punkt, wenn die Gemeinschaft nicht absolut verbindlich, gerecht und auch "berechenbar" funktioniert. Darauf ist er aber -mehr als andere - angewiesen, weil er nur mit der "größeren Familie" in der Gemeinde die Defizite seiner Herkunftsfamilie kompensieren kann. Allerdings entwickelt er Verbindlichkeit und Zuverlässigkeit auch als eigene Qualitäten. Er beschreibt sich als einen, der gern organisiert und anderen hilft, wann immer seine Unterstützung gebraucht wird.

Im ersten Interview macht er das zunächst noch in Eigen- bzw. Privatinitiative und scheut sich vor öffentlicher Einbindung; im Keller des Hauses der Familie seines Freundes haben sie mit wenigen Freunden für die Dorfjugend einen Partykeller ausgebaut, der bezeichnenderweise "Exodus" heißt und in dem er voller

Stolz sogar das Interview gibt. Der Partykeller ist sein Ort geworden, ein Ort, wo vor allem jüngere Jugendliche hingehen und mit jemandem reden oder auch feiern können. Ihm gefällt es, Ansprechpartner zu sein und anderen zu helfen, in seiner Arbeit und in seiner Freizeit.

Im Zweitinterview hat er neben dem Partykeller noch eine Funktion als Jugendbeisitzer im Pfarrgemeinderat, und er überlegt auch, als neuer Kassenwart in den Vorstand des Faschingsvereins zu gehen. Er engagiert sich - vielleicht zuviel, und mehr, als er müßte -, weil er sich wohl am sichersten fühlt, wenn er gebraucht wird und anderen helfen kann. In X-bach kann er das, deswegen will er inzwischen nicht mehr weg von da.

Er sagt: "*Und durch das, daß ich dann übernommen worden bin und so, jetzt bin ich halt ein Richtiger, jetzt täte ich auf alles nicht mehr weggehen.*" Der Kern der Aussage ist, daß er erst durch die Übernahme "ein Richtiger" - also quasi als Sohn der Gemeinde anerkannt - wird. Seine Identität beruht also auf dieser Anerkennung und würde durch Weggehen gefährdet, denn dann wird er wieder, was er in bezug auf seine Herkunftsfamilie war: "falsch", unerwünscht und damit heimatlos.

Damit sind wir wieder bei seinem lakonischen Bekenntnis zur Heimatgemeinde, das er im Zweitinterview nochmals fast wortwörtlich auf die Frage nach Heimat hin wiederholt: "*Ich bin ein X-bacher. Ich kenn da halt alle, oder was heißt alle, viele, und hab da meine Aufgaben und Vereine...*" Ich bin, der ich bin, an dem Ort, wo ich bin und wo ich gebraucht werde. Exodus' Identität "klebt" am Ort, wo er sich diese erarbeitet hat und wo er in dieser anerkannt wird.

Exodus' Beispiel zeigt, daß eine sehr eng und traditionell orientierte regionale und soziale Einbindung ein Defizit an familiärer Bindung zumindestens teilweise kompensieren kann. Die Selbst-Beschränkung auf die Heimatgemeinde, in die er in seiner biographischen Logik ja verstoßen wurde, und die Anstrengungen, die Exodus unternimmt, um da integriert und anerkannt zu sein, sichern ihm, was er in der Familie nicht erfahren hat: das Gefühl, gebraucht und gewollt zu sein. Aus dem Wegmüssen hat er Nie-mehr-Wegwollen gemacht.

Andererseits dient die Strategie der engen und absoluten lokalen Festlegung gewissermaßen auch als Abgrenzung gegenüber dem Wohnort der Eltern, mit dem er selbst regional nicht mehr zu tun haben will.

In der quasi-familiären Gemeinde hat er sich seine Einbindung verdient; anders als Martin geht er dabei nicht strategisch vor, sondern eher unbewußt, getrieben von der Suche nach verläßlicher Geborgenheit und größtmöglicher Sicherheit. Das geht oft nur um den Preis der Selbstbeschränkung, wie bereits seine Entscheidung gegen das Gymnasium zeigt. Diese Einbindung, eben die größere Familie, verlangt von ihm aber auch dauerhaftes Engagement; was ihm immer noch fehlt, ist die Erfahrung von Annahme ohne Gegenleistung, also eine Heimat, der er nicht ständig beweisen muß, wie nützlich er ihr sein kann.

Exodus hat ein *Heimatproblem* nur in bezug auf das "Wegmüssen"; das ist seine biographische Erfahrung und das ist eine scheinbar bleibende Angst, die mit der frühen Trennung von seinen Eltern zusammenhängt. Dieses Problem äußert sich auch in einer erhöhten Sensibilität und auch Vulnerabilität in bezug auf die "Stimmigkeit" sozialer Zusammenhänge.

Im *Prozeß* zwischen Erst- und Zweitinterview kann er diese Sensibilität zunehmend produktiv machen, er muß sich nicht mehr nur enttäuscht abwenden und zurückziehen, wenn es sozial nicht stimmt, sondern er wirkt aktiv dagegen: als Ansprechpartner für Jüngere, als Jugendvertreter im Pfarrgemeinderat ("*die einzige Gegenstimme*"), auch als Kassenprüfer. Voraussetzung dafür scheint vor allem die berufliche Anerkennung und Absicherung zu sein, aber auch der mit den Freizeitaktivitäten erarbeitete Status. Am problematischsten und auch am unreflektiertesten bleibt der Bereich von Familie und eigener Partnerschaft, die der Statussicherung untergeordnet wird.

Exodus' *Beheimatungsstrategie* ist sehr ortsbezogen und gerichtet auf das Sich-nützlich-machen in einem sehr engen, als größere Familie beschriebenen, Gemeindeverbund. Die als kompensatorisch zu kennzeichnende ausgesprochene Bleibeorientierung, also der beispielsweise im Vergleich zu Martin oder Hermann sehr eng gezogen Einflußkreis, scheint auch ein "Bannkreis" gegen die Gespenster der Vergangenheit zu sein. In Exodus' Logik muß alles am selben Ort bleiben, sonst verliert ER seine "Richtigkeit". Das scheint auf weitere Sicht ein Entwicklungsrisiko, auch und gerade, wenn Exodus dort bleibt, wo er ist.

Fall 4 Judy: *"Ich will wissen, was ich schaffen kann. Bis an die Grenze."*

Auch Judys Beheimatungsgeschichte hat mit früher Selbstständigkeit, aber auch mit Selbstbeschränkung bzw. Selbstüberforderung zu tun. Mit Exodus verbindet sie zudem ein eher problematischer und unsicherer familiärer Hintergrund, aus dem wohl auch ihr hohes soziales Verantwortungsgefühl resultiert. Allerdings verfolgt sie dabei eine möglicherweise eher weibliche Beheimatungsstrategie bzw. wird genaugenommen von dieser eingeholt, was nach dem ersten Interview nicht unbedingt zu erwarten war. Da wirkte sie nicht nur ausgesprochen nüchtern, intelligent und lebenstüchtig, sondern auch eher distanziert, was die traditionelle Frauenrolle angeht.

Zum Zeitpunkt des Erstinterviews machte Judy eine Verwaltungsausbildung in der Stadt München und wohnte mit zwei Frauen, die wie sie aus den neuen Bundesländern kamen, in einer Wohngemeinschaft. In der DDR hatte sie eine Ausbildung als Maschinenbau-Facharbeiterin mit Abitur gemacht, um später Mathematik zu studieren. Durch die Wende auf Kurzarbeit gesetzt, sah sie keine Perspektive für ein solches Studium und suchte nach einer neuen Berufsausbildung. In der Verwaltungsausbildung fühlte sie sich anfangs unterfordert, sie störte sich an der veralteten Technik und an den den vielen Frauen in der Verwaltung. Sie wollte allerdings auf jeden Fall die Ausbildung abschließen, um notfalls in eine Gemeinde in der Nähe ihrer Heimatstadt Z. zurückgehen zu können. "*Dann habe ich was, wo ich einen Halt hab*". Sie deklariert ungefragt Sachsen zu ihrer Heimat und erklärt, daß sie stolz darauf ist, eine Sächsin zu sein. Erklären kann sie das nicht: "*Was mir so gefällt an Sachsen? Das ist eben die Heimat. Da kennt man schon halt alles und so. Ich weiß nicht, was es so besonderes an Sachsen gibt, da gehöre ich halt hin.*" Diese emotionale Bindung hat aber keinerlei praktische Auswirkungen; wo sie nach der Ausbildung hingeht, wird davon abhängen, wo sie die bessere Wohnung findet.

Stolz ist sie inzwischen nämlich auch darauf, daß sie in München zurechtkommt und Freunde gefunden hat, mit denen sie etwas unternehmen kann, was den meisten Ostdeutschen schwerer fällt: "*Ich weiß auch nicht, wie ich das gemacht habe.*" Dabei hat sie es gerade zu Beginn der Ausbildung "den Wessis" auch ein Stück zeigen wollen: "*Okay, ich habe mich am Anfang auch richtig dagegen gewehrt, weil das wollte ich überhaupt nicht, mich hier anpassen, also ein bißchen auffallen und zeigen, daß ich aus dem Osten komme."*

Genaugenommen ist ihre Heimatbeziehung eher zwiespältig, besonders aber das Heimfahren, denn in ihrem familiären Zuhause gibt es viele Probleme: Die Eltern sind schon länger geschieden, der Vater war Alkoholiker, auch der ältere Bruder "*versaut sich das Leben, der trinkt und hängt auf Rummelplätzen herum*", die Mutter ist schon lange arbeitslos und "*kümmert sich um gar nichts mehr*", vor allem nicht um die kleine Schwester. Judy fühlt sich dafür sehr stark verantwortlich, kann aber an dieser Situation nichts ändern: "*Am besten, ich würde echt meine Sachen packen, nach Hause ziehen und die ganzen Sachen klären. Aber ich kann es nicht. Wenn ich hier bin, da kann ich nichts tun und da fühle ich mich so hilflos.*" Wenn sie zuhause ist, fragt sie sich dann auch oft, warum sie überhaupt heimgefahren ist und schleppt die heimischen Probleme wieder mit nach München. Da hat sie immerhin etwas Abstand und in der Wohngemeinschaft eine gute Gelegenheit zum Aussprechen.

Zwei Jahre später hat sie ihre Ausbildung abgeschlossen und arbeitet in München im Sozialamt. Sie macht dort eigentlich genau das, was sie sich vorgestellt hatte, fühlt sich aber "*quantitativ*" überfordert, weil sie sich auch hier wieder für alles verantwortlich fühlt, was ihr ungeordnet erscheint. Zum zentralen Thema des Zweitinterviews wird allerdings ihre Partnerbeziehung mit einem bosnischen Kriegsflüchtling, den sie vor drei Monaten geheiratet hat und von dem sie vermutlich gerade schwanger geworden ist. Diese Beziehung wirkt, von außen gesehen, sehr problematisch, der Mann ist Moslem, kommt aus einem bosnischen Dorf und hat kulturell sehr andere Vorstellungen von Beziehungen zwischen Männern und Frauen. Darüberhinaus ist er durch Kriegserlebnisse offensichtlich traumatisiert; sein Herkunftsdorf ist zerstört worden, und er weiß nichts über seine Familienangehörigen. In Deutschland hat er nur eine befristete Aufenthaltsgenehmigung, war lange arbeitslos bzw. arbeitet in äußerst prekären Jobs auf dem Bau meist unter Landsleuten, weil er nicht Deutsch sprechen kann.

Judy hat sich in jeder Hinsicht auf ihn eingestellt, stellte ihm anfangs ihren Körper bis zur Schmerzgrenze zur Verfügung, spricht nur serbokroatisch mit ihm (was sie quasi nebenbei gelernt hat), hat ihn längere Zeit ernährt und regelt fast alle seine Behördenangelegenheiten. Erst allmählich bzw. dann, wenn sie es nicht mehr aushalten kann, beginnt sie ihre eigenen Bedürfnisse in der Beziehung einzuklagen. Diese Beziehung wird von den meisten ihrer bisherigen FreundInnen mißbilligt, aus der Wohngemeinschaft mußte sie deshalb noch vor Ende der Ausbildung ausziehen, jetzt hat sie fast nur noch Kontakt zu KollegInnen und den meist männlichen Landsleuten ihres Mannes.

Der offensichtlich nur schwer zu versteckenden Erschütterung der Interviewerin kann Judy nur immer wieder entgegenhalten, daß sie diesen Mann wollte, daß sie mit ihm zusammensein will und daß sie auch ein Kind mit ihm haben will, weil sie sich eine eigene Familie wünscht, um sich "*abzukapseln*" von ihrer Mutter. Weil sie sich ein eigenes Zuhause aufbauen möchte, das besser ist als das, was sie selbst erlebt hat. Offensichtlich braucht sie die Verantwortung für eine eigene Familie, um eine Abgrenzung gegenüber ihrer Herkunftsfamilie zu schaffen.

Andererseits kann sie eben durch ihre eigenen biographischen Erfahrungen auch zur Heimat- und Hilflosigkeit ihres bosnischen Mannes eine sehr starke gefühlsmäßige Verbindung eingehen. Sie formuliert die Verluste, die der Freund hinnehmen mußte, sehr einfühlsam und beschreibt die verschiedenen Gesichter, die dieser hat, wenn er von seiner Heimat erzählt, "*manchmal wie ein Junge und manchmal wie ein alter Mann*". Sie faßt das als Gefühl zusammen, daß zuhause ja alles zerstört ist und man in der eigenen Heimat zum Touristen wird. Ähnlich ergeht es ihr inzwischen auch in Sachsen, auch wenn da kein Krieg stattgefunden hat; noch mehr allerdings in ihrer Familie, wo schon länger "*alles kaputt*" ist.

Ihr Gewinn aus der faktischen Heimatlosigkeit ihres Mannes ist aber auch dessen Abhängigkeit von ihr, so daß dieser zu ihr sagen kann bzw. sogar muß: "*Du bist das einzige, was ich noch habe.*" Die daraus resultierende wechselseitige emotionale Abhängigkeit beschreibt sie: "*Das ist wie eine Droge.*"

Insofern kann sie die Frage nach Heimat im Moment nur sehr zögerlich beantworten: "*Heimat, das ist wahrscheinlich immer noch Sachsen, aber zuhause, das ist inzwischen hier*", genaugenommen die Beziehung zu ihrem Mann und der Versuch, darin Geborgenheit zu erfahren. Realen äußeren Halt hat sie momentan zwar auch in ihrem Beruf, eine Schwangerschaft würde ihre Ambitionen in diesem Bereich allerdings für längere Zeit stillegen, von weiteren, noch nicht aufgegebenen Plänen wie Studium ganz zu schweigen. Die schnelle Schwangerschaft begründet sie nicht nur mit dem Wunsch des Mannes, sondern auch mit ihrer (bleibenden) Angst, daß dieser von einer Reise nach Bosnien möglicherweise nicht wiederkommt. Dann bliebe ihr ein Kind als Pfand und notfalls auch als Halt.

Daß das eine psychologisch durchaus problematische Begründung ist, soll hier nicht zur Debatte stehen. Wichtig erscheint mir, wie Judy sich Heimat organisiert, nämlich indem sie emotional Verantwortung übernimmt und sich damit gegen ihre Herkunft "*abzukapseln*" versucht. Aus ihrer Sicht ist das ein Fortschritt, kein Rückzug. Sie versucht, eine für sie neue Situation zu gestalten: Das bessere, da eigene Zuhause wird durch die enge körperliche und seelische Verbundenheit mit ihrem Mann und möglicherweise bald mit einem Kind geschaffen. Das ist natürlich auch eine Illusion, da die emotionale Verbindlichkeit auf der psychischen Notlage beider beruht und damit partiell eine Fiktion ist. Auch löst sie sich damit natürlich nicht nur von ihrer Herkunftsgeschichte, sondern wiederholt sie, zumindest partiell: Wieder trägt sie die ganze Last - und für sie offensichtlich auch Lust - der Verantwortung für die Familie. Judy sagt in bezug auf ihren Beruf: "*Ich möchte schon mal gerne wissen, was ich wirklich schaffen kann. Bis zur Grenze.*" So organisiert sie auch ihre Beheimatung: Sich selbst fordernd und auch überfordernd. Die Frage ist, ob sie, wenn sie an ihre Grenzen gekommen ist, dann noch stehenbleiben bzw. umkehren kann. Oder ob erst ein Zusammenbruch ihre Grenze markiert.

Interessant ist auch die Frage, welche Rolle das Bekenntnis zur praktisch völlig irrelevanten und auch im Text abstrakt bleibenden "Heimat Sachsen" spielt. Es scheint so, als gehe es hier um die Selbst-Versicherung einer Zugehörigkeit, die ausgerechnet mit Herkunft, mit Geburt und mit Aufwachsen zu tun hat, den Dingen, denen sie in ihrer Beheimatungsstrategie doch faktisch gerade zu entkommen versucht. Ihr Heimatbild konserviert also gerade die Bedeutungen, von denen sie sich real abzulösen versucht. Diese abstrakte und unpraktische Heimat bliebe ihr allerdings auch dann erhalten, wenn sie mit ihren konkreten praktischen Aktivitäten scheitern würde.

Judys *Beheimatungsproblem* ist also eigentlich nicht transformationsbedingt, denn die Auflösung ihrer Herkunftsfamilie hatte vorher bereits begonnen, ist daduch allerdings noch verstärkt worden. Sie ist auch nicht durch ihren Umzug nach München bedingt, im Gegenteil: dieser scheint ihr etwas "Luft" bzw. zunächst einmal physischen Abstand in bezug auf ihre Herkunftsfamilie verschafft zu haben. Das Hauptproblem ist die konflikthafte und zunehmend in

Auflösung befindliche Struktur der Herkunftsfamilie, von der sie sich zwar physisch, aber nicht psychisch entfernen kann.

Im *Prozeß* zwischen Erst- und Zweitinterview ist dieses Problem deutlicher geworden, und Judys pragmatisch-rationale Orientierung ist gekippt. Während im Erstinterview vor allem der Lebensbereich Arbeit und der Freizeitbereich von Bedeutung waren, geht es im Zweitinterview fast ausschließlich um die Gründung der eigenen Familie, und die damit verbundene "Abkapselung" von der Herkunftsfamilie, alle anderen Lebensbereiche werden diesem Bereich untergeordnet.

Judys *Beheimatungsstrategie* besteht darin, Beziehungen emotional zu besetzen und dabei viel soziale Verantwortung zu übernehmen z.B. in bezug auf die Herkunftsfamilie, in bezug auf ihren Partner bzw. ihre eigene Familie und auch in bezug auf ihre Arbeit. Damit schafft sie sich einerseits etwas "Eigenes", belastet sich aber andererseits auch sehr stark. Dabei scheint sie die Grenzen ihrer eigenen Belastbarkeit mitunter zu überschreiten bzw. erst sehr spät Grenzen gegenüber anderen zu setzen. Die emotionale Intensität und gleichzeitig Abhängigkeit erscheint dabei gerade in der Intimbeziehung sehr extrem.

Fall 5 Moni: "*Das ist ein komisches Zwischen - zwei - Stühlen*"

Moni hat auf den ersten Blick viele Ähnlichkeiten mit Judy. Auch sie kommt aus einer ostdeutschen Kleinstadt, hat dort bereits eine Berufsausbildung als Bibliotheksassistentin abgeschlossen und damals in der DDR geplant, Bibliothekswissenschaften zu studieren. Mit der Wende wurde nicht nur das Studium in Frage gestellt, sondern auch die Beschäftigung in ihrem Beruf, woraufhin sie sich ebenfalls nach München zur Verwaltungsausbildung werben ließ und in derselben Wohngemeinschaft wie Judy wohnte.

Im Erstinterview wirkt Moni eher zurückhaltend, nachdenklich, aber noch diffus in ihren Meinungen. Der familiäre Hintergrund ist im Gegensatz zu Judy sehr stabil und die Beziehung zu den Eltern über die Entfernung eher herzlicher geworden. Diese haben ihr auch zugeraten, die Ausbildung in München zu machen, obwohl sie sich anfangs auch Sorgen gemacht haben.

Moni ist schon im Erstinterview sehr zufrieden mit der Ausbildung und sieht darin nicht nur viel Interessantes, sondern auch sichere Aufstiegschancen. Ihr

Freundeskreis in München ist im Erstinterview sehr klein bzw. besteht faktisch nur aus einer Freundin, die auch aus X. kommt und mit der sie manchmal weggeht. Ansonsten konzentriert sie sich ausschließlich auf die Ausbildung. Moni sagt von sich: "*Heimweh habe ich noch nie gehabt.*" Anders als Judy hat sie auch keine Lust, sich als Ostdeutsche zu bekennen, sondern verweist auf die aus ihrer Sicht dominierenden Gemeinsamkeiten und findet Fragen zur DDR-Vergangenheit eher lästig, besonders wenn sie West-Stereotype über Stasiterror und Unfreiheit thematisieren: "*Also ich kann da nicht soviel dazu sagen... Mir ist es da nicht so schlecht gegangen, im Gegenteil eigentlich.*" Ihre familiären Bindungen haben unter dem Weggang nicht gelitten, und auch in der Nachbarschaft wird sie deshalb nicht als Verräterin abgestempelt: "*Nee, eigentlich nicht, eher im Gegenteil, die meisten sagen schon, es war gut, was du gemacht hast. Also daß jemand sagt, warum bist du nicht hiergeblieben, das ist mir noch nie passiert.*" Für sie ist es ganz klar: sie hat ihre Chance ergriffen und will daran weiterarbeiten.

Im Zweitinterview wirkt Moni wesentlich profilierter. Ein einschneidendes Ereignis für sie war ein komplizierter Beinbruch, der mehrfach operiert werden mußte, weswegen sie mehrere Monate in ihrer Heimatstadt im Krankenhaus bzw. bei ihren Eltern verbrachte. Trotz der langen Krankheit hat sie die Abschlußprüfung als Beste ihres Jahrgangs abgeschlossen und anschließend eine ihrer Wunschstellen in einem Schulsekretariat bekommen. Ihr ist bei der Arbeit der soziale Kontakt zu Schülern, Lehrern oder auch Kolleginnen besonders wichtig, auch gefällt es ihr gut, eigenes Geld zu verdienen, und sie hat weiterhin vor, "*höher zu kommen*", also in den gehobenen Dienst, "*wo man ein bißchen mehr Verantwortung hat und selber entscheiden kann, das wäre mir noch ganz wichtig.*" Von ihrer Bibliotheksarbeit hat sie sich endgültig verabschiedet und beschreibt die Bibliothek inzwischen als "*Endstelle*", wo es dann eben nicht weiter (nach oben) geht.

Der Beinbruch war noch aus anderen Gründen bedeutsam für ihre Entwicklung. Einerseits hat sich in dieser Zeit ihr, inzwischen wesentlich größerer und inzwischen meist in München lokalisierter, Freundeskreis differenziert: "*Also irgendwie hab ich in den letzten 10 Monaten richtig gemerkt, was ich für Freunde habe, auf wen ich mich richtig verlassen kann und wer dann nur mehr oder weniger Bekannte waren. Das ist wirklich ein blöder Spruch, ich hätte das nie gedacht, in der Krise merkt man, wer einem nahe steht, aber das stimmt wirklich.*"

Andererseits hat sie durch den längeren Aufenthalt "zuhause" Gelegenheit gehabt, ihre zwei "Heimaten" zu vergleichen und abzuwägen, was beide für sie persönlich bedeuten: "*Naja, auf der einen Seite war es ganz schön, wieder mal zuhause zu sein und sich bemuttern zu lassen. Aber es wurde dann auch Zeit, ich hab dann wirklich gedrängelt, daß ich dann wieder nach München kam. Das ist 'ne Kleinstadt, muß man wirklich sagen... es ist eine Kleinstadt, mehr oder weniger kennt jeder jeden, und da, wo meine Eltern wohnen, da wird man dann schon angehalten, ob man jetzt für immer wieder in X. ist und es war wohl doch nicht so gut in München oder irgendsowas.*" "*Und so vom Kulturellen her, hab ich mich auch an München gewöhnt. Wenn man irgendwo hingehen will, wenn man irgendwas unternehmen will... das ist halt alles da, man braucht nur rauszugehen. In X. ist absolut nichts, da ist gar nichts.*" Zwar hat sie ihre eine Freundin noch dort, mit der sie nach wie vor viel unternehmen und über alles reden kann. Aber die Mehrzahl ihrer Freunde, mit denen sie auch ihren Alltag teilt, sind jetzt in München. Freilich stellt sich beim genaueren Nachfragen heraus, daß der eine Münchner ein ehemaliger Schulfreund ist, der jetzt auch in München lebt, ihre beste Freundin ebenfalls aus X. stammt und auch die zwei anderen Ost-Frauen aus der WG, die jetzt weggezogen sind, wichtige Bezugspersonen geblieben sind. Das Münchner-Netzwerk ist also zumindest zum Teil eine "Emigranten-Gemeinde", das allerdings manche Berührungspunkte mit "Eingessessenen" hat, "*schon aufgrund der Arbeit, von daher kenn ich auch viele.*"

Der Zwiespalt zwischen X. und München, zieht sich durch das ganze Interview und wird von ihr an einer Stelle selbst auf den Punkt gebracht: "*Ja, das ist schön, wenn ich dann nach Hause komme, das hat mir auch gefallen. Aber auf der anderen Seite zieht's mich dann irgendwie doch nach München zurück. Das ist eigenartig... so zwischen zwei Stühlen, kann man eigentlich sagen.*" Der Zwiespalt besteht zwischen X. als dem "Zuhause", der Herkunft, dem, was sie schon lange kennt, und München, dem Ort, wo sie Neues kennenlernt, kulturell und menschlich einen weitere Perspektive bekommt und eben auch aus sich herausgeht. Er wird von Moni kaum als politischer Konflikt zwischen Ost und

West, sondern als kultureller zwischen Kleinstadt und Großstadt und auch als persönlicher Konflikt zwischen Herkunft und Entwicklungschancen dargestellt.

Der Zwiespalt zwischen X. und München beeinflußte sie bis hinein in die - möglicherweise auch deswegen - zu Ende gegangene Beziehung zu ihrem Freund. Der war auch aus ihrer Heimatstadt, sie kannte ihn seit der Schulzeit und fand genau das anfangs auch gut: "*Wir kannten uns von früher, das ist es vielleicht auch zum Teil gewesen, daß man sich nicht mehr so zu erkunden braucht. Wir kannten uns halt irgendwie... wir hatten uns 'ne lange Zeit dann nicht gesehen gehabt und dann war das wieder da, so 'ne Vertrautheit, die war dann eigentlich wieder da.*" Sie haben viel gemeinsam unternommen, er kam nach München, sie war wieder öfter zuhause, aber der Alltag war eben getrennt: "*Das ist überhaupt das Schwierigste daran gewesen. Er ist zwar dann öfter nach München gekommen und ich war dann auch ziemlich oft in X., aber zwischendurch ist auch wieder viel passiert die Woche über, durch's Telefon kann man das, glaub ich, nicht immer vermitteln.*"

Endgültig "*auseinandergelebt*" hat sich die Beziehung, als der Freund eine Stelle in X.gekriegt hat: "*Er war dann in X., er hatte in X. eine Stelle gekriegt, und ich wollte nicht wieder zurück, und das haben wir dann zwar jetzt eine ganze Weile so gemacht, aber es ist dann auch nicht mehr so das Wahre gewesen.*" Wahrscheinlich schwächt sie mit dem "Auseinandergelebt-haben" ab, daß sie sich letztendlich zugunsten einer eigenständigen, kulturell offenen Lebensweise gegenüber einer regional und familiär eng eingebundenen Lebensweise entschieden hat. Deutlich wird das auch in den Nebensätzen, mit denen sie die Beziehungen ihrer Schwester oder einer Freundin kommentiert: "*Nee, absolut nicht, wenn dann immer nur alles nach dem Partner geht, nee. Sie ist irgendwie mehr oder weniger gar keine eigenständige Persönlichkeit mehr, nee.*" "*Nee, also das wäre das Letzte.*"

Ihre Zukunftspläne gehen auch noch weiter hinaus, sie träumt von Reisen nach Skandinavien, Kanada, am liebsten Australien - mit oder ohne Mann. So wertvoll ihr Menschen und Dinge sind, die sie seit langem kennt oder kennengelernt hat - das zieht sich als ein Leitmotiv durch das Gespräch -, noch wichtiger ist es ihr, Neues kennenzulernen und ihre, vielleicht erst durch den Umzug nach München gewonnene, Eigenständigkeit und größere kulturelle Offenheit zu behaupten.

So beschreibt sie, wie komisch es ihr am Anfang vorkam, daß soviel Ausländer mit ihr im Stadtteil lebten: "*Das kannte ich von zuhause nicht.*" Mittlerweile findet sie es normal, beschreibt eine Cousine, die bei einem Besuch vor Angst vor einem Haufen Ausländer die Straßenseite wechselt als dörflich und sagt: "*Ich glaub, das macht auch irgendwie so'nen gewissen Reiz von München aus, daß da viele zusammen sind.*"

So beantwortet sie auch die Frage nach Heimat: "*Wie schon gesagt...das ist ein komisches "Zwischen zwei Stühlen." Auf der einen Seite X., da kenn ich mich aus, da weiß ich, wo was ist. Auf der anderen Seite ist es dann aber doch München, weil da mehr kulturell und so los ist. Ich hab mich jetzt in München eingelebt und größtenteils dann die Freunde doch hier in München, mit denen ich dann auch viel unternehme. Gut, ich hab meine Freunde auch zuhause noch, aber in München ist es doch was anderes.*"

Anders ist auch, daß sie in München ihr eigenes Leben lebt, ihre eigene Arbeit und ihre eigenen Freunde gewählt hat. Dennoch bleibt X. ihr "Zuhause" und das ist immer noch sehr gewichtig z.B. für aktuelle politische Entscheidungen. So hat sie beispielsweise in München die PDS gewählt, "*weil ich denk, daß dadurch, daß die sich zuhause ziemlich gut auskennen, wie's zuhause ist, ich das auch verstehen kann und das auch wirklich schätze, was die dort zuhause gemacht haben.*"

Ihre Werte sind im Wesentlichen von ihrem "Zuhause" geprägt: Das trifft auf "äußere" zu, wie z.B. daß sie Frauenarbeit und Gleichberechtigung für ebenso selbstverständlich hält wie die Bereitstellung von Kindergartenplätzen. Dahinter steht aber auch eine quasi "innere" Orientierung, die schon von den Eltern ausgebildet wurde: "*Sie haben mir wirklich von klein auf klargemacht, daß ich Stellung beziehen soll, also daß ich mir eine Meinung bilden soll und selbständig bin.*"

Das sichere Hinterland, das Moni im Unterschied zu Judy von zuhause her hat, wird zum Ausgangspunkt, über den auch Moni hinausgehen will, allerdings ohne sich "abkapseln" zu müssen. Dazu braucht sie scheinbar nicht den Schutz einer Zweierbeziehung, wohl aber berufliche Anerkennung und Sicherheit, und sowohl soziale Einbindung als auch kulturelle Anregung in der Freizeit.

Beheimaten heißt für Moni offensichtlich, sich zu entscheiden bzw. sich zu praktisch bereits getroffenen Entscheidungen auch zu bekennen. Entschieden hat sie sich nicht gegen ihre Herkunft, sondern für berufliche Entwicklung und kulturelle Horizonterweiterung. Die Heimat ist quasi ein Möglichkeitsraum, in dem sie die Wahl hat, aber auch wählen muß. Ausgeblendet wird dabei, was nicht von ihr abhängt, z.B. die Arbeitsmöglichkeiten von Frauen in X., die Voraussetzungen dafür, Ausländer als kulturelle Bereicherung anstatt als Bedrohung wahrzunehmen, oder auch die realen Aufstiegschancen von Frauen in der Münchner Verwaltung.

Ausgeblendet werden auch Zusammenhänge zwischen den zwei Stühlen bzw. zwischen Monis Herkunft und Zukunft: daß sie auch nach München gegangen ist, weil sie in X. mit der Selbstverständlichkeit von Arbeit für Frauen aufgewachsen ist, daß ihr Münchner Freundeskreis zum Großteil aus Leuten besteht, die wie sie aus der ehmaligen DDR gekommen sind usw.

All das hat nicht nur mit kulturellen Möglichkeiten, sondern auch mit kulturellen Zwängen zu tun, die die Heimat auferlegt. Moni ist aufgrund guter individueller und sozialer Ressourcen in der Lage sich dazu bewußt zu verhalten und auszuwählen, was ihr wichtiger ist. Allerdings muß auch sie dafür anderes, auch andere Entwicklungsmöglichkeiten ihrer selbst, aufgeben bzw. vorerst zurückstellen.

Monis *Beheimatungsproblem* hat also mit einer Entscheidung zu tun, die sie meint, treffen zu müssen, und die sie faktisch auch schon getroffen hat. Interessanterweise entwickelt sich das als Problem erst in dem Maß, wie sie in München faktisch heimisch wird, erst dann gibt es nämlich etwas zu entscheiden, genaugenommen zu bewerten, zu wichten usw. Monis Beheimatungsproblem ist also in erster Linie ein Reflex auf ihre bereits gelungene Neu-Beheimatung.

Im *Prozeß* entwickelt sich so auch in erster Linie ihre Reflexion über dieses Problem - hier ist die mehrmonatige krankheitsbedingte Abwesenheit von München sehr bedeutsam gewesen -, aber auch ihre faktische Einbindung hat sich erweitert: Während im Erstinterview die Entscheidung für München quasi nur beruflich begründet wurde, hat sie inzwischen auch ihren Freundeskreis, ihre kulturelle Orientierung und auch ihre Selbstentwürfe in diesem großstädtischen Rahmen verankert, also quasi einen Ort gefunden, an dem sie sich in vielen Lebensbereichen weiterentwickeln kann. Ihre *Lebenswelten* sind allerdings nicht in dem Sinn integriert, wie es sich bei den drei ersten Fällen zeigen ließ, sie sind aber auch nicht so hierarchisch definiert wie bei Judy (erst Partnerschaft, dann Arbeit, dann der Rest).

Das "Identitätserbe" ihrer Herkunft, insbesondere was politische Vorstellungen und Wertorientierungen betrifft, hat sie dabei mitgenommen; sie wählt in München PDS, weil diese Partei sich "zuhause" auskennt. Sie entwickelt ihre eigenen kulturellen Vorstellungen, beispielsweise über das Zusammenleben mit Ausländern, weiter. Ihre *Beheimatungsstrategie* ist in erster Linie reflexiv und auf Aneignung kultureller Möglichkeitsräume gerichtet, soziale Beziehungen werden in diesem Rahmen beschrieben. Das verleiht ihr, im Gegensatz zu Judy, eine größere Unabhängigkeit, erschwert ihr möglicherweise jedoch die beispielsweise mit einer Partnerschaft einhergehenden Festlegungen.

Fall 6 Dorothee: "*Aber wenn man irgendwo rauswill, dann muß man halt dann den Absprung auch wagen.*"

Dorothee ist auch aus dem Osten - jedoch aus Ungarn - nach München gekommen und macht dort zum Zeitpunkt des Erstinterviews wie Moni eine Verwaltungsausbildung. Sie hatte folglich nicht nur ein kulturelles Anpassungsproblem, sondern zusätzlich ein sprachliches sowie ein Problem der nationalen Zugehörigkeit. Auch ist sie bereits im Alter von 8 Jahren und gemeinsam mit ihrer Familie nach Deutschland gekommen, weil die Familie zu den Zeugen Jehovas gehörte und aufgrund religiöser Aktivitäten in Ungarn verfolgt wurde. Und schließlich hat sie mit der Lösung der Familie von den Zeugen Jehovas einen zweiten "Kulturwechsel" hinter sich, den sie selbst als viel einschneidender bewertet als die Ausreise aus Ungarn.

Diese wurde von ihr als Befreiung empfunden, obwohl sie aufgrund von Untergrundaktivitäten des Vaters buchstäblich über Nacht aus Ungarn wegmußten: "*Für meine Eltern war es sicherlich sehr schlimm, ich habe es nicht als so fürchterlich empfunden. Ich habe die Schule in Ungarn wirklich gehaßt, das war so militärisch und so ein Druck. Ich war froh, daß ich irgendwo anders hinkam, es konnte nur besser werden. Und meine Eltern haben auch den ganzen Tag arbeiten müssen, ich hab so wenig von denen gehabt. Ich habe es mir hier nicht schlimmer vorstellen können.*"

Da sie am Anfang beide kein Wort deutsch sprachen, wurde sie mit ihrer jüngeren Schwester in dieselbe Grundschulklasse gegeben, damit sie sich gegenseitig helfen können. Geholfen hat ihr auch ein offensichtlich emotional sehr enges Familienklima, das unter der kulturellen Umstellung nicht gelitten hat: "*Wir unterhalten uns schon viel, aber das ist meistens so, da hat einer nachts Hunger und geht in die Küche, dann kommt der Nächste und irgendwann so um fünf Uhr oder so sitzen alle sechs Leute in der Küche, und dann ratschen wir über alte Zeiten. Das kommt schon oft mal vor, das ist ganz nett. Das langt dann auch wieder. Da braucht man nicht immer so die Unternehmungen.*" Das Ratschen über die alten Zeiten bindet die Familie, die selbst bei den Zeugen Jehovas eingebunden war, was nach der Ausreise eine wichtige Brücke in die deutsche Gesellschaft war: "*Dann haben wir da auch sehr viel Zeit eingesetzt, das war so der Lebensinhalt, wir waren am Wochenende nur damit beschäftigt, sonst haben wir nichts gemacht. Und man hatte auch dreimal die Woche die Versammlungen, wo man sich trifft, da bleibt gar keine Möglichkeit, andere Kontakte zu schließen. Da hat man wirklich jeden Kontakt nur unter den Zeugen Jehovas, das sollte auch nicht anders sein. Und wenn man da rausgeht, dann fallen 100 Leute weg, und dann muß man sich alles neu aufbauen. So läuft das.*"

Sie waren eine "*typische Zeugen-Jehovas-Familie*", was Dorothee mit strenger Erziehung und Angst, daß auch alle dabeibleiben, assoziiert. Der Ausstieg wurde vom Vater initiiert, in der Familie allerdings ausführlich diskutiert, wobei Dorothee selbst am Anfang eher darüber erschrocken war und vor allem den Bruch der Tradition empfand: "*Wir sind da erst weggegangen, als ich 18 war, das war einfach ein System und wenn man da rauskommt, da ist es ganz schwierig, sich da ein neues Lebensmuster zu entwerfen...*" Erst drei Jahre später reflektiert sie auch die Nachteile dieser Einbindung: "*Das waren halt auch so Dinge, immer nur unter den Zeugen Jehovas, mit wem und ja nie zuviel, da ist man schon immer ein bißchen unter Druck gewesen. Man hat nie selber sehen können, wo ist meine Grenze, oder was kann ich für mich machen. Das war alles so vorgekaut und vorgegeben.*"

Inzwischen hat sie diese Erfahrungen in eine eigene Philosophie umgesetzt, die sie vor allem im Berufsbereich umsetzt: "*Aber wenn man irgendwo rauswill, dann muß man halt dann den Absprung auch wagen.*" Abgesprungen ist sie nach der 10. Klasse zunächst vom Gymnasium, weil sie in Mathe und Französisch nicht mehr mitkam. Danach wollte sie eine Ausbildung als Arzthelferin machen, kam aber an der ersten Stelle mit den Kolleginnen und an der zweiten mit dem Chef nicht klar; es gab ihr zuwenig Anerkennung für zuviel Arbeit. Daraufhin hat sie sich bei der Stadt beworben und die Verwaltungsausbildung trotz einiger Mühe recht gut abgeschlossen, hat aber die erste Gelegenheit benutzt um auch da wieder wegzukommen. Sie hat sich nach einer ausgezeichneten Abschlußprüfung, "*in einer komischen Blitzaktion, wirklich über Nacht*" entschlossen, nicht mehr in der Verwaltung weiterzuarbeiten, sondern das Abitur auf der Berufsoberschule zu machen. Das begründet sie ausführlich und drastisch: "*Das war halt furchtbar trocken und langweilig und irgendwann habe ich mir gedacht, jetzt lernst du nichts mehr dazu und kommst nicht mehr hier vom Fleck und so. Und das war halt alles einengend, frustrierend und ohne Perspektiven... Es war so, es gab überhaupt nichts, wo ich gesagt hätte, da möchte ich gern bleiben und da würde ich gerne arbeiten.*"

In der Berufsoberschule ging es ihr sofort besser: "*Ich hab halt das Gefühl, daß man viel freier ist irgendwie. Das ist so ein schönes Gefühl. Man hat den Tag noch für sich und es ist noch nicht dunkel, wenn man heimgeht und man kann neue Sachen lernen, das ist einfach so schön, und wieder neue Leute kennenlernen. Das ist schon ein ganz anderes Lebensgefühl.*" Sie sucht in beruflicher Hinsicht also nach Unabhängigkeit und neuen Anforderungen.

Weniger sprunghaft und im Vergleich zum Arbeitsbereich sehr anhänglich und zur Anpassung bereit ist sie in Bezug auf Partnerbeziehungen. Erst hat sie lange Zeit einem Traummann nachgeschwärmt, zum Zeitpunkt des Zweitinterviews ist sie familiär fest eingebunden mit einem Partner, bei dem sie meistens auch wohnt, nach dessen Vorstellungen sie sich anzieht, dessen Mutter sie zu gefallen versucht und in dessen Freundeskreis sie ihre Freizeit verbringt. Da er nicht tanzen kann, was sie gern macht, geht sie eben mit zu seinen Doppelkopfrunden: "*Die Gemütlickeit bevorzugen wir beide.*" Ihre familiären Vorstellungen sind traditionell.

Heimat ist für Dorothee ganz klar München, sie fühlt sich schon im Erstinterview "*als Münchnerin, würde ich schon sagen. Zu Ungarn zieht es mich eigentlich nicht mehr so. Meine Verwandten, meine Großeltern sind da, das ist einfach toll, wenn wir mindestens einmal im Jahr hinfahren und plötzlich sind da 30 Leute auf einem Haufen, das ist immer lustig. Ich verstehe mich mit allen meinen Verwandten recht gut. Das ist dann auch ganz anders wie in Deutschland, das kann man nicht vergleichen. Da ist es unförmlicher. Und andererseits habe ich mich so an das Leben hier gewöhnt, daß ich da eigentlich nie mehr leben könnte, das kann ich mir nicht vorstellen. Für ein oder zwei Wochen ist es ganz gut, aber dann bin ich auch wieder froh, wenn ich das Schild München sehe."*

Im Zweitinterview ist Ungarn ist für sie "*schon ziemlich weit weg.*" Ihre Heimatbindung grenzt sie inzwischen regional noch stärker ein auf den Münchner Norden, vor allem den Stadtteil Milbertshofen, in dem sie bei ihrem Freund wohnt: "*Also sagen wir mal, ich fühl mich sehr wohl in Milbertshofen und auch gerade in dem Haus, wo mein Freund wohnt. Ich kenn da auch die Leute schon ganz gut und die Hausmeisterin, das ist halt, man wächst irgendwie zusammen. Es wohnen zwar viele alte Leute auch da drin, aber ich versteh mich mit allen auch sehr gut und es ist auch eine tolle Atmosphäre im Haus. Man kommt rein und dann wird erstmal ein bißl geratscht. Das ist irgendwie nicht so anonym, wie es meistens ist. Und dann trifft man sich halt in der Gegend auch, wenn man Besorgungen macht und das find ich eigentlich ganz gut. Wenn ich den Frankfurter Ring da raufkomm, bin ich erstmal richtig gut gelaunt, weil einem alles so vertraut ist und einem auch dann nette Gesichter begegnen.*" Sie sorgt sicher auch für diese Vertrautheit und die netten Gesichter und bemüht sich sehr um Gespräch und Harmonie, in besonderem Maße mit der "Schwiegermutter".

Sprechen und Sprache scheint für ihre Beheimatung sehr zentral und wird immer wieder mit familiärer bzw. partnerschaftlicher Bindung verknüpft. Im Erstinterview kann sie sich zwar vorstellen, einen Türken zu heiraten, interessanterweise aber keinesfalls einen Ungarn: "*Da müßte ich mit dem ungarisch reden, das wäre für mich wieder so ein komisches Gefühl. Ich kann mich auch in Deutsch besser ausdrücken, alle Empfindungen und Gefühle könnte ich auf Ungarisch gar nicht beschreiben, das wäre problematisch.*"

Allerdings kostet sie die schnelle Anpassung wohl auch Mühe, und die blitzartigen Veränderungen haben auch eine Kostenseite. Das drückt sich im Erstinterview nur in einer Randbemerkung zu ihren Zukunftsvorstellungen aus, sie wünscht sich, anders zu werden: "*von der Lebenseinstellung her ein bißchen unbesorgter und nicht immer denken, was passiert demnächst. Ich hoffe , daß ich alles ein bißchen unbeschwerter sehe als heute. Ich habe manchmal das Gefühl, man macht sich selber viele Probleme, dauernd fragt man sich, was ist, wenn das nicht klappt. Und ich hoffe, daß ich das alles mit 25 lockerer sehe.*" Zwei Jahre später hat sie Migräneanfälle, die sie regelmäßig überfallen und die so stark sind, daß sie weder sehen, hören, noch sonst irgendwas tun kann, und wo die Angst hochkommt,"*ich muß am Wege brechen*".

Betroffen reagiert sie auf Ausländerfeindlichkeit - insbesondere auf politischer Ebene - obwohl sie weder sprachlich, noch äußerlich als Ausländerin zu erkennen ist und gerade den deutschen Paß beantragt hat: "*Also ich find halt ganz, ganz schlimm die Ausländerthemen, die immer von einer absolut negativen Seite beleuchtet werden, so viele Irreführungen, die die Leute eigentlich dann nur aufhetzen, wenn mit Zahlen gearbeitet wird, die eigentlich überhaupt nicht real sind, und das finde ich sehr schlimm, weil eigentlich der ganze Haß noch mehr wird im ganzen Land. Und das ist wirklich schon ein sehr großer Punkt, wo ich sage, Parteien die in die Richtung gehen, auch CDU/CSU, da paßt mir überhaupt nicht in den Kram, wie die das am liebsten hätten. Hauptsache nur Arier, jetzt mal grob gesagt, das finde ich eigentlich schrecklich, das ist eigentlich der wichtigste Punkt.*" Den deutschen Paß hat sie aus pragmatischen Gründen beantragt, "*weil es mir eigentlich viele Probleme erspart, aber wirklich nur aus dem Grund. Und ansonsten spielt es eigentlich nicht so eine große Rolle für mich, was ich für einen Paß in der Tasche hab... Ja, es ist einfach alles tausendmal schwieriger und immer Spießrutenlaufen und es ist deshalb auch so, daß ich jetzt einfach gesagt habe, ich möchte das jetzt mal abstellen und das mal beantragen.*" Auch daraus spricht nicht gerade frohe Integrationsbereitschaft sondern eher das Vermeiden weiterer Belastungen und negativer Erfahrungen.

An Dorothees Beheimatungsstrategie erscheint mir besonders wichtig, wie sie die biographische Erfahrung der Kulturwechsel aufgespalten hat. Auf der einen Seite- im Bereich von Arbeit uns Beruf ist sie schnell entschlossen zu Wechseln und wohl zumeist produktiven Veränderungen, selbst wenn sie noch keine genauen Vorstellungen hat, was daraus wird. Auf der anderen Seite, im familiären Bereich, baut sie auf enge Einbindung und große Sicherheit und beschränkt sich dafür zumindestens partiell auch selbst. Auch das könnte eine Verarbeitung ihrer Erfahrungen sein, wo die sozialen Bindungen in der Familie als einzige Kontinuität sicherten, wenn kulturell wieder alles anders wurde. Ob sie ihre Erfahrung, "*wenn man irgendwo raus will, muß man halt dann den*

Absprung auch wagen", notfalls auch auf den Familienbereich übertragen kann, scheint mir momentan eher zweifelhaft. Die sehr enge regionale, beinahe dörfliche Selbst-Verortung im großstädtischen Quartier scheint mir, ähnlich wie bei Exodus, der Ab-Sicherung von Kennen und Anerkennen zu dienen. Die Bedeutung von Sprache und kommunikativer Kompetenz hat, wie bei Martin, wohl auch einen kompensatorischen Aspekt. Gerade die Erfahrung, sich (außerhalb der Familie) nicht verständlich machen zu können, macht die Verständigung so bedeutsam und eben nicht selbstverständlich.

Was Dorothee aufgibt, um ankommen zu können, ist ihre kulturelle Herkunft und die ungarische Sprache, in der sie alle frühen und damit emotional besonders bedeutsamen Erfahrungen gemacht haben dürfte. Ihre Erklärung besagt, das mache nichts aus, es sei überhaupt nicht schlimm für sie gewesen, von Ungarn und der großen Familie dort wegzugehen. Sie beinhaltet den persönlich-kategorischen Imperativ: Wenn man sich nur genug anstrengt, wird man schon verstanden. Daß das möglicherweise schon in ihrer Partnerschaft eine problematische Strategie ist, zeigt sich möglicherweise in den Migräneanfällen. Vielleicht deuten diese aber auch allgemeiner darauf hin, daß die gelungene Beheimatung - das bedeutet für Dorothee wohl in erster Linie soziale und familiäre Harmonie - einen hohen Preis hat, zumindest teilweise Über-Anpassung und damit Selbst-Überforderung kostet.

Dorothee formuliert ihr *Beheimatungsproblem* nur für den Ausstieg der Familie bei den Zeugen Jehovas, den sie selbst als sehr starken Bruch erfahren hat, sowohl in bezug auf soziale Einbindung, kulturelle bzw. religiöse Orientierung, als auch in bezug auf die Konsistenz des elterlichen Erziehungsverhaltens. Mir scheint dieser Bruch gerade deshalb so bedeutsam für sie zu sein, weil sie die Ausreise aus Ungarn gerade nicht (bewußt) als Bruch verarbeitet hat, die schließlich mit den Aktivitäten des Vaters für die Zeugen Jehovas in Zusammenhang stand. Es wird also quasi eine Einbindung aufgegeben, für die schon eine andere Einbindung, nämlich die großfamiliäre und sprachliche, aufgegeben wurde. Was damals ein guter Grund war zu gehen, ist plötzlich kein Grund mehr zu bleiben, so könnte man die Paradoxie formulieren.

Möglicherweise läßt sich nur aus dieser Paradoxie erklären, wie stark Dorothee ihre *Lebenswelten* polarisiert; extremer Anpassung und Einbindung im Familienbereich steht eine extreme Unabhängigkeit und Entschlußfreudigkeit im beruflichen Bereich gegenüber. Dieser Widerspruch, mit dem Dorothee möglicherweise ihre Balance hält, wird im Zweitinterview deutlicher.

Dorothee organisiert ihre Beheimatung scheinbar traditionell weiblich über die enge Partnerschaft, das Bemühen um gute Beziehungen zur Schwiegermutter und gute Nachbarschaft. Im Gegensatz zu Judy, die ihrer Partnerbeziehung auch noch die Arbeitswelt untergeordnet hat, behauptet Dorothee aber in der Arbeitswelt (bisher) ihre Unabhängigkeit. Der Kern ihrer *Beheimatungsstrategie* und auch das Gemeinsame im Arbeits-und Familienbereich ist jedoch aus meiner Sicht, daß sie versucht, immer das Beste aus den aktuellen Gegebenheiten zu machen und kaum einen Blick zurückwirft. Was vergangen ist, ist vorbei, es gibt keinen Grund und auch gar keine Zeit zum Trauern. Der Vorteil an dieser Strategie ist, daß sie sich vermutlich sehr schnell auf neue Gegebenheiten einstellt, als Kostenseite vermute ich allerdings einige Verdrängungsarbeit, die sich möglicherweise auch in den Migräneanfällen äußert, die sie physisch zum Anhalten zwingen.

Fall 7 Tony Banks: "*Ich hab immer noch so ein Anhängselgefühl.*"

Tony Banks ist wie Dorothee von seiner Familie nach Westdeutschland mitgenommen worden, was für ihn zum Auslöser persönlicher Schwierigkeiten wurde. Diese äußern sich bei ihm allerdings wesentlich extremer.

Tony Banks kommt aus einem kleinen Ort in Thüringen und lebt zum Zeitpunkt des Erstinterviews in Oberfranken, gemeinsam mit seinen Eltern. Die sind am 14. November 1989, also nur 5 Tage nach der Maueröffnung, wie er sagt "spontan" mit der ganzen Familie in den Westen übergesiedelt. Tony war zu diesem Zeitpunkt 16 Jahre alt, machte seit 1 1/2 Jahren eine Maurerlehre, hatte eine Freundin und einen großen und sehr engen Freundeskreis durch eine Fußballmannschaft, mit der er 11 Jahre lang gespielt hatte. Aus allen diesen Beziehungen ist er durch den spontanen Entschluß der Eltern gerissen worden und hat sich nicht nur hin-und hergerissen gefühlt, sondern auch entsprechend verhalten: "*Hier hat es irgendwie mit allem nicht geklappt. Dann bin ich halt am Wochenende wieder rübergefahren zur Oma. Dann bin ich am Freitag oder am Montag dort geblieben, am Mittwoch bin ich wieder hergefahren. Meine Eltern haben Radau mit mir gemacht, die haben viel durchgemacht mit mir. Das war vielleicht eine Zeit, wo ich selber nicht wußte, was ich wollte.*"

Tony konnte zwar ab Januar 1990 seine Maurerlehre im Westen fortsetzen, war aber nach einem Vierteljahr wieder draußen. "*Das war halt die Zeit, wo ich rüber und nüber gefahren bin. Dann hat es mir drüben wieder besser gefallen. Das hat meinen Eltern alles überhaupt nicht gefallen. Da habe ich damals sehr viel Ärger gehabt.*"

Er bewertet sein Hin- und Hergerissensein im Erstinterview ausschließlich als eigenes Versagen, mehrmals äußert er, er habe seine Eltern "*enttäuscht*". Dieses Versagen schildert er auch im Vergleich zu allen anderen Familienmitgliedern, die den Wechsel offensichtlich besser verkraftet haben. Auf die Frage nach Schwierigkeiten der anderen Familienmitglieder sagt er: "*Meine Eltern bestimmt nicht.*" Auch die Schwester ist "*sofort in den Beruf reingegangen*", *und der Bruder*, "*der hat sich gut in die Klasse eingefügt. Das ist der Boß, der zählt nur die Einser*".

Er ist ganz offensichtlich der Problemträger in der Familie und hat die Schuldzuschreibung der Eltern weitgehend übernommen. Insofern kann er deren Rückkehrangebot auch nur als Gnadenakt unter dem Motto: "Der verlorenen Sohn kehrt heim" darstellen: "*Und im September sind meine Eltern auf mich zugekommen und haben mich gefragt, ob ich nicht lieber noch einmal rüberkomme und etwas Neues anfange. Das ist auch besser so gewesen. Ich wußte schon, so beschränkt bin ich nicht im Kopf, daß ich mir nicht damals schon hätte sagen können, daß ich überhaupt keine Chance hätte, irgendwie neu anzufangen, ohne hier zurückzukommen. Und hier hatte ich den Rückhalt von meinen Eltern.*" Den scheint er dennoch zu brauchen und auch zu suchen.

Nach einem halbjährigen Berufsfindungskurs in der Metallbranche wurde er zunächst wieder arbeitslos und kam dann in ein Jugendarbeitslosenprojekt, wo er zum Zeitpunkt des Erstinterviews eine Schreinerlehre begonnen hat. Damit waren nicht nur seine Eltern zufrieden, sondern auch er selbst, zumal ihm das Klima im Projekt gut gefällt: "*Das ist hier auf jeden Fall besser. Hier lassen sie einem Zeit, da kann man nachdenken. Hier sind sie nicht gleich sauer, wenn man etwas vermiest. Aber wenn man in der Wirtschaft ist, da hat man gar keine Zeit, etwas zu lernen, da muß man genausogut sein wie der Meister. Und hier lassen sie dir noch Zeit. Man hat mehr Zeit, etwas zu lernen, das auf jeden Fall.*" Daß ihm Zeit gelassen wird, sich auf Neues einzustellen, scheint ihm sehr wichtig, genau das haben die Eltern wohl verpaßt. Und wohl auch, das Gespräch über Probleme mit ihm zu suchen; das lobt er widerum an den Sozialpädagogen im Projekt: "*Hier machen sie langsam, dann reden sie öfters mit dir. Und wenn du Probleme hast, wird sofort ein Sozialpädagoge gerufen, zum Beispiel beim Y., und der redet dann mit dir. Eigentlich über jedes Problem, das ist gut... mit dem Y. kann ich am besten reden. Der hat mich auch andauernd motiviert, immer wieder neu anzufangen, der baut mich halt richtig auf.*"

Insbesondere durch die Reintegration im Arbeitsbereich und die damit verbundene Wiederanerkennung durch die Eltern scheint Tony im Erstinterview halbwegs angekommen. Er hat eine neue Freundin aus Kronach; mit ihr und den Eltern verbringt er fast die gesamte Freizeit. Das scheint allerdings auch ein Stück weit Rückzug zu sein, denn einen neuen Freundeskreis hat Tony nicht gefunden. Er begründet das zum einen mit Sachzwängen, ein kümmerlicher Mantel, unter dem die aus Erfahrung gewonnene Vorsicht, sich auf neue Beziehungen einzulassen, deutlich hervorschimmert: "*Wenn man jetzt meinetwegen Cliquenmitglied ist, dann mußt du zu dem Zeitpunkt, wo ein Treffen ist, auch wirklich kommen können und wehe dir, deine Eltern haben mit dir etwas anderes vor, wenn du zum Beispiel Holz hacken mußt oder so.*" Das "*wehe dir, deine Eltern haben mit dir etwas anderes vor*" bringt seine Unzugserfahrung auf den Punkt.

Darüberhinaus begründet Tony Banks seine Zurückhaltung aber auch mit Mentalitätsdifferenzen; die Jugendlichen im Westen kommen ihm einfach "anders" vor: "*Es gab (im Osten) mehr Freundschaften, es war mehr auf Freundschaft aufgebaut. Wenn wir damals drüben weggegangen sind zu viert, dann sind wir auch zu viert geblieben, da hat man sich nicht in zwei Gruppen aufgespalten. Und hier sehe ich öfter, daß es so ist... Die reden alle irgendwie falsch... Da sagt man 'hallo', und dann geht es schon los, da wird über die Leute hergezogen... da gibt es auch sehr viel Neid hier.*" Im Osten hat er das auch anders erlebt- er wird regelrecht nostalgisch, wenn er darüber redet: "*Ja, ich hatte einen Haufen Freunde, und wie schon gesagt, das waren wirklich Freunde. Ich hab über keinen hergezogen. Als Kinder schon so bis 12 oder 13, da haben wir uns auch die Köpfe gekloppt. Aber durch den Sport hat man halt gesehen, jeder ist wichtig. Und nach dem Spiel war jeder fix und fertig. Und als wir den Pokal gewonnen hatten, da sind wir in die nächste Disko rein und haben mit Sekt gefeiert.*"

Den Fußball hat Tony völlig aufgegeben, obwohl er 11 Jahre lang intensiv trainiert hat. Wie zentral der Fußball und die Einbindung in die Mannschaft für ihn immer noch ist, sagt möglicherweise das von ihm gewählte Pseudonym eines englischen Torwarts. Als Begründung für den Abbruch sagt er halbherzig, daß er nicht mehr in Form und seine alte Mannschaft nicht mehr gut ist. Er bricht das Thema dann auch im Interview ab: "*Jetzt sollten wir aufhören, über den Sport zu reden*", bringt es aber einige Zeit später selbst wieder ins Spiel, als er relativ unvermittelt erzählt, daß sein Vater früher Mannschaftsleiter war und alle im Dorf kannte. Auch über die Freizeitgestaltung seiner Eltern berichtet er sehr nostalgisch: "*Also ich muß sagen, meine Eltern haben drüben früher mehr erlebt als jetzt hier. da gab es Tanz, das gibt es hier gar nicht. Da war jede zweite Woche eine Gruppe da, die gesungen und musiziert haben. Und das war jedes Mal gerammelt voll. Und da sind die halt hin und haben getanzt. Das war etwas auch für ältere Leute. Und meine Eltern sind damals irgendwie mehr rumgekommen.*"

Überhaupt schildert er den sozialen Zusammenhang im Heimatdorf wesentlich enger und in besonderer Weise identitätswirksam: "*Da wußte halt jeder, wer jeder ist.*" Jeder war wichtig und Tony selbst war einer wie jedermann. Das ist jetzt anders, und Tony hat vor allem auch damit Schwierigkeiten, zu wissen, wer er jetzt ist und was er will. Nicht zuletzt deshalb ist wohl auch jetzt noch offen für ihn, ob er nicht eines Tages zurückgeht; auf die entsprechende Frage antwortet er im Erstinterview: "*Das Haus steht ja noch da... Meine Oma wartet ja nur auf mich. Die hat gesagt, weil - das Haus gehört meiner Oma, ich kann sofort das Haus bekommen.*" In bezug auf Beziehungen ist er fatalistisch: "*Ich weiß nicht. Man wird in Beziehungen reingeworfen.*" Sein Modus der Bewältigung ist der sehr enge Bezug zu wenigen vertrauten, quasi "untrennbaren" Bezugspersonen: den Eltern, der Freundin, dem von früher noch übriggebliebenen Freund Sven und vielleicht den zukünftigen "eigenen" Kindern. Die wünscht er sich sehr, was für einen männlichen Jugendlichen dieses Alters eher ungewöhnlich ist, aber vielleicht auch mit Judys Strategie der Abkapselung von der Herkunftsfamilie korrespondiert. Seine Kinder würde Tony Banks anders erziehen wollen als seine Eltern ihn, auch wenn er noch nicht sagen kann, wie.

Die Beziehung zu anderen Jugendlichen, z.B. zu seinen Projektkollegen wird vor allem von äußerer Anpassung bestimmt: "*Wenn sie halt über etwas reden, dann rede ich halt mit, und wenn sie über etwas lachen, dann lache ich auch mit, aber so... auf Freundschaft aufgebaut*" ist es nicht mehr. Als Zukunftswunsch fällt ihm im Erstinterview auch nur Geld ein und erst auf Nachfragen ergänzt er: "*Ja, Geld allein bringt es nicht, also einen guten Job, einen Jungen und ein Mädel und noch einmal drei Wünsche.*"

Zwei Jahre später findet das Interview mit Tony in der Jugendvollzugsanstalt statt. Ein Jahr nach dem Erstinterview ist Tonys Situation eskaliert. Mit den Eltern hat er sich nicht mehr verstanden, angeblich weil die seine Freunde nicht akzeptiert haben, aber natürlich auch, weil er selbst sich nicht akzeptiert gefühlt hat: "*...ich wollte halt von zuhause raus.*" Er ist dann zu einem Kumpel gezogen, mit dem er "*kleine Dinger gemacht hat: Einbruchsdiebstahl und Versicherungsbetrug.*" Zu diesem Zeitpunkt hat er auch die Schreinerlehre geschmissen, weil die Verbindung von dem kleinen Ort, wo der Freund wohnte, zur Werkstatt sehr schlecht war. Er hat das zwar nochmal mit dem Sozialarbeiter Y. besprochen, weil er nicht einfach so verschwinden wollte, der hatte ihn auch vor dem Freund gewarnt: "*Aber ich wollte halt nicht hören.*" Sie wurden bald erwischt und verurteilt, der Freund bekam zwar einen Monat mehr, ist aber bereits entlassen und inzwischen mit Tonys Ex-Freundin zusammen: "*Das ist ein Kumpel, he.*" Tony war zwischendurch mit einem Kumpel im geknackten Auto auf der Flucht, deshalb ist die Haftstrafe verlängert bzw. noch nicht auf Bewährung ausgesetzt worden: "*Ja, die Sache ist dumm gelaufen, da hat mal ganz kurz das Gehirn ausgesetzt und da ist man halt gegangen und bumm, auf einmal war's schon zu spät. Ne halbe Stunde später fängt schon an, da hättest du's nicht mehr gemacht.*" Sie sind zwei Wochen lang durch die ganze Bundesrepublik gefahren, Tony hat sich schließlich von seinen Eltern zur Polizei fahren lassen, um sich zu stellen. Mit denen hat er erst, seit er im Gefängnis ist, wieder Kontakt, sie besuchen ihn regelmäßig und sind, halb schuldbewußt, auf seiner Seite: "*Aber die sagen halt zu mir, daß ich irgendwas mißverstanden hätte und... naja, also meine Mutter nimmt's ganz schön mit, daß ich hier drinne saß, aber mein Vater... ich seh irgendwie immer nur Stolz in seinen Augen.*" Der Vater ist offenbar schwer erreichbar für Tony, da scheint auch noch einiges in der Familiendynamik zu schwelen.

Im Knast sitzt Tony seine Zeit so ab: "*Ja, hier drin vergeht ein Tag wie der andere und deswegen kommts einem nicht so lang vor wie draußen die Zeit.*"

Unter der Woche arbeitet er als Vorarbeiter von neun Mann in einer Flechterei, mit den Leuten auf dem Gang kommt er ganz gut zurecht, hat keine Probleme als Ostler, außer daß sowieso jeder jeden aufzieht, es gibt viele Ausländer, zu denen er außerhalb des Gefängnisses überhaupt keinen Kontakt hatte, aber so richtig mag er die auch nicht. Eigentlich mag Tony zur Zeit überhaupt niemanden so richtig, am wenigsten wohl sich selbst. Er wirkt verbittert, vor allem aber hat er Angst, wieder reinzurutschen, und überhaupt keine eigenen Pläne, was er draußen machen soll. Arbeit wäre wichtig, ein neuer Freundeskreis, nachdem der alte "*alles Verräter*" geworden sind, die Eltern wollen ihm helfen, eine Wohnung in Kronach zu suchen, nachdem er nicht unter ihrer unmittelbaren Kontrolle am selben Ort leben will.

Sie wirken fast übereifrig bemüht, wieder gut zu machen, bezahlen ihm die Fahrschule und vielleicht sogar noch ein Auto und überfordern ihn mit ihrer Fürsorge schon wieder: "*Man hat gar keine Zeit, zu sich zu kommen, mal ein paar Stunden für sich zu sein. Früh komm ich raus, da holen sie mich ab, dann fahren wir nach Kronach, Klamotten kaufen, dann in die Wohnung, um fünf fängt dann die Fahrschule an.*" Y., der Sozialarbeiter aus der Jugendwerkstatt, wäre vielleicht noch ein Anhaltspunkt, zu dem würde er gern mal hingehen und in Ruhe reden. Tony braucht nicht nur "*einen guten Job*", vor allem braucht er es, "*genügend Leute kennenlernen, ich werd so zurückgezogen irgendwie*": "*Ich brauch auf jeden Fall Hilfe draußen. Ich weiß genau, daß ich mich wieder irgendwie... daß ich nochmal Scheiße bau, glaub ich weniger, aber daß ich jetzt... sonst sag ich wieder: Leckt mich alle am Arsch und dann hau ich wieder irgendwo einen Stiefel rein, automatisch meld ich mich dann nicht beim Bewährungshelfer, was ja Pflicht ist, und schwupp, bin ich wieder drin. Das wollen wir ja nicht.*"

Die plötzliche Übersiedlung hat er im Gegensatz zu seinen Eltern immer noch nicht verkraftet: "*Die haben gleich Fuß gefaßt, das fiel denen irgendwie leicht. Aber bei mir... ich hab immer noch so'n Anhängselgefühl, wissen Sie. Das tut mir auch jetzt noch weh. Mit der Biggi zum Beispiel, wir waren zwei Jahre zusammen, aber ich hab immer noch irgendwie Sehnsucht nach ihr. Genauso war's damals, wo wir rüber sind. Das war auf einmal weg und das wollte nicht in meinen Kopf rein.*" Er hat immer noch keine neue Heimat gefunden, die alte allerdings ist endgültig weg: Die Oma ist gestorben, während er in Haft war, das

Haus ist verkauft worden und von der Verwandtschaft lebt keiner mehr in seinem Herkunftsort. Tony muß also auf jeden Fall wieder neu anfangen, das wichtigste scheint für ihn dabei die sichere soziale Einbindung und Leute, mit denen er in Ruhe reden kann. Die Unterstützung seiner Eltern reicht dafür offensichtlich nicht aus.

Tonys Geschichte verweist darauf, daß Beheimatung Zeit, Geduld, Orientierung und soziale Unterstützung braucht; das alles hat ihm im Umfeld der Übersiedlung gefehlt. Vor allem aber vermißt er das enge soziale Klima seines Dorfes, aus dem er regelrecht "entwurzelt" wurde. Die Übersiedlung gerät für ihn zur Identitätskrise, wohl auch, weil sie ihn biographisch an einem Punkt trifft, wo er gerade begonnen hatte, eine eigene berufliche, partnerschaftliche und soziale Position aufzubauen. Eltern und Schwester sind schon gefestigter, der kleine Bruder noch anpassungsfähiger. Aus dieser Krise rettet Tony sich schließlich in eine negative (kriminelle) Identität als Ein- bzw. Ausbrecher, die aber den Teufelskreis sozialer Desintegration noch verstärkt hat. Immerhin ist er jetzt Akteur und nicht mehr nur Anhängsel. Er ist allerdings immer noch auf der Flucht, vor den Eltern, vor guten Ratschlägen und wohl auch vor sich selbst. Das Jugendgefängnis mag dabei noch nicht die letzte Station gewesen sein. Klarer geworden ist dort allerdings, was er sucht: nämlich Freundschaft und verläßliche Beziehungen, die nicht von heute auf morgen anders verlaufen. Wo es ihm gelingt, solche aufzubauen und aufrechtzuerhalten, wäre wieder Heimat für ihn, ansonsten bleibt Heimat für Tony eine nostalgische Sehnsucht nach einer vergangenen Welt, in der er noch zuhause war.

Beheimatung ist für Tony Banks auf den ersten Blick ein *Problem* sozialer Desintegration; aus den gewohnten Bezügen des Heimatdorfes gerissen, reichen seine kommunikativen und reflexiven Fähigkeiten nicht aus, um neue aufzubauen. Er selbst begründet dieses Problem darüberhinaus mit einer kulturellen Differenz - eine im Ost-West-Vergleich übliche Narration, die aus Tonys Sicht in erster Linie über verlorene Routinen spricht. Zentraler scheint mir allerdings die Frage nach dem "Anhängselgefühl" und dem dahinter- bzw. darunterliegenden familiären Konflikt; Tony ist ganz offensichtlich in die Entscheidung über die Übersiedlung nicht einbezogen gewesen, es ist über ihn verfügt worden und es wird immer noch über ihn verfügt, vor allem darauf reagiert er zunehmend abweichend.

Sein *Beheimatungsprozeß* verläuft dabei ziemlich dramatisch: spontane Übersiedlung, langes Hin und Her, scheinbare Ankunft im Westen bzw. Heimkehr zu den Eltern, Auszug, Einbruch, Strafvollzug, Ausbruch, Heimkehr... Dabei scheint die Problematik der sozialen Desintegration zunehmend zu eskalieren. Dieser Prozeß erfaßt alle *Lebenswelten*, zentral scheint allerdings das fehlende Freundesnetzwerk zu wirken. Das kann weder durch berufliche Einbindung, noch durch die - allerdings ambivalenten - Bemühungen der Eltern kompensiert werden.

Tonys *Beheimatungsstrategie* ist bisher nostalgisch bzw. rückwärtsgerichtet. Das Hin- und Herfahren ist Ausdruck seiner inneren Zerissenheit, d.h. auch heute fehlt ihm in erster Linie die Richtung, wohin er will. Dazu kommt die Überwindung seines Anhängselgefühls bzw. die Notwendigkeit, ein Gefühl für seine Autonomie zu entwickeln, die er ja faktisch schon realisiert. Und schließlich ist er auf der Suche nach einem neuen Freundeskreis, nach Beziehungen, in die ihn keiner "*reinwirft*" und aus denen ihn folglich auch keiner rausreißen kann.

Fall 8 KARIN: *"Ich möchte nicht immer nur auf irgendwas warten."*

Auch Karin hat wie Tony Banks Schwierigkeiten mit einem Wechsel von Ost nach West, mit ihrer sozialen Einbindung und mit ihren (nostalgischen) Sehnsüchten. So wie er ist sie schon mit 16 Jahren in die alten Bundesländer gekommen, allerdings aus eigenem Entschluß und nicht als "Anhängsel". Diese Freiwilligkeit ist allerdings relativ, denn Ausbildungs- und Arbeitsplätze gibt es in ihrem Heimatort, einer Kleinstadt südlich von Chemnitz, kaum noch: "*Ja, die große Schuhfabrik ist geschlossen worden. Dann so die Strumpfbetriebe sind alle zu. Fast nichts mehr... Sonst nichts mehr. Wo mein Vater arbeitet, die Elektrofirma ist noch auf. Sonst fast nichts mehr... In der Umgebung ist alles bankrott... Es gibt viele Familien, wo beide Elternteile arbeitslos sind.*"

Sie hat nach vielen vergeblichen Bewerbungen einen Ausbildungsplatz in der (heimischen) Stadtverwaltung bekommen, muß aber zur Ausbildung für drei Jahre in die Partnergemeinde in Oberfranken. Auch das ist nichts Besonderes: "*Die Züge, die am Sonntag fahren, sind gerammelt voll und nur mit Jugendlichen. Von meinen ganzen Freunden so, sind mindestens die Hälfte nach drüben... Es geht ja gar nicht anders.*"

Die zwangsweise Ablösung und Trennung von zuhause hat sie selbst jedoch ganz offensichtlich überfordert: "*Ich habe es mir überhaupt gar nicht vorher überlegt. So einfach wieder, und jetzt eine super Lehrstelle und einfach los. Und dann stand ich hier. Ich wollte da wieder aufhören schon, also total fertig. So ging es mir noch nie, nur geheult die ersten paar Wochen, und hätten meine Eltern nicht gesagt: Überleg dir das; mach weiter und so, hätte ich aufgehört. Die erste Woche war ich da, da ging es gut. Da war's ruhig und nur drei Tage, da war gerade Feiertag. Da habe ich gesehen: einwandfrei und ganz toll. Und dann bin ich wieder her und mußte ja eine volle Woche dableiben. Das war schrecklich.*" Die Ursache für ihr "Fertigsein" scheint in erster Linie die abrupte und für sie zu frühe Ablösung und Trennung von den Eltern zu sein, zu denen sie ein sehr enges Verhältnis hatte. Dazu kommen das Alleinsein in der fremden und sehr negativ erfahrenen Umgebung: Die von der Stadt versprochene Wohnung mit Familienanschluß entpuppte sich als Sozialunterkunft ohne Familie, dafür aber Tür an Tür mit lauten, gewalttätigen und ihnen gegenüber herablassenden Nachbarn: "*Die Nachbarn hier, wir wußten ja nicht, wie die waren, die haben gesagt, komm doch mal zu uns. Bei denen sah es aus. Dann haben die so getan, als wie 'ihr Dreckschweine, so ungefähr, und bei uns ist die schönste Wohnung. Wir haben uns alles geschaffen', obwohl die überhaupt keine Arbeit haben und gar nichts. Wir sind doch die Armen. Da haben wir es zuhause tausend mal schöner.*"

Karin leidet auch an ihre Isolation im Freizeitbereich. Die Beziehung zu ihrem damaligen Freund ist an der Trennung und ihrer Reaktion darauf gescheitert. "*Mit ihm war ich da fast 2 Jahre zusammen. Das hat sich dann total auseinandergelebt. Am Anfang, als ich da so fertig war, da hat er mir zwar sehr geholfen, und es war dann so, daß ich einerseits mit ihm zusammensein wollte, andererseits wollte ich aber auch bei meinen Eltern sein. Da war dann immer so eine Hektik. Da haben wir uns dann immer gestritten. Es war irgendwie ganz komisch... Also wenn das jetzt wieder wäre, dann würde es schon gehen. Aber damals war ich so fertig und nie richtig da. Wenn er mich dann zum Bahnhof gebracht hatte, habe ich stundenlang vorher wieder geheult. Das war schon schwer so.*"

Auch die Beziehungen zu ihren früheren Freunden haben sich "*total verändert*": Aus dem früher selbstverständlichen Eingebundensein ist ein sehr individualisiertes Freundschaftsnetzwerk geworden. "*Die passen ja alle nicht zusammen. Also es ist ja jeder woanders. Das ist zum Beispiel wieder ein anderer Freundeskreis als das, und die ist eigentlich auch wieder woanders und der auch, und das ist auch wieder anders. Also das ist eigentlich gar nicht mehr so zusammen.*" Das alte Netz ist zerfallen, und neue Leute kennenzulernen fällt Karin am Arbeitsort nicht so leicht: "*Einen Jungen habe ich da kennengelernt, aber ich finde es schwierig, wenn man da niemand kennt. Viele haben dann noch Vorurteile, so aus dem Osten.*" Sie ist aber "*auch nicht der Typ, der sich irgendwo reinsetzt und wartet, daß er angequatscht wird.*" Mit ihrer Kollegin Monika kommt sie zwar am Arbeitsplatz gut klar, unternimmt aber nichts Privates, da sie davon ausgeht, daß diese sie nicht "braucht" bzw. ihre eigenen Leute in der Freizeit hat.

Die Zurückhaltung im "Arbeitskollektiv"beschreibt sie freilich, wie Tony Banks, auch als kulturelle Differenz im Vergleich zwischen Ost und West: Sie hat vier Wochen in ihrer Heimatgemeinde gearbeitet, da haben alle, einschließlich des Bürgermeisters, zusammen gefrühstückt und sich unterhalten. Im Westen hingegen "*schiebt jeder sein Pausenbrot allein rein... irgendwie freundschaftlich, das wird vermieden... und der Bürgermeister steht mindestens 10 Stufen höher als die anderen: Wenn der reinkommt, müssen alle aufstehen und guten Morgen sagen.*" Sie bemerkt allerdings auch: "*Das verändert sich auch schon bei uns langsam... Jeder schaut für sich alleine, daß er klar kommt.*" Auch in der Berufsschule hat sie eher Kontaktschwierigkeiten, die sie, wie Tony Banks, mit Mentalitätsunterschieden begründet: "*Da sind welche dabei, die haben superreiche Eltern. Die kriegen von allen Seiten alles reingestopft. Die können es überhaupt gar nicht schätzen... Die sind total irgendwie... die werten alles immer so total ab. Ich weiß auch nicht. So hintenrum, immer so ganz freundlich, so richtig wie Prinzessinnen und dann rumdrehen und gleich wieder so gucken. Also die mag ich gar nicht.*" Sie mag nur "*welche, die es viel schwerer haben*": z.B. einen behinderten und schlechter gekleideten Jungen aus ihrer Klasse, oder ihre "richtig gute" Freundin Karla, die schon älter ist, allein mit einem Kind lebt und massive Probleme mit ihren Eltern hat, die Karin ausführlich in einer Mischung aus Mitleid und Befremden schildert und zusammenfaßt: "*Sie hat keine schöne Kindheit gehabt. Wenn ich das mit mir vergleiche.*" Mit Karla kann sie über alles reden, hat das Gefühl, gebraucht zu werden, und verbindet sich über deren

Problem mit ihr: "*Sie hat selber viele Probleme und braucht eigentlich auch jemanden. Sie ist auch froh, wenn mal jemand da ist. Sie ist eigentlich genau wie ich*"

Karin hat im Erstinterview gerade einen neuen Freund, Martin, von dem sie schwärmt: "*der ist mein Traummann, schon wie er auf mich zugekommen ist*". Er stammt aus Chemnitz, arbeitet aber in Nürnberg als Lokführer bei der Bundesbahn und ist ebenfalls wesentlich älter als sie. Sie hat ihn auf den langen Zugfahrten kennengelernt, wo sie mit ihm über alle Probleme reden konnte und er sie getröstet und ihr Ratschläge gegeben hat. Es wirkt fast so, als hätte sie mit Karla und Martin nicht nur Freunde sondern auch Ersatzeltern gefunden, die sie auch beide in Zukunftspläne einbezieht: sie würde am liebsten mit Martin zusammen in die Nähe von Karla ziehen.

Nach Hause zurückzuziehen kann sie sich nämlich inzwischen auch nicht mehr vorstellen: "*Das ist irgendwie ganz komisch. Jetzt muß ich ja alles alleine machen und bin auf mich allein gestellt. Kann alleine entscheiden, was ich machen will und was nicht. Wann ich was mache oder nicht. Wenn ich jetzt nach Hause komme, muß man sich wieder so total anpassen. Zuhause hätt ich auch kein eigenes Zimmer. Ich habe mich jetzt schon daran gewöhnt, daß ich jetzt oft alleine bin. Ich brauche das auch irgendwie.*" Die anfängliche Qual des Alleinseins kann sie allmählich auch als Freiheitsgewinn erfahren. So plant Karin ihre Zukunft sehr widersprüchlich. Ihre berufliche Option ist fest mit einer Rückkehr verbunden: "*Und danach kann ich dann wieder zu uns rüber kommen, die bezahlen auch die Ausbildung. Die wollen mich auf alle Fälle wieder haben... Wenn ich wieder zurückgehe, dann habe ich Aufstiegschancen. Ich bin dann die Einzigste, die dann eine ordentliche Ausbildung hat... Mein Vati sagt immer, wenn ich mir nichts zuschulden kommen laß, dann würde ich die Arbeit, wenn ich in Ehrenfriedersdorf bin, für immer behalten.*" Andererseits ist es dort mit einer eigenen Wohnung schwierig und auch mit der Arbeit des Freundes nicht ganz einfach zu vereinbaren. So kann es auch sein, daß sie irgendwann dort leben und arbeiten wird, wo sie mit ihren jetzigen Freunden zusammensein kann. Ihr Wunschtraum wäre freilich, "*was zwar sowieso nicht geht, aber das alles näher zusammen wäre und nicht 300 km voneinander entfernt*".

Dieses Hin- und Hergerissensein mag auch hinter ihrer Weigerung, sich als Sächsin, Fränkin, B.-dorferin, Europäerin oder Deutsche zu bezeichnen, stehen;

auf die Frage, als was davon sie sich fühlt, antwortet sie: "*Als gar nichts. Als normalen Menschen*", und nach einigem Überlegen: "*Ich bin schon Deutscher, aber nicht Deutscher... Also nicht so abgetrennt.*" Sie möchte auch nicht gern hinfahren, wo nur Deutsche sind, sie träumt zwar auch von Australien, aber verbringt ihren Urlaub zuhause, d.h. in B-dorf bei ihren Eltern: "*Das ist auch mal wieder schön.*"

Zwei Jahre später sieht auf den ersten Blick so aus, als hätte es kaum neue Entwicklungen gegeben. Karin hat zwar inzwischen ihre Ausbildung abgeschlossen, arbeitet aber immer noch "wie ein Azubi" in der fränkischen Gemeinde, weil ihre Heimatgemeinde sie aufgrund von weiterem Stellenabbau nicht einstellen konnte. Ihr Verhältnis zu den Kollegen ist zwar, was die Arbeit anbelangt, besser geworden, außerhalb davon sind allerdings nach wie vor keine Kontakte möglich bzw. üblich, was sie immer noch bedauert: "*In der Arbeit versteht man sich halt gut, aber nach der Arbeit macht wieder jeder seine Sachen. Da bestehn doch immer noch, wie ich meine, Vorurteile zwischen Ost und West. Und die wollen außerhalb der Arbeit nichts damit zu tun haben.*" Dagegen anzugehen hat sie schon oft versucht: "*Ja, wir haben schon oft darüber geredet, aber die haben ihre Vorurteile: Wenn ich dann mal sage, kommt halt mit am Wochenende und guckt es euch an, da haben die gar kein Interesse. Diejenigen, die Vorurteile haben, die sind auch nicht daran interessiert, sich ein wirkliches Urteil zu bilden. Die hören halt irgendwas und das ist dann ihre Meinung.*"

Sie wohnt auch noch in derselben Wohnung, allerdings jetzt mit ihrer Freundin Kathrin. Mit dieser zusammen fährt sie jedes Wochenende heim, trifft sie auch am Wochenende und hat sie sogar mit in den Familienurlaub genommen. Sie beschreibt die Beziehung zu ihr wieder aus der Helferposition und ähnlich problematisierend wie die zu Karla im ersten Interview. Sie baut ihr Selbstbewußtsein quasi immer noch auf Beziehungen zu Leuten, denen es scheinbar (noch) schlechter geht als ihr. Aber natürlich ist sie mit Kathrin auch so viel zusammen, "*weil es ist so, daß ich gar nicht mehr soviele Freunde bei uns habe.*" Zu vielen Personen, die vor zwei Jahren noch von Bedeutung für sie waren, hat sie keinen Kontakt mehr: "*Das ist auseinandergegangen... man hat sich auseinandergelebt... wenn es wegen soetwas auseinandergeht, hat es auch keinen Wert*", sagt sie dazu.

Auch von den Personen, mit denen sie sich ein Stück Vertrautheit im Westen erarbeitet hatte, hat sie sich verabschiedet. Mit Karla hat sie inzwischen kaum noch Kontakt, da sie sich in der Berufsschule nicht mehr sehen, betont aber, wie wichtig die für sie war und besucht sie weiterhin: "*Das war wirklich eine richtig gute Freundin.*"

Getrennt hat sie sich, auch erst vor kurzem, nach fast dreijähriger Beziehung von Martin, ihrem "Traummann" vom letzten Interview: "*Das war halt nicht mehr so. Wir haben uns zwar gut verstanden, aber die Liebe, die für so eine Beziehung dasein müßte, die war gar nicht mehr da.*" Die Trennung ist von ihr ausgegangen, und eigentlich wollte sie jetzt erstmal allein bleiben, "*von niemandem abhängig*" wie sie sagt. Aber seit einigen Wochen hat sich eine neue Beziehung ergeben, zu einem Freund aus Chemnitz, den sie jeweils am Wochenende sieht. Das Wochenende ist für sie in jeder Hinsicht Fixpunkt, sie fährt nach Hause, in die Heimat, zu den Eltern, mit denen sie sich immer noch gut versteht, trifft den Freund, geht mit ihm und ihrer Freundin Kathrin am Samstagabend zur Disco. In dem oberfränkischen Ort fühlt sie sich nach wie vor isoliert: "*Wir sind auch hier schon weggegangen. Aber mir kommt es immer vor, sobald die merken, wir sind aus dem Osten, bleiben die immer auf Abstand. Die sind nicht so gesprächig, das ist irgendwie komisch. Wir kommen immer am Sonntag und freuen uns schon wieder auf Freitag. Wir leben immer nur für das Wochenende. Auf längere Zeit kann ich das nicht mehr mitmachen.*"

Dieses "*Nichts Halbes und nichts Ganzes*", was während der Ausbildung eine Übergangslösung schien, die eben durchgehalten werden mußte, ist als ausweg-loser Dauerzustand nicht mehr lange zu ertragen: "*So seelisch und moralisch schaut es bei mir zur Zeit total schlecht aus. Ich weiß nicht, wie es weitergehen soll, ich würde mir wünschen, daß es anders wird, aber ich sehe irgendwie keinen Ausweg. Ich muß wirklich sagen, ich lebe seit drei Jahren nur für das Wochenende, ohne mich unter der Woche mal wohlzufühlen. Ich würde mir schon wünschen, daß ich mal meine Wohnung habe, wo ich auch meine Freunde habe, wo ich mal so richtig glücklich bin, nicht nur am Wochenende ein paar Stunden... Ich möchte nicht immer nur auf irgendwas warten. Das ist blöd.*" Der Ausweg hieße Heimkehr, wenn die denn möglich wäre: "*Also wenn ich bei uns eine Arbeit finden würde, in Sachsen, halt im Raum Chemitz, dann würde es schon besser werden, weil da fühle ich mich ganz anders, weil das halt doch die Heimat ist."*

"*Meine Heimat heißt B., das ist im Erzgebirge. Das ist eine sehr schöne Gegend, das ist in der Nähe von Chemnitz... Da ist man halt aufgewachsen, dort fühlt man sich doch irgendwie wohl, obwohl ich ehrlich sagen muß, Chemnitz ist keine schöne Stadt, das ist halt von früher aus DDR-Zeiten total heruntergekommen. Man sieht es, die machen jetzt sehr viel, ich sehe die Veränderungen. Aber wenn jemand anders hinkommt, der sagt vielleicht, um Gottes Willen, was ist denn das für eine schreckliche Stadt. Aber es ist halt irgendwie das Gefühl, dort zu sein.*"

Allgemein beurteilt sie die Vereinigung allerdings positiv: "*Ich finde, es ist besser geworden, ich kann nicht nur von mir ausgehen, vor allem für die Leute, die Arbeit haben. Wenn bei uns jemand arbeitslos ist, da ist es total schlecht, weil der hat es nicht besser wie vorher. Die haben sich halt immer bei uns gewünscht, daß wir reisen konnten und Sachen kaufen, die es bei uns nie gab, aber das kann man nur machen, wenn man Arbeit hat und Geld verdient. Aber es hat sich schon viel verändert bei uns in den Städten, auch bei uns in B., da hat man vieles schöner gemacht. Es ist schon schöner geworden. Man kann jetzt auch als Jugendlicher oder als junger Mensch viel mehr machen. Bei uns war es vielfach so, die jungen Mädels mußten halt Schuhfacharbeiter lernen, weil es kein anderes Angebot gab, jetzt kannst du halt studieren oder ins Ausland gehen, jetzt kannst du lernen, was du willst, wenn du dich dahinterklemmst. Also insgesamt ist es jetzt besser.*"

Für sie persönlich bleibt allerdings auch die berufliche Entwicklung ein Problem, weil beispielsweise ihre berufliche Fortbildung, der Angestelltenlehrgang II, von ihrer jetzigen Gemeinde nur finanziert würde, wenn sie sich verpflichten könnte, dazubleiben. Und das will sie auf keinen Fall. Eher kommt für sie in Frage, ganz woandershin zu gehen. "*Dann würde ich gern im Ausland leben, wo die Leute ein bißchen menschlicher sind. Mich kotzt es an, wie sich Deutsche verhalten.*" In Griechenland z.B., hat ihre Freundin Karin erzählt, "*werden alle aufgenommen, die nicht so engstirnig sind*".

Der Ort, den Karin noch sucht, hat mit Wohlfühlen zu tun, mit Geborgenheit und mit Offenheit und Verständnis zwischen den Menschen. "*Ja, ganz normal, ich brauche kein großes Haus, sondern ich will mich innerlich wohlfühlen. Ich denke mir oft, sehr viele Leute gehen nach Hause und da wartet jemand auf sie. Oder die können sich in einen Sessel setzen und sagen, hier fühle ich mich wohl. Das wäre schon schön.*" Dabei reflektiert sie für sich, daß das Wohlfühlen nicht nur an einem anderen Ort sondern vielleicht auch in einem anderen Beruf, wo sie noch mehr mit Menschen zu tun hat, für sie besser wäre. "*Mir gefällt es eigentlich schon, aber ich hätte doch etwas machen sollen, wo man mehr mit Menschen zu tun hat, wo man jemandem helfen kann. Aber das war bei uns damals dann halt ein bißchen blöd, bei uns gab es fast keine Lehrstellen. Also mir macht es schon Spaß, aber eigentlich würde ich schon lieber etwas anderes machen.*" Aber etwas Neues anfangen, hieße wieder, eine Zeitlang überhaupt kein Geld zu haben und von den Eltern abhängig zu sein.

Karins äußere Situation hat sich wenig verändert, aber ihre innere Bereitschaft, sich damit abzufinden, sinkt immer mehr. Sie wirkt nüchterner, aber auch entschlossener, etwas zu verändern, ist freilich noch unentschieden, was und wohin. Ein anderer Beruf? Ein anderes Land? Oder zurück in die Heimat, aber nicht zu den Eltern nach Hause? Ihr Moratorium dauert noch an. Heimat findet Karin bei den Leuten, mit denen sie über (deren) menschliche Probleme reden kann. Für ihre eigenen scheint sie momentan nicht die rechten Zuhörer zu haben.

Auch Karins *Beheimatungsproblem* besteht im Herausgerissensein aus sehr engen familiären und sozialen Bezügen und im Zurechtkommen unter schwierigen, als unwirtlich und partiell sogar als feindlich wahrgenommenen Bedingungen.

Daran hat sich im *Prozeß* zwischen Erst- und Zweitinterview wenig geändert, entwickelt hat sich allerdings ihre Klarheit darüber und die Bereitschaft an der Situation, die sie unzufrieden macht etwas zu verändern. Im Bereich der Partnerschaft hat sie das bereits getan, berufliche und/oder wohnortbezogene Entscheidungen stehen an.

Ihre *Beheimatungsstrategie* ist der Ausbau einzelner, sehr intimer, individualisierter Beziehungen zu FreundInnen, mit denen sie sich über deren Probleme identifiziert. Sie hat die Erfahrung gemacht, allein zurechtkommen zu können, ohne deswegen allein zurechtkommen zu wollen. Eine Heimkehr in ihre Herkunftsregion wäre vor allem auf soziale Re-Integration gerichtet. Sie kann sich allerdings auch vorstellen, soziale Einbindung und damit Heimat ganz woanders, z.B. im Ausland zu finden. Das erscheint allerdings sehr fiktiv, real scheint es für Karin schon im vergleichsweise nahen Franken schwierig, auf andere zuzugehen, obwohl sie selbst gern als Ansprechpartnerin bereitsteht. Dabei bleiben ihre eigenen Bedürfnisse vermutlich ziemlich oft auf der Strecke; dieses Problem löst freilich weder Heimkehr noch Auswandern, sondern nur eine andere Art von Beziehungsgestaltung, bei der sie in erster Linie für sich selbst zu sorgen lernt.

Fall 9 Brian: "*Ich würde wahnsinnig gern mal in diese Welt verschwinden, von der ich gelesen hab und in die ich nur im Kopf verschwinden kann.*"

Wie Karin ist auch Brian damit beschäftigt, eine Lebensweise zu finden, bei der er sich innerlich wohlfühlen kann, auch für ihn spielen Freundschaftsbeziehungen dabei eine besonders wichtige Rolle.

Brian lebt zwar seit seiner Geburt in München, allerdings kommt sein Vater aus Syrien, seine Mutter ist Deutsche. Brian äußert bereits im Erstinterview seine Distanz zur Kultur des Vaters. Er hatte "*schon als kleiner Stöpsel irgendwie nicht den Drang dazu*", Syrisch zu lernen, und hat auch heute kaum Bezug zum Herkunftsland seines Vaters, mit fünf Jahren war er das letzte Mal dort, und eigentlich ist Syrien für ihn kein Thema: "*Ja, das ist so 'ne Sache, es wird wenig drüber geredet, mein Vater ist da mehr zurückhaltend, und wenn seine Freunde, Verwandten, Bekannten kommen, wird meistens syrisch geredet, ich komm da eh nicht mit und die meisten können auch deutsch und ich sag dann: jetzt mal auf Deutsch bitte, daß ich da mitreden kann. Und dann geht's los auf Deutsch und dann nach ner Viertelstunde - ach, alles klar.*" Auch die Mutter und der Bruder verstehen nicht syrisch. Brian kommentiert das: "*Ein richtiges Familienleben, wie man es sich vorstellt, kann man es eigentlich nicht nennen.*" Jeder macht mehr oder weniger das Seine, und oft gibt es aus kleinen Anlässen Streit. Brian erlebt seinen Vater als jemanden, der auf der Arbeit "*zum Deppen gemacht*" wird, zuhause dann nur noch "*relaxen*" will und im Streitfall nicht ernst genommen wird. Auch deshalb hat er Schwierigkeiten, sich mit ihm zu identifizieren. Zwei Jahre später hat sich diese Situation eher zugespitzt, die Eltern sind nach Eindruck Brians nur noch zwangsweise zusammen: "*Chaos, also total irgendwie... ich glaub, die sind nur noch zusammen: a) weil sie so katholisch sind und b) weil ich noch im Haus bin und weil sie sich's auch finanziell nicht leisten können.*" Brian sieht sich einerseits als Vermittler, andererseits versucht er sich zu distanzieren, in erster Linie von der Kultur des Vaters, die er nur als Familienbelastung sieht: "*Zum Teil sicherlich, weil so wie ich... ich kenn nur sehr wenig von der syrischen Kultur, aber soweit ich diese Kultur kenne... also mein Vater ist jetzt mittlerweile unter anderem arbeitslos, aber kurz vor der Rente, und für ihn besteht jetzt praktisch der Rest des Lebens - das kommt mir so vor - nur noch ausruhen und relaxen und daliegen und einfach nichts mehr Großartiges tun, einfach nur noch leben irgendwie.*" Es gelingt niemandem mehr, den Vater "*rauszubewegen*", und das will Brian nicht akzeptieren.

Brian legt wie Dorothee scheinbar keinen Wert auf Staatsangehörigkeit: "*Also für mich wäre es kein Problem, nur die deutsche zu haben oder nur die syrische, weil ich fühl mich irgendwie nicht einem Land direkt verbunden. Ich fühl mich als Bürger einfach, von Deutschland oder als Weltbürger, wie man's halt immer sehen will, als Mensch einfach und ich seh da gar keine Probleme für mich selber mit den Staatsbürgerschaften. Was jetzt für andere Leute sinnvoll ist, ist glaub ich, eine doppelte Staatsangehörigkeit. Aber für mich selber bringts jetzt nichts, weil ich zu Syrien wenig Kontakt hab.*"

Zuhause fühlt er sich vor allem in seinem Freundeskreis, im Erstinterview ist der sehr vielseitig und stark nach äußeren Aktivitäten differenziert: "*das ist es eben, ich hab einen Freundeskreis im Sport, ich mach Taek-wan-Do, und das sind die Leute dort einmal, dann hab ich Freunde, mit denen geh ich weg, mit denen hab ich so Spaß beim Tanzen oder Trinken oder was weiß ich, und der andere Kreis wieder, mit denen kann ich mich unterhalten, zu denen hab ich Bezug, das sind auch meine ältesten Freunde, mit denen ich reden kann. Mit denen geh ich genauso weg, aber mit denen mach ich ganz andere Sachen*". Diese drei festen Cliquen sind Brian nicht nur alle wichtig, mit ihnen konstruiert er sein Selbst in einem scheinbar postmodernen Verfahren: "*Ich spring da immer hin und her, was manchmal ein bißchen stressig ist, aber so fühl ich mich eigentlich wohl, weil ich nicht in irgendeiner Rolle, okay in irgendeiner Clique bin ich in einer ganz bestimmten Rolle, in der einen mehr als Führungsposition, würde ich sagen, und in der anderen bin ich eher Mitläufer wieder und so, ich werd nicht in eine feste Rolle reingepreßt, ich hab die Auswahl, würd ich sagen, es bleibt mir ganz offen, wie ich heute sein will.*"

Zwei Jahre später hat er sich für einen Freundeskreis entschieden, und hier ist die Aktivität eher nach innen gerichtet: "*Ich bin jetzt mehr so zurückgezogen, also ich bin nicht mehr so auf Weggehen und so, sondern lieber mit Freunden treffen und zusammensitzen, ratschen, Tee trinken. Früher habe ich nicht gelesen und jetzt sehr viel.*" Mit seinen Freunden verfolgt Brian "*fast philosophische Gedankengänge*", versucht, "*ein bißchen in den Kommunismus einzusteigen*" und macht Phantasie-Rollenspiele, in denen er am liebsten die Rolle eines Elbs übernimmt: "*die sind sehr belesen, also Menschen mit ein bißchen mehr Fähigkeiten als Menschen, mehr in das Innere zu gehen. Also die sehen jetzt zum Beispiel in einem Baum nicht einfach nur einen Baum, wie es der Mensch tut, sondern die sehen die Lebewesen drin... ich für meinen Teil spiel lieber die Intuitiven... also böse Charakter mag ich überhaupt nicht, nee.*"

Allerdings sind seine Freunde sehr mit eigenen Problemen beschäftigt und in der Realität nicht greifbar, wenn er z.B. mit ihnen über seine Freundin reden will, von der sich zum Zeitpunkt des Zweitinterviews nach mehr als zwei Jahren Partnerschaft zu trennen versucht. Der Grund dafür hat ist seine Angst sich schon so auf Familie festzulegen: "*Das Problem ist halt, ich hab mich von meiner Freundin getrennt, also ich hab mit ihr Schluß gemacht, weil ich für unsere Beziehung halt kein Land mehr gesehen hab, weil sie hat schon von Kindern, Arbeit, Beruf und, was weiß ich, zusammenziehen geträumt, und immer, wenn ich das gehört hab, ist mir ein kalter Schauer den Rücken runtergelaufen und ich hab mich eigentlich gefürchtet davor. Und ich hab mich da ein bißchen eingeengt gefühlt, und sie denkt sehr, also sie ist sehr mit der Welt verbunden hier, mit dem Leben eigentlich und ich überhaupt nicht.*"

Brian hatte zum Zeitpunkt des Erstinterviews nach etlichem schulischen Hin- und Her eine Verwaltungslehre angefangen, an die er, was inhaltliche und kollegiale Bezüge betraf, sehr hohe Ansprüche stellte. Mit beidem hat er gegen Ende der Ausbildung Schwierigkeiten, so fühlt er sich von 80% seiner Kollegen nicht akzeptiert, weil er sich doch ein wenig bunter gibt, als das in der Verwaltung üblich ist; das steckt er noch weg bzw. grenzt sich reaktiv ab: "*Ich hab keine Probleme, also es stört mich nicht, weil mit den restlichen 20% komme ich aus, also ich hab Ansprechpartner, mit denen ich mich zum Teil auch... also da gibt's immer Sachen, die wir gemeinsam haben. Und der Rest ist mir eigentlich ziemlich... mit dem hab ich nichts zu tun, mit denen hab ich nichts gemeinsam, mit denen kann ich halt einfach nichts anfangen."*

Aber auch der Umgang mit soviel Papier macht ihn unzufrieden, er bemüht sich zwar sehr um einen guten Abschluß, aber nur um danach an der Berufsoberschule das Abitur machen zu können. Er will versuchen, über den Zivildienst sogar auf die Sozial-Berufsoberschule zu kommen, weil er später Sozialpädagogik oder Psychologie studieren möchte. Dabei kalkuliert er mögliche Alternativen bzw. den günstigsten Weg dahin durchaus rational: "*Mein Gefühl sagt mir: Kündige. Du willst mit dem ganzen Zeug nichts mehr zu tun haben. Aber der Verstand sagt mir: Halte dir das offen, falls du die BOS nicht schaffst oder, wenn du die BOS schaffst, daß du über die Stadt irgendwas mauscheln kannst, daß du da Studienbeihilfe kriegst, oder daß man sich da irgendwie verpflichten kann und daß man dann in dem Pädagogik-Bereich von der Stadt dann tätig werden kann, daß man dann studiert und das in Zusammenarbeit mit der Stadt macht.*"

Seine berufliche Entwicklung steht momentan an einem äußeren Wendepunkt: "*Also ich bin jetzt an einem Punkt, wo sich alles entscheidet. Wenn ich das jetzt auf Beruf beziehe und Schule, dann bin ich jetzt genau in einem Umbruch. Jetzt steht was auf dem Spiel, jetzt muß ich mich anstrengen und wenn alles so klappt, wie es soll, dann studiere ich in fünf Jahren.*" Wenn nicht, würde er trotzdem einen anderen Beruf suchen, höchstens noch ein Jahr länger in der Verwaltung arbeiten.

Politisch ist Brian stark auf Deutschland bezogen, er ist im Unterschied zu den meisten Jugendlichen aus unserer Untersuchung sogar wählen gewesen: "*Es gibt Sachen, dafür würde ich mich schon verwenden und dafür würde ich mich auch einsetzen. Und früher hätte ich mich da, glaub ich, noch viel mehr engagiert als jetzt, aber ich bin jetzt mehr zu einem kritischen Betrachter geworden als aktiven Mitmacher.*" Aber nach wie vor hat er ein sehr relativiertes Verhältnis zu Staatzugehörigkeiten: "*Ich möchte mich da auch nicht irgendwie einer speziellen Staatsbürgerschaft besonders zuschanzen. Das ist jetzt bloß, weil ich in Deutschland lebe, deswegen interessieren mich halt in Deutschland die Belange besonders, aber dewegen leg ich nicht Wert darauf, daß ich Deutscher bin.*"

Genausowenig Wert legt er auf das Syrische, manchmal allerdings "*spürt*" er, daß er eben doch anders ist bzw. empfindet als andere Deutsche: "*Da gibt's ja, es gibt ein Verhalten... also meine Freunde sind überwiegend deutsch, und mein*

Verhalten ist anders in manchen Beziehungen. Wenn zum Beispiel über Ausländer geredet wird, mag sein, abfällig oder auch nicht, dann spüre ich das auch irgendwo ein bißchen. Und daß ich halt auf manche Sachen ganz anders reagiere als meine Freunde. Das merk ich schon. Aber so, daß ich da nach was suche oder grabe in mir, ist eigentlich nicht der Fall. Das kommt spontan, das kommt zufällig. Also da merk ich: Hoppla - das ist eigentlich, was man 'nem Deutschen als Verhalten zuschanzen würde, und da merk ich, das ist nicht meins." Diese Art Überraschung und wohl auch Verunsicherung mag der Motor hinter Brians überdurchschnittlicher Reflexionsfähigkeit in bezug auf sich selbst, seine Beziehungen und Zugehörigkeiten sein. Die Definition solcher Zugehörigkeiten und auch Abgrenzungen bringt ihm Sicherheit, die interessanterweise örtlich relativ eng lokalisiert ist. Denn Brian bezeichnet sich zwar als Weltbürger, aber sagt auch: "*Meine Freunde sind alle in Gräfelfing, also die, auf die ich besonders Wert lege. Es gibt schon welche außerhalb, aber die sind nicht so wichtig.*"

Neben realen Bezügen spielt aber auch die Phantasiewelt eine große Rolle, die er sich mit seinen Freunden in den Rollenspielen ausmalt. Sein sehnlichster Wunsch ist momentan folgender: "*Ach ja, das klingt sicherlich saublöd, aber ich würde wahnsinnig gern mal in diese Welt verschwinden, von der ich gelesen hab und in die ich nur im Kopf verschwinden kann. Also das würde mich interessieren. Ich würde gern die Leute sehen, über die ich gelesen hab, und sprechen auf ihre Weise und leben auf ihre Weise. Das würde ich gern mal erleben. Das wäre das, was mich momentan am meisten berührt. Und sonst?... einen Wunsch hätte ich noch, daß das so klappt, wie ich's mir vorstell.*" Die Balance zwischen Realität und Phantasie, zwischen Vorstellung und Realisierung, auch zwischen Innen und Außen testet er momentan aus.

Beheimatung bedeutet für Brian also in erster Linie, eine enge, innere Verbindung zu ausgewählten Freunden zu erfahren. Das hat zwar einen eng umschriebenen Ort, den Stadtteil, und bestimmte Rituale, die Rollenspiele. Die dabei eröffnete Innenwelt ist aber nicht nur bedeutsamer, sondern auch sehr viel weiter und reicher als die eher bescheidene Realität. In der Außenwelt ist Brian nur ein Verwaltungsangestellter aus Gräfelfing, in seiner Phantasiewelt ist er ein intuitiver, belesener Elb und ein Weltbürger. Das verweist vielleicht auch auf den von ihm bisher verneinten kulturellen Hintergrund des Vaters, mit dem er sich kaum identifizieren kann. Zwar "spürt" er manchmal, daß da bei ihm noch etwas anders ist als bei seinen Freunden, bewußt angeeignet bzw. in seiner Bedeutung für sich reflektiert hat er das allerdings bisher nicht. Aber auch sein Verhalten in der Realität - die Trennung von seiner Freundin, die berufliche Perspektive und seine politischen Anschauungen - begründet er in erster Linie damit, sich eben nicht verbinden zu wollen mit einer engen und beschränkten Welt. Die innere Welt seiner Phantasiereisen spielt dabei eine wichtige Rolle, sie "transzendiert" seine kleine, oft unschöne Realität, das zerstrittene Elternhaus, die ihm nicht gerecht werdenden Ansprüche von Arbeit und Partnerin. In ihr entwirft er, wie bzw. wer er gern sein möchte, aber er flieht dahin auch vor dem, was er in der Außenwelt tun müßte, um seinen Vorstellungen näher zu kommen. Sein Weg nach innen kann eine Sackgasse werden, aber auch dazu dienen, sein persönliches Projekt, ein gebildeter, intuitiver, belesener Mensch zu werden, zu entwerfen und zu energetisieren.

Brians *Beheimatungsproblem* hat also weniger mit seiner multikulturellen Herkunft als mit der konkreten Beziehung zum Vater bzw. dem Konflikt zwischen den Eltern zu tun. Brian möchte sich gerade nicht in einem als eng, öde und konfliktträchtig erfahrenen familiären und beruflichen Alltag einordnen.

Dabei überrascht im *Prozeß* vom Erst- zum Zweitinterview vor allem die Wende von äußerer (körperlicher) zu innerer (geistiger) Aktivität. Diese geht vom Freizeitbereich aus, besonders von zunehmend individualisierten engen Beziehungen im Freundeskreis, erfaßt aber auch die berufliche *Lebenswelt* und die Partnerbeziehung. In beiden Bereichen möchte sich Brian nicht mit dem begnügen, was er hat, sondern darüberhinaus bzw. ganz woanders hin gehen.

An Brians *Beheimatungsstrategie* ist besonders interessant, daß hier die imaginäre Konstruktion einer Wirklichkeit - in der Phantasiewelt - und der eigenen Person darin eine besondere Rolle spielt. Darüberhinaus ist auch hier, wie bei Dorothee, eine sehr enge, stadtteilbezogene Ortsbindung als Rahmen des sozialen Netzwerkes von Bedeutung. Offen ist vorerst, welche Bedeutung das kulturelle Erbe des Vaters, dessen Annahme er vorerst verweigert, für seine Identitätsentwicklung bekommen könnte.

Fall 10 DAPHNE: "*Meine Heimat bin ich selbst.*"

Daphne, ein Mädchen aus München, hat von den hier beschriebenen Personen vielleicht die extremsten Strategien entwickelt, aber eben deshalb, weil sie auch die extremsten Erfahrungen gemacht hat. Ihre Biographie enthält alle bisher gezeigten Probleme mit Heimat in komplexer Form: Da ist zunächst ihre multikulturelle Herkunft - ihr Vater ist Italiener und ihre Mutter Belgierin; die Eltern haben sich in Belgien kennengelernt und geheiratet, wo Daphne auch geboren ist. Das Scheitern dieser Beziehung bedeutet für sie den Beginn einer langen Odyssee durch Familien, Heime und andere Einrichtungen in drei verschiedenen Ländern. Bereits mit vier Jahren kam Daphne per Gerichtsbeschluß in eine belgische Pflegefamilie, weil sich ihre Eltern nicht einigen konnten, wer sie aufnimmt. Eine kurze Zeit war sie dann bei ihrer Mutter, mit 5 1/2 Jahren kam sie nach Sizilien, wo sie im Internat einer Klosterschule die erste Klasse absolvierte. Dann lebte sie mit dem Vater und der italienischen Oma wieder in Belgien, mit zehn Jahren kam sie nach Deutschland, wo der Vater wieder geheiratet hatte. Zu diesem Zeitpunkt sprach sie kein Wort Deutsch und sollte anfangs in die erste Klasse zurückversetzt werden. "*Und dann ging das halt ewig hin und her jetzt. Das war eigentlich immer ein Hin und Her. Mein Vater, der sagt, ich bin wie ein Nomade in der Wüste, ich geh von einem Platz zum anderen irgendwie.*" Mit der Stiefmutter gab es von Anfang an Streit, erst recht nach der Geburt der bevorzugten Halbschwester. Daphne fing an zu trinken und mit einem Messer herumzuspielen, Mütter von Mitschülerinnen beschwerten sich beim Jugendamt. "*Darauf kam das Jugendamt und die Frau hat halt mit mir geredet, ja willst du zuhause bleiben und so, und ich, nee, eigentlich nicht und so. Dann waren wir in dieser WG, und dann hab ich's mir angeschaut und das war komisch, es war keiner von den Jugendlichen oder Betreuern da, sondern nur die Heimleitung, und ich hab mir nur die Räume angeschaut, hab gehört, wie's abläuft und so und dann dachte ich, ja, hier will ich hin.*" Da begann sie, selbst zu entscheiden, wo sie hin- bzw. von wo sie wegwill, auch wenn es ihr zu diesem Zeitpunkt noch nicht bewußt war.

Als sie in die Wohngemeinschaft kam, war sie zwölf Jahre alt: "*Da war ich dann ungefähr 9 Monate und dann haben sie mich rausgeschmissen.*" "*Wegen Schlägereien*", sagt sie, und "*ich hatte mehrere so Geschichten*" - z.B.hat sie eine Erzieherin so zusammengeschlagen, daß die mit einer Gehirnerschütterung ins Krankenhaus mußte, aus "*Selbstschutz*", wie sie betont, es ging "*automatisch*", daß sie ausgerastet ist. Ihre Aggression richtet sich jetzt gegen die professionellen Verwahrer, die ihr kein Zuhause bieten konnten. Sie kam deswegen in ein Heim für Schwererziehbare, zwar ohne Ausgang, aber mit der Möglichkeit, die Realschule zu besuchen, wo sie sich mit denen aus den oberen Klassen (also mit den Gleichaltrigen, da sie zwei Klassen wiederholen mußte) gut verstand und sogar kurzzeitig mal eine Freundin hatte. Mit der seilte sie sich allerdings zunehmend ab, trank immer mehr, sank in der Schule immer weiter ab und wurde schließlich aus dem Heim in eine psychiatrische Klinik überwiesen: "*Naja, die waren einfach überfordert und wollten halt auch nicht zuschauen, wie ich so langsam zur Alkoholleiche werde. Und dann haben sie mich, ja und jetzt packst Du Deine Sachen und in einer halben Stunde gehts los.*"

In der Klinik kam sie mit der Zimmernachbarin nicht klar und verschwand nach ein paar Tagen wieder zu ihrem Vater, "*auf eigene Gefahr bzw. Verantwortung*". Sie hat dann fast zwei Monate "*nur zuhause rumgehangen*" und das war offensichtlich das, was sie wollte: "*Ich hab keinen Bock gehabt, dahin (in die Schule) zu gehen, weil ich war lieber daheim, und wenn ich krank war, dann durfte ich halt nicht aufstehen, da mußte ich immer in meinem Bett bleiben, und eigentlich durfte auch keiner zu mir und ich hatte meine Ruhe und konnte den ganzen Tag lesen und den ganzen Tag meine Traumwelt zusammenspinnen, und ich wollte einfach nicht in die Wirklichkeit, ich wollte es nicht.*"

Aber dann gab es wieder Krach zuhause, sie kam erneut in die Psychiatrie, wieder raus und bald wieder rein. Sie erzählt diese Zeit sehr lakonisch und selbstdistanziert: "*Ja ich hatte halt Probleme und da hab ich total viel gesoffen. Also bin ich erstmal reingekommen wegen Alkohol und dann bin ich halt drin geblieben, also ich hab mich selbst verletzt und so, hab mir die Arme aufgeschnitten. Ja und dann ein paar Selbstmordversuche, also Suizidgefahr und Fremdgefährdung. Ich war auch ein halbes Jahr auf der Geschlossenen, naja, dann bin ich halt aggressiv geworden, weil ich nicht rauskonnte.*"

Zur Zeit des Erstinterviews wohnte sie gerade wieder beim Vater, der sich schon irgendwie um sie kümmert und sie auch "*irgendwie liebt*", aber nach ihrem Gefühl nicht so, wie sie es brauchen würde. "*Ja, ich hätt gern, daß ich mit ihm reden kann, wenn ich Probleme habe.*" Im Konfliktfall stellt er sich dann auch auf die Seite der Stiefmutter, mit der Daphne sich nach wie vor nicht versteht und die angeblich nichts von ihr weiß, wohl auch nicht wissen darf.

Mit der Mutter hatte Daphne mehr als sechs Jahre überhaupt keinen Kontakt, besucht sie jetzt aber wieder ein- bis zweimal im Jahr in Belgien, wo sie mit ihrer neuen Familie lebt. Der Stiefvater ist ihr da scheinbar näher als die Mutter, weil er sie akzeptiert und genau wie sein eigenes Kind behandelt. Bei der Mutter hingegen, weiß sie nie, "*was für Poker die gerade spielt*". Das basiert auch auf biographische Befürchtungen und verstärkt diese: "*Ich meine, sie hat wahrscheinlich Schuldgefühle und ich mach mir eigentlich was vor. Ich denk mir, das ist Mutterliebe oder so, aber in Wirklichkeit ist es das schlechte Gewissen, das an ihr nagt. Ich weiß überhaupt nicht, was ich mit der Frau anfangen soll. Ich weiß nicht, wo die hingehört.*" Vor allem aber weiß Daphne nicht, wo sie selbst hingehört; sie spricht italienisch, flämisch und deutsch, hat fast alle Arten von Unterbringung kennengelernt, aber keinen Ort, wo sie heimisch sein könnte. Ihr Fazit aus all diesem Hin- und Hergerissenwerden und den unklaren Beziehungen klingt zum Zeitpunkt des Erstinterviews begreiflicherweise depressiv: "*Ich glaub, ich bin keinem richtig wichtig.*" Neben den familiären Defiziten gibt es auch keine "richtigen" Freunde, nur ein paar Bekannte, mit denen sie sich zwar Hallo sagt, aber die eigentlich nichts von ihr wissen, vor allem aber nicht wissen, wie schlecht es ihr in Wirklichkeit geht.

Zwei Jahre später ist es ihr gelungen, vor allem daran etwas zu ändern, was sie selbst einen "*Siebenmeilenschritt*" nennt. Zwar hat sie immer noch ihre "*Krisen*", aber sie hat gelernt, anders damit umzugehen. Und sie hat eine Reihe enger FreundInnen, mit denen sie über alles reden kann und die sie auch anruft, wenn es ihr schlecht geht. Diese Personen bezeichnte Daphne im Zweitinterview als ihre "*gestrickte Familie*": "*Wenn man keine Familie hat, muß man sich eben eine stricken.*" Die gestrickte Familie ist ihr Auffangnetz geworden und weitaus sicherer und verbindlicher als ihre Herkunftsfamilie.

Begonnen hat das wiederum in einer Extremsituation, als sie beim Vater und der Stiefmutter zum wiederholten Mal rausgeflogen ist und ihr ein Sozialarbeiter einen Platz im Frauenwohnheim vermittelte. Dort hat sie ein ganzes Jahr unter Frauen gelebt, die ähnlich gebrochene Biographien wie sie hatten, und hat sie sich unter diesen daheim und verstanden gefühlt. Sie hat dort eine feste Freundin gefunden und mit einer dritten Frau zusammen gekocht. Und sie hat dort angebotene professionelle und teilweise auch therapeutische Hilfen - nicht mehr zwangsweise, sondern freiwillig - genutzt. Nach einem Jahr hat ihr dann eine Sozialarbeiterin nach gemeinsamer Absprache die Sozialwohnung verschafft, in der sie jetzt wohnt; auch das war ein wichtiger Schritt zur Selbstständigkeit und der erste, den sie nicht als Rauswurf, sondern als eigene Entscheidung verstehen konnte: "*Ja, weil ich eigentlich bis jetzt immer nur in irgendwelchen WGs und vor allem in Heimen, und dauernd rumgeschoben worden bin und weil ich das wichtig fand und die Sozialarbeiterin das auch wichtig fand, daß ich jetzt mal meins krieg. Und das ist schon gut, also ich komm abends nach Hause, weiß, das ist meine Wohnung und da schmeißt mich jetzt keiner raus oder so.*"

Mit 20 Jahren hat Daphne zum ersten Mal "ihr's", und zum ersten Mal einen Platz, wo sie keiner rausschmeißen und rumschieben kann. Und sie hat erstmals die Erfahrung gemacht, anderen "*richtig wichtig*" zu sein. Sie hat eine längere Liebesbeziehung zu einer Frau, der Freundin aus dem Frauenwohnheim hinter sich. Mit der ist sie auch weiterhin befreundet, allerdings nicht mehr zusammen. Auch das ging von ihr aus, da sie sich in eine andere Frau verliebt hat. Die Traumfrau ist Sozialarbeiterin und privat für Daphne bisher nicht erreichbar, allerdings hat ihr Daphne ihre Liebe gestanden und ein Gespräch mit ihr gehabt, in dem sie sich sehr angenommen gefühlt hat. Daphne bewegt sich zumeist innerhalb der Münchner lesbischen Szene, den diversen Kneipen und Treffs am Sendlinger Tor, wo sie die meisten kennt und sich gut orientieren kann, das ist ein für sie gut überschaubares und relativ abgeschlossenes Netz von Beziehungen, die sie sich teilweise zur Familie "umstricken" kann. Dabei ist Daphne in ihrer Geschlechtsidentität selbst noch unentschieden: Zwar liebt sie Frauen, aber sie will nicht von sich sagen, daß sie eine Lesbe ist. Meistens fühlt sie sich wie ein Neutrum, manchmal wie ein Mann, mit ihrem sehr weiblichen Körper weiß sie wenig anzufangen, aber eine Operation kommt ihr auch falsch vor: "*Ja nix Halbes und nix Ganzes, damit kann ich mich überhaupt nicht anfreunden. Was soll das denn?*" Es ist wohl auch angesichts der abwesenden bzw. abweisenden

Mütter in ihrer Biographie sehr schwierig für sie, sich selbst als Frau zu identifizieren.

Allerdings hat Daphne die gewonnenene Selbständigkeit und Sicherheit in der "gestrickten" Familie auch eine Annäherung an ihre Herkunftsfamilie ermöglicht. Der Vater und mit ihm die Stiefmutter haben sie schon mehrmals in ihrer Wohnung besucht, und sie sind immerhin "*ganz gut klargekommen.*" Kurz vor dem Zweitinterview hat Daphne ihre Mutter in Belgien besucht und immerhin so intime Fragen wie ihr Verhältnis zu ihrem eigenen Körper mit ihr besprechen können. Daphne hat danach erstmal entschieden, an ihrem Körper nichts operativ verändern zu lassen: "*wenigstens solange, bis ich das nicht definitiv für mich abgeklärt hab, daß ich anders sein wollen würde.*"

Für Daphne ist es am wichtigsten, die Fäden ihres eigenen Lebens in die Hand zu kriegen, da gibt es noch so vieles, was sie wissen wollte, selbst einer Fee würde sie als wichtigsten Wunsch Fragen über sich selbst stellen wollen.

Die Frage nach Heimat weist Daphne zuerst ab: "*Heimat? Das heißt für mich gar nichts.*" Erst auf Nachfragen hin formuliert sie einen Heimatbegriff, der vor allem mit ihrer jüngsten Entwicklung zu tun hat: "*Ich bin meine Heimat. So seh ich das. Und ich meine, wo ich bin und wo ich mich wohlfühle, das ist dann auch so'n Stück Zuhause und ein Stück Heimat.*"

Im Moment hat Daphne einen italienischen Paß, den belgischen würde sie gern noch dazunehmen, der deutsche Paß wäre natürlich auch nicht schlecht, schon damit sie "*keiner mehr rausschmeißen*" kann. Daphne will in München bleiben, wenn auch mit einer eher nüchternen Begründung: "*Ja, ich denke, das ist auch Gewohnheitssache. Ich bin jetzt schon seit 10 Jahren in und um München und 10 Jahre sind die Hälfte meines Lebens, wo ich in einem Land war. Ich meine, die andere Hälfte war ja über mehr verteilt.*" Allerdings bietet ihr München natürlich genau die Vielfalt, in der sie eine Chance hat, mit ihren Zerrissenheiten unterzukommen.

Hier kennt sie sich inzwischen aus, und hier hat sie Leute, von denen sie anerkannt wird, auch mit ihren verschiedenen Seiten. Das nimmt ihr die Krisen nicht, aber hilft ihr, sie zu bestehen. Vielleicht landet sie mal wieder auf der Straße, das hält Daphne nach wie vor für möglich, aber in der Psychiatrie landet sie nicht mehr, dessen ist sie sich inzwischen sicher. Sie hat zwar noch lange keinen festen Boden unter den Füßen - dafür fehlt es z.B. an Arbeit, Geld, einer Partnerschaft und auch weiteren persönlichen Klärungen -, aber sie hat mehr Kontakt zu sich selbst und zu anderen und damit auch schon etwas, woran sie sich festhalten kann. "*Meine Heimat bin ich selbst*" bringt einerseits Daphnes biographische Erfahrung auf den Punkt, denn auf andere Personen, Dinge, Orte konnte sie sich dauerhaft nicht verlassen; es ist aber auch der ihr mögliche Ausweg aus der Situation von Verlassenheit und Vertriebenwerden. Aus der Heimat bei sich selbst kann sie keiner "*rausschmeißen*", da hat sie die Kontrolle und bestimmt die Grenzen. Da kann sie auch entscheiden, wen sie in ihre "*gestrickte*" Familie aufnimmt. Damit hat sie ihre Geschichte zumindest "innen" in eine aktive Strategie gewendet, die außen allerdings noch befestigt werden muß.

Bei Daphnes *Beheimatungsproblem* wirken also ihre multikulturelle Herkunft, die frühe Trennung von der Mutter, familiäre Konflikte, zahlreiche Orts-, Kultur- und Sprachwechsel und eine Heim- bzw. Psychiatriekarriere zusammen. Sie hat in ihrer Kindheit weder familiär noch im weiteren Sinn sozial, regional , sprachlich oder kulturell einen sicheren Ort gehabt. Die daraus resultierende psychische Zerissenheit schien zum Zeitpunkt des Erstinterviews eine Drehtür-Psychiatriekarriere zu prognostizieren. Entscheidend ist, daß es ihr im *Prozeß* zwischen Erst-und Zweitinterview tatsächlich gelungen ist, sich zu beheimaten. Der Weg dahin ging von der Zuflucht im Frauenhaus über die Entwicklung von Freundschaft und Intimität mit einzelnen Frauen hin zu einem Netzwerk, das ihre familiären Defizite teilweise kompensieren kann. Der begleitete Auszug und die eigene Wohnung sichern den Rahmen für weitere Schritte, beispielsweise für die ihr bisher unmögliche Entwicklung beruflicher Perspektiven.

Ihre *Beheimatungsstrategie* charakterisiert sie als "*sich eine Familie stricken*" - also die Kompensation familiärer Defizite durch den Aufbau tragfähiger Freundschaftsbeziehungen, sowie in dem Satz: "*meine Heimat bin ich selbst, also wo ich bin und wo ich mich wohlfühle, da ist auch meine Heimat.*" Ihr Nomadentum hat sie in ein Monadentum gewendet, das auch Kriterium und Ausgangspunkt für den Auf- und Ausbau sozialer Beziehungen ist. Dabei hat die Intimität mit Frauen psychologisch in mehrerlei Hinsicht Bedeutung: Einerseits ist es quasi das Nachholen von Geborgenheit und Nähe in bezug auf die ferne Mutter, andererseits die Möglichkeit, sich sozial in ein sehr dichtes, vertrautes und nach außen abgegrenztes Netzwerk einzubinden, das ihr zudem kulturelle Optionen eröffnet und zugleich einen überschaubaren regionalen Rahmen definiert.

C. Zusammenfassung der Ergebnisse: Wie gelingt Beheimatung?

Was läßt sich nun ausgehend von diesen zehn Einzelfallstudien über Beheimatung als Problem, als Prozeß in bezug auf verschiedene Lebenswelten und über dabei mögliche Bewältigungsstrategien aussagen?

Das erste Ergebnis der Analyse hatte ich schon vorangestellt: Beheimatung zeigt sich als Problem immer individuell; auch wenn dahinter allgemeine kulturelle Prozesse beispielsweise von Modernisierung, Ost-West-Transformation oder Migration stehen, werden diese doch durch konkrete individuelle, beispielsweise familiäre oder außerfamiliäre soziale Zusammenhänge gefiltert, vermittelt, kompensiert oder auch verstärkt. Individuelle Unterschiede beeinflussen sowohl die Problemwahrnehmung als auch den Prozeß von Beheimatung, dessen Organisation innerhalb von unterschiedlichen lebensweltlichen Bezügen und die dabei verwendeten Beheimatungsstrategien.

Dabei gibt es durchaus Zusammenhänge bzw. Verbindungen zwischen den einzelnen Fällen in bezug auf diese verschiedenen Aspekte von Beheimatung; es lassen sich quasi unter jedem Gesichtspunkt (der Problematik, des Prozeßverlaufes usw.) heuristische Typen herausarbeiten, die diese Ähnlichkeiten abbilden. Die Konfiguration dieser Typen ist allerdings bei diesen 10 Fällen jeweils unterschiedlich.

1. Beheimatung als Problem

Beheimatung wird immer dann zum Problem, wenn die aktuelle Lebenswelt auf längere Sicht nicht mit den aus biographischen Erfahrungen resultierenden Bedürfnissen der Person übereinstimmt bzw. wenn der Person soziale, kulturelle und/oder psychische Integration in einem gegeben Kontext über längere Zeit nicht gelingt. Es geht dabei immer um die Diskrepanz zwischen individuellen Bedürfnissen nach Einbindung, Anerkennung und sozialer Positionierung einerseits und sozialen, regionalen bzw. kulturellen Möglichkeitsräumen dafür andererseits; entscheidend sind auch die Kompetenzen dieser Person, diese Differenz kommunikativ oder reflexiv zu verringern.

Wie sich zeigt, ist Beheimatung ein Problem unterschiedlichen Ausmaßes für die Jugendlichen; das Ausmaß ist abhängig von der Verursachung des Problems, vom Zeitpunkt, in dem es zum Problem wird, und von den zur Verfügung stehenden Ressourcen für dessen Bewältigung. In bezug auf die hier dargestellten Fälle lassen sich folgende Problemlagen zeigen

1. Der erste Problemkreis hat mit *Erfahrungen familiärer Desintegration* zu tun, es geht dabei zum einen um biographische Konflikte in bezug auf die Herkunftsfamilie, um deren "Chronifizierung" und auch darum, wie die Herkunftsfamilie auch jetzt noch, in der Phase der Ablösung von ihr, als Ressource genutzt werden kann. Es gibt deutliche Unterschiede zwischen Jugendlichen, die die Herkunftsfamilie prinzipiell als sicheren Ort und Rückhalt für ihre Entwicklung erfahren haben (Moni, Dorothee, Hermann, Martin) und Jugendlichen, für die die familiäre Desintegration selbst als konflikthaft und belastend erfahren wurde bzw. wird. (Exodus, Daphne, Judy, Brian). Bei einigen Jugendlichen zeigt sich die Familieneinbindung als ambivalent, was in diesen Fällen entweder mit Überbehütung oder übermäßiger Kontrolle zu tun hat (Tony, Karin).

Bei den Fällen familiärer Desintegration scheint einerseits der Zeitpunkt bedeutsam, wann die Person davon betroffen wurde; "frühe" Trennungen (Exodus, Daphne) erhöhen offensichtlich die prinzipielle Vulnerabilität und die Bedürftigkeit nach Beheimatung mittels familiärer bzw. familienähnlicher Einbindung erheblich. Es hängt aber auch viel davon ab, ob die familiäre Einbindung durch andere verläßliche, außerfamiliäre Bezugssysteme kompensiert werden kann (Exodus, Brian) oder in eine "Karriere" mündet (Daphne). Und schließlich spielt auch die Selbst-Positionierung zur Herkunftsfamilie eine wichtige Rolle, problematisch für die Jugendlichen erscheint hier in erster Linie die Wahrnehmung, Verantwortung für die Situation in der Herkunftsfamilie zu tragen (Judy) oder gar schuld an Schwierigkeiten zu sein (Tony).

2. Der zweite Problemkreis hat mit *Erfahrungen außerfamiliärer sozialer Desintegration* bzw. der Nichtzugehörigkeit und des Sich-nicht-verständlich-machen-Könnens unter Gleichaltrigen zu tun. Das kann ein biographisches Problem gewesen sein (Martin, Dorothee), aber auch ein aktuelles (Tony, Karin),

in beiden Fällen hat es viel mit kommunikativen Kompetenzen zu tun (und scheint diese auch zu entwickeln). Es hängt immer auch mit dem Herausgerissenwerden bzw. Herausgehenmüssen aus einem bekannten Kontext zusammen, in dem die kommunikativen Kompetenzen bis dahin ausgereicht haben (Tony, Dorothee), also mit "kritischen" Übergängen im Sinne Bronfenbrenners. Auch hier scheint der Zeitpunkt und die Dauer des Problems von Bedeutung zu sein; das Fehlen "richtiger" Freunde scheint gerade im Jugendalter zu sehr existentiellen Krisen und entsprechend extremen Reaktionen zu führen (Karin hat nur noch geweint, Daphne hat getrunken und versucht, sich umzubringen, Tony ist ausgebrochen). Dabei geht es nicht nur um die real vorhandenen Beziehungen (z.B. die Zahl der im Netzwerk gesteckten Personen) sondern um die wahrgenommene emotionale Qualität dieser Beziehungen. Die gelingende soziale Einbindung wird dabei zum ausschlaggebenden Faktor für Wohlfühlen und psychische Stabilität (Daphne, Dorothee).

Dieser Befund korrespondiert mit Ergebnissen aus der Netzwerkforschung und dem Wissen über soziale Unterstützung, die allerdings schon in ihrer Bewältigungsfunktion untersucht werden. Hier zeigt sich, daß das Fehlen außerfamiliärer Netze als Belastung schon ausreichen kann, um krisenhafte Prozesse auszulösen.

3. Dabei spielen *Ortswechsel* in vielen Fällen eine auslösende bzw. eskalierende Rolle, wenn auch in keinem der hier beschriebenen Fällen eine verursachende. (Daphne, Dorotheee, Tony Banks, Karin, Judy, Moni). Es geht dabei darum, daß die Einstellung auf einen neuen sozialen, kulturellen oder/und sprachlichen Kontex über längere Zeit als die eigenen Kompetenzen überfordernd erfahren wird. Einen wichtigen Einfluß haben dabei empirisch drei Aspekte, die mit Ergebnissen der Migrationsforschung korrespondieren:
- Zum einen hängt das Ausmaß der "Akkulturationskrise" davon ab, wie plötzlich, überlegt und informiert dieser Wechsel erfolgt (quasi "über Nacht" wie bei Dorothee bzw. "spontan" wie bei Tony Banks oder nach reiflicher Überlegung);
- zum anderen davon, ob dieser Wechsel freiwillig ist, bzw. zumindestens teilweise auf einer eigenen Entscheidung und dem Abwägen von Alternativen beruht (wie bei den drei ostdeutschen Frauen, die sich selbst für eine Ausbildung im Westen entschieden haben) oder zwangsweise bzw. ohne Möglichkeit zur Mitentscheidung erfolgt (Tony Banks)

- zum dritten davon, ob der Ortswechsel isoliert oder sozial begleitet bzw. gestützt wird. Hier gibt es interessante Wechselwirkungen: Die Übersiedlung gemeinsam mit der Familie garantiert beispielsweise nicht automatisch die Bewältigung des Kontexwechsels, wenn diese Entscheidung nicht mit allen Betroffenen besprochen wird und ihre Vor- und Nachteile abgewogen werden. Community-Bildungen (z.B. die Ost-WG von Moni und Judy in München, Karins Fahrgemeinschaften usw.) haben dabei offensichtlich kompensierende Wirkung.

Ortswechsel können allerdings nicht nur als Belastung bzw. als auslösend für Desintegrationserfahrungen erfahren werden, sondern selbst als Bewältigungs- bzw. sogar Identitätsstrategie genutzt werden (z.B. Martins Reisen, aber auch Tony Banks Fluchten.)

4. Schließlich spielen auch *kulturelle Konflikte* als Ursache von Beheimatungsproblemen eine Rolle, und zwar nicht nur bei den Jugendlichen multikultureller Herkunft. Diese zeigen sich entweder innerhalb der Familie oder in bezug auf außerfamiliäre Netzwerke. Davon gibt es in meiner Untersuchung drei Formen:

- Konflikte in bezug auf Herkunft und damit verbundene kulturelle Traditionen, die meist innerhalb der Herkunftsfamilie ausgetragen oder zumindest auf sie bezogen werden. Das sind zum Teil recht klassisch anmutende Generationskonflikte, hinter denen allerdings auch Prozesse gesellschaftlicher Modernisierung und damit verbundenen Wertewandels liegen. (Hermann, Martin, Brian, Moni, Dorothee) Es fällt auf, daß sich diese Art Konflikte offensichtlich nur Jugendliche mit relativ sicherer Familienbindung und guten familiären Ressourcen "leisten" können, oder anders gesagt: Generationskonflikte im klassischen Sinn haben nur solche Jugendliche, die in traditionell sicheren Familien leben.
- Ost-West-Konflikte, also durch die Vereinigung produzierte Veränderungen, die sich zumeist in bezug auf die Einbindung in außerfamiliäre Netzwerke äußern und immer mit sozialem Austausch und Nähe, aber auch mit sozialer Anerkennung in Zusammenhang gebracht werden. Solche Konflikte beschreiben vor allem die übergesiedelten Ostdeutschen, aber auch einzelne Westdeutsche. (Martin z.B. beschreibt die "Vermischung" des "dörflichen Charakters" nicht nur als Folge der Modernisierung, sondern auch der Vereinigung).
- Jugendliche multikultureller Herkunft äußern weniger Konflikte mit ihrer Herkunft, und wenn, dann innerhalb des klassischen Generations- bzw.

Modernisierungs-konfliktes, sie äußern aber alle Probleme mit Erfahrungen von Benachteiligung, Diskriminierung und Fremdenfeindlichkeit. Diese machen sie in erster Linie auf Behörden (Arbeitsamt, Paßangelegenheiten usw.) und in der politischen Öffentlichkeit (Reden von Politikern, Ausschluß von Wahlen), teilweise (dann zumeist an ihr Aussehen geknüpft) auch als Vorbehalte der unmittelbaren Umgebung. Diese Jugendlichen definieren Orte in Deutschland als ihre Heimat und empfinden sich selbst als hier zugehörig, erfahren aber teilweise Ausgrenzung bzw. Vorurteile oder kommen durch ihre "Andersheit" in Konflikt mit anderen (vgl. Brian).

Zusammenfassend läßt sich also sagen, daß die psychologische Problematik von Beheimatung zunimmt,

- je früher ein Verlust, eine Trennung, ein kultureller Konflikt oder eine umfassende Neuorientierung einsetzt;
- je plötzlicher und existentieller (also alle Lebensbereiche umfassend) eine Trennungserfahrung ist;
- je geringer der eigene Entscheidungsspielraum dabei ist bzw. je mehr Zwang (Vertreibung, Ausschluß) damit einhergeht;
- je weniger soziale Unterstützung am neuen Ort bzw. in der neuen Kultur gefunden wird bzw. je länger es dauert, bis die soziale Re-Integration gelingt.

Unabhängig von der konkreten Ursachen haben alle Beheimatungsprobleme mit einem Defizit an sozialer Integration und mit einer daraus resultierenden emotionalen Verunsicherung zu tun; sie führen damit zu Fragen über die eigene Identität, ohne daß diese selbst schon in jedem Fall als problematisch erfahren werden muß.

2. Beheimatung als Prozeß

Hier soll es vor allem um Prozeßverläufe von Beheimatung gehen, soweit sie sich über die bisherigen zwei Befragungen abbilden. Es geht also um die Frage, wie der Prozeß von Beheimatung, natürlich individuell verschieden, verläuft und ob sich "typische" Verläufe und deren Verursachung herausfinden lassen. Erzählt werden Beheimatungsprozesse quasi in drei Varianten: als Ankunft, als Auszug oder als Unterwegs mit mehr oder weniger dramatischen Akzenten von Auf-der-Flucht bzw. in Bewegung sein. Dieselben Erzählungen werden auf sehr unterschiedliche reale Entwicklungen angewendet. In den meisten Fällen verändern sich diese Erzählungen vom Erst- zum Zweitinterview.

Das Modell *Ankunft* beschreibt einen Prozeß von Achievement; man hat etwas geschafft und man hat sich etwas geschaffen. Dabei spricht dieses Modell nicht nur von gelungener Integration, sondern auch von überwundenen Krisen. Diese Jugendlichen (Exodus, Daphne, Dorothee, Judy) haben einiges hinter sich; da wo sie jetzt angekommen sind, ist es besser, als es früher war, und da wollen sie (vorerst) bleiben. Es wird also ein Zusammenhang von Vergangenheit und Gegenwart gestiftet, wobei der Akzent auf der Absicherung des gegenwärtig erreichten Status liegt. Das sind Jugendliche mit ausgesprochener, zumeist im Interview mehrfach explizierter Bleibeorientierung. Es fällt auf, daß es sich ausschließlich um Jugendliche mit recht offensichtlichen und massiven biographischen Belastungen handelt. Und es sind alles Jugendliche, die die im Erstinterview formulierten persönlich bedeutsamen Wünsche bzw. Ziele bezüglich Beruf, Familie und Freundeskreis im Zweitinterview realisiert haben. Das Modell Ankunft scheint dabei auch einen Aspekt von Zur-Ruhe-kommen, Entspannung, gewonnener Stabilität und Selbst-Sicherheit zu tun zu haben. Und es korrespondiert mit der besonderen Bedeutung gelungener sozialer Einbindung; alle diese Jugendlichen erfahren sich in einen engen sozialen Zusammenhang eingebunden, sei es auch ein von außen gesehen problematischer (wie bei Judy), oder als "abweichend" klassifizierter (wie bei Daphne). Das Risiko einer Selbstbeschreibung in diesem quasi vormodernen Modell ist Stagnation und Selbstbeschränkung, die Chance ist die Konzentration auf und die Pflege von aktuellen sozialen Einbindungen in der Gegenwart.

Das Modell *Auszug* reflektiert weniger das Erreichte als das noch zu Erreichende. Der gegenwärtige Standort wird als Ausgangspunkt für das Darüberhinausgehen definiert. Dabei handelt es sich um Jugendliche (Hermann, Martin, Moni), die nicht etwa weniger integriert sind als die "Angekommenen", aber für die diese soziale Integration weniger bedeutsam ist, möglicherweise auch deshalb, weil sie biographisch bessere Voraussetzungen bzw. weniger Belastungen zu verzeichnen haben. Sie kommen aus offensichtlich eher (zu?) engen familiären Zusammenhängen. Im Unterschied zur vorher beschriebenen Gruppe haben sie ihre im Erstinterview formulierten Ziele noch nicht erreicht, was auch daran liegt, daß diese Ziele prinzipieller, allgemeiner bzw. langfristiger formuliert sind. Es geht um "Höherkommen" (Moni) oder darum, das "größere Umfeld" zu beeinflussen (Martin), es geht um professionellen, wirtschaftlichen oder gar politischen Erfolg.

Es handelt sich also um Jugendliche, die ein Ideal bzw. eine Fiktion von Beheimatung und ihrer eigenen (wichtigen) Rolle dabei verfolgen, also im klassischen Sinn zukunftsorientiert sind. Die Gegenwart ist quasi nur das Basislager für die Erstürmung kommender Gipfel. Über die Vergangenheit wird, wenn überhaupt, dann leicht verächtlich gesprochen- man hat sie hinter sich gelassen, und der Blick zurück lohnt sich höchstens als Maß für den eigenen Fortschritt.

Psychologisch scheint dieses Modell implizit nicht nur durch die Anziehungskraft des Ideals zustandezukommen, sondern auch durch die Scheu vor den Auseinandersetzungen mit den Realitäten von Gegenwart und Vergangenheit. Das Risiko dieses "modernen" Modells ist dabei die Vernachlässigung der "Basis", die Verzweckung sozialer Beziehungen und der damit einhergehende Verlust des als selbstverständlich vorausgesetzen sozialen Rückhalts. Die Potenzierung davon ist die ständige Annäherung an die angestrebten und dabei immer weiter hinausgeschobenen Ziele, also gerade das Gegenteil von Stagnation. Übrigens sind es auch diese Jugendlichen, die größere Reisen planen bzw. schon realisiert haben.

Das Modell *Unterwegs* ist das narrative Modell für die Dauerkrise oder auch die offene Erklärung von Heimatlosigkeit; es gibt keinen Ort, an dem man ankommen oder von dem man ausgehen könnte. Es geht immer weiter, aber es ist (noch) nicht klar, wohin, und auch nicht so richtig klar, warum. Vergangenheit, Gegenwart und Zukunft spielen zwar irgendwie mit hinein, bilden aber keine logische Folge. Es ist quasi ein postmodernes Muster, das mit Fragmenierung, Beliebigkeit, aber auch mit Vielfalt zusammenhängt. Alles ist möglich und zugleich unmöglich. Man ist zwar irgendwo, aber warum und für wie lange ist unklar. Es handelt sich um einen eigentümlichen Schwebezustand (Diffusion?), der von den Realitäten scheinbar (in der Erzählung) nur am Rande tangiert wird. Die Jugendlichen, die sich in dieser Weise erzählen (Tony, Karin, Brian), sind erstens meist jünger als die anderen Befragten, haben also auch real meistens noch weniger Einbindung "geschafft." Gemeinsam sind ihnen auch eher ambivalente Verhältnisse in den Herkunftsfamilien, es gibt zwar Eltern, die machen auch irgendwas, aber es erreicht bzw. begleitet diese Jugendlichen scheinbar nicht. Dazu kommt eine als Fehlentscheidung wahrgenommene

Berufswahl, eine eher geringe soziale Einbindung (Brian hat zwar viele Freunde, die aber real für ihn nicht zur Verfügung stehen) und Gefühle von Ambivalenz oder Hin- und Hergerissensein, die zumindest bei zwei von ihnen explizit psychologische Interessen entwickelt haben. Gemeinsam ist allen dreien, daß sie die Wichtigkeit von Freundschaft betonen, aber real nicht realisiert haben. Dabei wirkt ihre Nicht-Beheimatung keineswegs nur als Unfähigkeit, sondern partiell auch als Verweigerung, sich auf Dinge festzulegen, von denen sie nicht überzeugt sind oder die ihnen zu beschränkt erscheinen. Das Risiko an diesem Schwebezustand ist der Realitätsverlust, die Chance daran ist die Offenheit gegenüber neuen Erfahrungen und Möglichkeiten.

3. Beheimatung in lebensweltlichen Bezügen

Hier geht es darum, inwiefern Beheimatung in einer als einheitlich erfahrenen Lebenswelt gelingt bzw. wie sie in einer Vielfalt unterschiedlicher Lebenswelten organisiert wird. Dabei geht es auch um Verbindungen zwischen den einzelnen Lebensbereichen und um Ressourcentransfer.

Die *Integration* einer einheitlichen "Heimatwelt", in der Arbeit, Familie, Freizeit "unter einen Hut" passen und Beheimatung in allen Bereichen parallel läuft, gelingt faktisch nur noch in Ansätzen bzw. setzt dann einen sehr engen Ortsbezug bzw. eine gewisse Abschottung gegen Außenreize voraus (Exodus). Angestrebt wird sie von männlichen Provinzjugendlichen immer, auch wenn sie diese Vorstellung nicht mehr realisieren können (Tony Banks, Hermann). Der enge Zusammenhang von Arbeits- und Privatleben sowie familiärer Einbindung scheint spätestens, wenn es um die eigene Partnerschaft geht, in Frage gestellt zu werden. Dann versuchen selbst die Jugendlichen, die sonst einen sehr engen Arbeits-, Familien- und Freizeitzusammenhang leben, ihren Privatbereich abzugrenzen und zu verteidigen (Hermann, Martin); wo das nicht gelingt, wird das Zueinander dieser Bereiche problematisch.(Exodus, Martin) Dabei wird die Partnerschaft und auch die Herkunfsfamilie von den männlichen Jugendlichen eher als emotionaler Rückhalt und Servicestation ("Auftanken") für den Alltag betrachtet.

Ein eher großstädtisches, hedonistisches Modell (Brian) konstruiert eine *Polarität* zwischen einer imaginär aufgeladenen Freizeitwelt und der öden

Realität der Arbeit. Diese Imagination schafft aber wiederum die Fiktion von Einheitlichkeit. Familie und Partnerschaft wird hier real nur als Beschränkung bzw. Belastung beschrieben. Ähnlich wird das von Frauen nur in einem Fall (Moni) konstruiert, wo Arbeit und Freizeit aber eher als einander ergänzende Lebenswelten beschrieben werden, auch hier erscheint Partnerschaft vorrangig als Einengung und Behinderung solcher Aktivitäten.

Ansonsten ist für die in der Großstadt arbeitenden Frauen die bekannte *Doppelorientierung* typisch: Arbeit und Partnerschaft werden parallel und möglichst unabhängig voneinander entwickelt, dabei verhalten sich diese Frauen zum Teil in bezug auf ihre Arbeit sehr viel selbstbewußter und konsequenter als in bezug auf die Partnerschaft, die aber als emotional bedeutsamer und zentraler für die eigen Beheimatung beschrieben wird (Dorothee, Judy). Für die volle Verantwortungsübernahme in der Familie bzw. Partnerschaft scheint dabei die (Erwerbs-) Arbeit eine Art Ausgleich mit scheinbar größeren Freiheitsgraden und vor allem expliziterer Anerkennung zu ermöglichen. Angestrebt ist dabei eine Vereinbarkeit von Beruf und Familie, die z.B. durch Lokalisierung der Lebensbereiche an verschiedenen Orten (Karin) ausgeschlossen scheint. Freizeit hat in diesem Modell kaum einen eigenständigen Stellenwert, die Frauen ordnen also ihre Freizeitinteressen und -beziehungen denen ihrer Partner unter.

Eine Ausnahme stellt Daphne dar, für deren Beheimatung der Freundinnenkreis einen zentralen Stellenwert hat, es handelt sich hier auch um die Einbindung in eine sehr dichte subkulturelle Szene. Wie sich diese Zugehörigkeit mit Erwerbsarbeit vereinbaren läßt bzw. wie die Bereiche von Partnerschaft und Freizeitbeziehung darin abgegrenzt werden, ist bisher nicht abzusehen.

Die soziale Einbindung innerhalb eines Freundeskreises wird im besonderen Maß für Beheimatung wirksam, wenn familiäre Einbindung fehlt oder vermieden wird. Allerdings bedürfen auch partnerschaftliche Beziehungen offensichtlich der Anerkennung und Einbindung durch Freunde und die weitere soziale Umgebung; sie geraten leicht in Isolation, wenn diese fehlen. (Hermann, Judy) Interessant an diesen Ergebnissen erscheint mir, daß eine integrierte "Heimatwelt" de facto nicht mehr möglich ist und zumeist auch nicht mehr angestrebt wird, daß aber gewisse Austauschbeziehungen zwischen den einzelnen Lebensbereichen und Netzwerksegmenten scheinbar eine notwendige Voraussetzung für gelingende Beheimatung sind.

4. Beheimatungsstrategien

Wenn man die Beheimatungsstrategien dieser Jugendlichen betrachtet, zeigt sich zunächst, daß sie unterschiedliche Strategien nutzen und diese an unterschiedlichen Stellen einsetzen. Unterscheidbar sind mindestens fünf verschiedenen Formen:

- es geht auf einer sehr grundlegenden Ebene um *materielle bzw. ökonomische Aktivitäten*, also darum, (materielles) Eigentum zu erwerben, zu sichern, sich etwas aufzubauen: Es geht darum, eine Wohnung zu bekommen (Daphne, Tony, Judy), ein Haus zu bauen (Martin), ein Geschäft in Gang zu bringen (Martin, Hermann), sich ein regelmäßiges Einkommen zu sichern (Moni, Judy, Karin). Es geht dabei auch um Qualifikationen, Abschlüsse und um den damit verbundenen sozialen Status bzw. die darauf beruhende soziale Anerkennung (Exodus). Das spielt eine relativ untergeordnete Rolle, solange die eigene Existenz (auf unterschiedlichem Niveau in Abhängigkeit von erfahrenen sozialen Standards) gesichert ist; existentiell bedrohlich wird es, wenn diese nicht mehr gesichert ist (Daphne auf der Straße, Martin in Schulden, Karin ohne Arbeit);
- es geht zweitens um *sozial integrative bzw. kommunikative Strategien*, um soziale Einbindung, Vernetzung, sozialen Austausch, Gespräch, Verstehen und Verstandenwerden, den Aufbau und die Pflege von Freundschaften, Partnerschaften, Familienbeziehungen usw. Das hat man entweder von früh auf gelernt (Moni, Dorothee), oder man bemüht sich sehr darum (Martin, Exodus). Es geht dabei auch um den Umgang mit Konflikten und Auseinandersetzungen; sowohl deren Harmonisierung als auch deren "Klärung" durch Beziehungsabbruch verhindert Beheimatung;
- es geht drittens um *emotionale Strategien*, also die Fähigkeit, eine Beziehung, einen Ort, einen Beruf etc. emotional zu besetzen, "aufzuladen", subjektiv positiv zu bewerten. Beheimatung gelingt nicht ohne diese affektive Bezogenheit, die Kehrseite ist die emotionale Fixierung an vergangene (Karin, Tony) oder einen selbst beschränkende Kontexte (Judy, Hermann, Exodus). Es geht bei diesen Strategien auch um die Fähigkeit, sich emotional abzugrenzen. Die Schwierigkeit besteht hier offensichtlich darin, die subjektive Balance zwischen einem nur noch rational-strategischen Bezug (Martin) und einem abhängig-nostalgischen zu finden (Tony Banks, Karin);

- es geht deshalb viertens um *reflexive Strategien*, also die Begründung von gewählten oder gegebenen Beziehungen und Kontexten in bezug auf die eigene Person, die Konstruktion subjektiver Sinnzusammenhänge. Es geht darum, sich nicht nur emotional und unbewußt, sondern auch reflektiert zu identifizieren und die eigenen Identifikationen zu erkennen. Es geht auf dieser Ebene um Bewußtmachung; diese kann allerdings auch dazu führen, bestimmte beschränkende Heimaten bzw. emotionale oder sozial zu enge Einbindungen aufzugeben (Martin, Brian);
- es geht fünftens um *imaginative bzw. imaginäre Strategien*, also genaugenommen die Fähigkeiten, sich andere, bessere oder schlechtere Heimatwelten und die eigene (bessere oder schlechtere) Position darin vorzustellen. Bleiben, wo man ist, kann man natürlich auch deswegen, weil man sich nichts anderes vorstellen kann; Beheimatung scheint aber subjektiv auch mit einer Entscheidung bzw. Selektion zwischen möglichen Heimaten zu tun zu haben.

Bei allen Strategien geht es um den Konflikt zwischen Autonomie und Integration, es geht einerseits um die Anpassung und Nutzung sozialer Gegebenheiten, andererseits aber auch um deren Veränderung und Gestaltung. Man kann versuchen, sich in eine gegebene Gemeinschaft zu integrieren (Exodus) oder gleichzeitig in zwei (Hermann), man kann sich eine Gemeinschaft suchen, die zu einem paßt und zu der man paßt (Daphne), oder man kann sich ein eigenes Netzwerk aufbauen (Moni, Brian), das allerdings auch nur innerhalb von bestehenden sozialen Strukturen funktioniert. Letztendlich unterscheiden sich die Jugendlichen weniger (bzw. nur graduell) darin, ob sie "Anpasser" oder "Gestalter" sind, sondern darin, in welchen Bereichen sie sich wie anpassen bzw. was sie gestalten. Dabei gibt es immer die Möglichkeit zu paradoxen Entwicklungen (Judy schafft sich eine neue Familie, in der sie sich anpassen und wie bisher die Verantwortung allein tragen kann).

Zusammenfassend läßt sich sagen, daß alle Beheimatungsstrategien offensichtlich darauf gerichtet sind, das Selbst in einer Umgebung zu positionieren bzw. dem Selbst eine Umgebung abzustecken, in der ihm Einfluß möglich ist, und sei es nur Einfluß auf die eigene Gefühlslage oder die eigenen Vorstellungen. Vermittelt wird diese Selbst-Positionierung in erster Linie über auf soziale Einbindung gerichtete Aktivitäten, die allerdings zumeist in einem überschaubaren regionalen Rahmen lokalisiert werden. Wo dieser relativ enge regionale

Rahmen wegfällt oder sich auflöst, wird der Ortswechsel, das Unterwegssein, selbst zur Beheimatungsstrategie, mit deren Hilfe die sozialen Kontakte und darüber die eigene Befindlichkeiten reguliert werden können.

5. Zum Verhältnis von Heimatkonzept und Beheimatungsstrategie

Hier fällt vor allem auf, daß eine direkte Entsprechung zwischen Heimatbegriff und Beheimatungsstrategie bei den Jugendlichen nicht vorkommt. Das bedeutet also, Heimat und Beheimatung haben auf den ersten Blick nicht nur wenig miteinander zu tun, sondern verhalten sich teilweise sogar gegensätzlich.

Das subjektive Konzept von Heimat ist also scheinbar nicht etwa Ausgangs- und Bezugspunkt von Beheimatungsstrategien, sondern eher deren Gegenpol, Gegengewicht oder gar Fluchtpunkt. Es blendet die Widersprüchlichkeiten realer Beheimatung scheinbar aus, formuliert sie aber quasi indirekt: Eine Familie als Heimat konstruieren sich die Familiengelösten (Exodus, Daphne, Judy), Deutschland zu seiner Heimat deklariert der am engsten in seine Herkunftskultur und -gruppe eingebundene türkische Jugendliche (Hermann), der Ausbrecher, der durch die ganze Bundesrepublik fährt, bezieht sich nostalgisch auf sein Heimatdorf (Tony), der Stratege, der zu Rhetorikkursen fährt, beschwört das Selbstverständliche der dörflichen Gemeinschaft (Martin), die Frau, die sich "zwischen zwei Stühlen" beschreibt, entscheidet sich faktisch immer für einen davon (Moni) usw.

Es scheint, als konservieren die Heimatbegriffe bei den Jugendlichen auch psychologisch eine in ihrem Handeln schon überwundene Fiktion von Zugehörigkeit. Das dient offensichtlich als imaginärer Gegenpol und Halt für die aktuellen, oftmals verunsichernden Beheimatungsversuche. Die realen Beheimatungsstrategien führen scheinbar nicht hin zu diesen abstrakten, nostalgischen, idealen und eindimensionalen Begriffen von Heimat, sondern eher weg von ihnen. Sie führen dafür in die Komplexität sozialer und kultureller Beziehungen, die offensichtlich so einfach, wie es die Heimat noch behaupten kann, nicht mehr zu haben sind.

Teil V
Ausblick

A. Heimat und Beheimatung als Gegenstand der Psychologie Zusammenfassung

Am Ende dieser Arbeit möchte ich die aus meiner Sicht wichtigsten Überlegungen und empirischen Ergebnisse zusammenfassen. Es geht mir dabei darum, nochmals zu formulieren, was ein psychologisches Verständnis von Heimat bzw. Beheimatung beinhalten könnte bzw. müßte und welche Schlußfolgerungen sich daraus ableiten lassen.

Heimat ist als ein diskursiver Knoten zu begreifen, in dem sich unterschiedliche Bedeutungsaspekte - und damit auch die Forschungsfragen verschiedener Wissenschaftsdisziplinen - treffen. Dabei hat es eine historische Bedeutungsverschiebung des Heimatbegriffes gegeben, weg von seinen geographischen, ökonomischen und juristischen Ursprüngen und hin zu soziologischen bzw. zunehmend psychologischen Aspekten. Die zunehmende "Innerlichkeit" des Heimatbegriffes ist Ausdruck einer kulturellen Entwicklung, die mit der Auflösung, Veränderung und Pluralisierung eindeutig abgrenzbarer, überschaubarer und unumgänglicher Lebenswelten zu tun hat. Je weniger selbstverständlich die darauf beruhenden sozialen Einbindungen und Zugehörigkeiten und je differenzierter die darin möglichen individuellen Lebensformen sind, umso mehr wird Heimat zum subjektiven Problem. Es gibt zwar noch einen allgemeinen Begriff von Heimat, aber keinen common sense mehr darüber, was das ist. Heimat wird aber nicht nur interindividuell sehr unterschiedlich aufgefaßt, sondern differenziert sich auch intraindividuell. So läßt sich schon in den subjektiven Konzepten von Menschen über Heimat eine Komplexität und Vielfalt von Bedeutungen nachweisen, die der Komplexität und Vielfalt realer Lebensbezüge entspricht. Die Heimatkonzepte selbst sind dabei Ausdruck eines Versuches, diese Komplexität zu reduzieren, zu vereinfachen oder einen - wie auch immer gearteten - Zusammenhang zu stiften.

Dieser Zusammenhang wird in bezug auf das Subjekt konstruiert: Es geht letztendlich um die Übereinstimmung einer bestimmten Umgebung mit den Bedürfnissen und Fähigkeiten einer Person, über die eine affektive Gesamtbewertung getroffen wird: das Heimatgefühl. Dabei müssen Ambivalenzen der realen Lebenssituation entweder ausgeblendet oder aber in irgendeiner Form vermittelt werden.

Heimat ist also eine subjektive Konstruktion, ihre Basis ist zum einen die individuelle Biographie, die quasi den Bewertungsmaßstab ausbildet, der die Grundlage für die Einschätzung der "Heimatlichkeit", also der "Bekanntheit" und "Beeinflußbarkeit" von Umgebungen bildet.

Zum anderen geht es darum, wie die soziale Einbindung in der Gegenwart die biographischen Erfahrungen fortsetzen, wiederholen, ausgleichen oder kompensieren kann und. was sie an neuen Erfahrungen von Heimatlichkeit, also subjektiver Sicherheit, Geborgenheit und Vertrautheit, vermittelt. In bezug auf diese Bedürfnisse wird Heimat auch in die Zukunft projiziert und entworfen. Die imaginäre Konstruktion von Heimat schafft also eine genzheitliche Vorstellung, auf die hin eine Person ihr soziales Handeln ausrichten kann.

Heimat bündelt also auch subjektiv unterschiedliche - aber jeweils identitätsrelevante - Diskursstränge, z.B. die Frage nach der eigenen Biographie, nach frühen Identifikationen, nach persönlichen Ressourcen, Präferenzen und Optionen, aber auch nach sozialer, kultureller und politischer Einbindung. Das eigentliche psychologische Problem ist dabei, wie man von einem bestimmten Ausgangspunkt, also den in einem bestimmten biographischen Kontext entwickelten Bedürfnissen und Fähigkeiten, zu einen Punkt gelangt, an dem die Übereinstimmung zwischen Person und Umgebung neu erfahrbar wird.

Dafür habe ich den tätigeitsorientierten Begriff von *Beheimatung* als Gegenstand psychologischer Untersuchungen formuliert: es geht darum, wie Heimat gemacht wird. Wichtig erscheinen dabei vier Aspekte:

- Es geht um Beheimatung als *Problem*, sowohl unter biographischen als auch unter aktuellen Gesichtspunkten: es geht also um Ursachen, auslösende, verstärkende und aufrechterhaltende Bedingungen von Diskrepanzen zwischen den Bedürfnissen einer Person und ihren Möglichkeiten, diese in einem sozialen Kontext zu realisieren. Es geht dabei sowohl um familiäre Desintegration, als auch um soziale Benachteiligung oder politische bzw. kulturelle Diskriminierung und deren jeweilige subjektiven Folgen.
- Es geht um den *Prozeß* von Beheimatung und um dessen narrative Inszenierung als Ankunft, Auszug oder Unterwegs. Dieser Prozeß ist also einerseits gerichtet

auf das Verlassen von als beengend erfahrenen Kontexten und auf das Darüberhinausgehen, also quasi auf Ablösung. Er ist auch bezogen auf das Erreichen bzw. die Annäherung an angestrebte Kontexte und den Prozeß des Sich-darin-Einbindens. Es geht mitunter auch um das Vermeiden von Einbindung und den damit verbundenen Festlegungen und Beschränkungen.

- Es geht drittens um unterschiedliche *lebensweltliche Bezüge* und deren Zueinander, z.B. die Beziehung zwischen Privatem und Öffentlichem, das Verhältnis von Arbeit, Freizeit, Familie und Partnerschaft. Hier gibt es sowohl Versuche der Integration von unterschiedlichen Lebensbereichen, der Polarisierung, Doppelorientierung oder Konzentration auf einen bestimmten Lebensbereich, sowie des zeitlichen Nacheinanders oder Nebeneinanders.
- Es geht viertens um die *Strategien*, mit deren Hilfe Beheimatung versucht wird bzw. gelingt: Hier habe ich zwischen materiell-produktiven, sozial-kommunikativen, affektiven, reflexiven und imaginativen Beheimatungsstrategien unterschieden. Gemeinsam ist allen diesen Strategien, daß es um eine Positionierung der Person zu ihrer Umgebung (bzw. der Umgebung zu dieser Person) geht, die ihr subjektiv Einfluß- und Gestaltungsmöglichkeiten eröffnet.

Beheimatung bekommt als psychologischer Mechanismus also eine identitässtrategische Bedeutung, denn sie "begründet" die Identität von Subjekten, und zwar sowohl reflexiv als auch kommunikativ und damit schließlich auch in bezug auf deren Handeln in gegebenen kulturellen bzw. gesellschaftlichen Kontexten. Was heißt das?

Auf einer reflexiven bzw. subjektiven Ebene ist Beheimatung ein Prozeß der subjektiven Sinnstiftung: der Selbstbegründung; Selbstbestimmung, des Selbstentwurfs. Damit wird nicht nur begründet, warum man an einem Ort bleibt oder ihn flieht, sondern auch, wozu man selbst diesen Ort (ge)-braucht bzw. wer man an diesem Ort sein bzw. werden kann.

Auf einer kommunikativen Ebene ist Beheimatung ein Prozeß sozialer Integration bzw. sozialer Vernetzung. Es geht dabei darum, einen Platz in einem sozialen System zu finden, soziale Beziehungen herzustellen, aufrechtzuerhalten und zu entwickeln, eigene Zugehörigkeiten und Abgrenzungen zu definieren. Es geht dabei auch um die soziale Anerkennung und Unterstützung der eigenen Selbstdefinition.

Auf der Handlungs-Ebene geht es bei Beheimatung schließlich darum, in historisch-konkreten, politisch-kulturellen Systemen handlungsfähig zu bleiben bzw. zu werden. Es geht dabei nicht nur um die Sicherung der eigenen Existenz, sondern um die Gestaltung und Erweiterung von eigenen Handlungsmöglichkeiten. Es geht damit um eine Integration von sense of community, sense of control und sense of coherence- als Voraussetzungen psychischen Wohlbefindens im Sinne des Heimatgefühls. Diese drei Ebenen wirken praktisch immer zusammen und beeinflussen sich gegenseitig. Die Handlungsmöglichkeiten in einem regionalen, geographisch, politisch, und kulturell bestimmten Rahmen führen zu bestimmten Formen sozialer Organisation und Kommunikation, die von den darin lebenden Individuen unterschiedlich reflektiert werden können. Wie sie diese reflektieren, beeinflußt aber nicht nur das Ausmaß ihrer sozialen Integration und ihres sozialen Einflusses, sondern auch ihre Position zu diesen regionalen, geographischen, politischen und kulturellen Gegebenheiten. Subjektive Beheimatungsprozesse sind also immer auch auf einen kulturellen Hintergrund bezogen, der über das unmittelbare soziale Netzwerk hinausgeht. Das möchte ich an einem letzten empirischen Beispiel nochmals kurz skizzieren.

B. Heimat als soziokulturelles Problem - am Beispiel Horno

Das kleine Niederlausitzer Dorf Horno, nordöstlich von Cottbus auf einem Plateau westlich der Neiße gelegen, hat ca. 370 Einwohner und ungefähr 100 bewohnte Höfe. Da die landwirtschaftlichen Flächen klein und nicht sehr ergiebig waren, arbeiteten bereits seit Anfang dieses Jahrhunderts die meisten Männer in den umliegenden Städten, viele davon als Maurer, und betrieben die Landwirtschaft unter Mitarbeit der Frauen nur noch im Nebenerwerb. 1960 wurden dann die meisten Flächen in einer LPG zusammengefaßt, die nach der Wende in eine GmbH umgewandelt wurde und noch immer Arbeit für ca. 60 Beschäftigte bietet. Auch der Braunkohlebergbau und das benachbarte Kraftwerk waren wichtige Arbeitgeber in der Region, bei denen es seit der Wende allerdings zahlreiche Entlassungen gegeben hat. Zur Beschäftigungsstruktur des Dorfes gehören heute neben den in der Landwirtschaft und im Bergbau Beschäftigten einige selbständige Handwerker, viele Angestellte im öffentlichen Dienst und Beschäftigte aus Industriebetrieben der umliegenden Städte. Der Arbeitslosenanteil ist aufgrund dieser gemischten Beschäftigungsstruktur im regionalen Vergleich eher gering.

Bereits zu DDR-Zeiten war der Abriß des Dorfes wegen der darunter liegenden Braunkohlevorkommen geplant, seit 1978 gab es keine Baugenehmigungen mehr, und junge Paare oder Familien zogen in andere Orte. Die anderen Eigentümer harrten quasi der Vertreibung und investierten nur wenig in den Erhalt ihrer Grundstücke.

Mit der Wende 1989 wurde der Vortrieb des Tagebaus vorübergehend eingestellt, von diesem Zeitpunkt an,begann sich im Dorf der kollektive Widerstand gegen die Abbaggerung zu formieren. Politische Unterstützung kam dabei vor allem von zwei Seiten: Erstens vom Bündnis 90/Grüne bzw. dem daraus hervorgegangenen Bürgerbündnis, das vor allem die energiepolitischen Prämissen und die nur noch privatwirtschaftliche Logik der Naturraumzerstörung in Frage stellte und auf deren ökologische Folgen hinwies. Zweitens kam Unterstützung von der

Domowina, des Dachverbands Lausitzer Sorben, die vor allem die Zerstörung des Kulturraums, der letzten Reste des niedersorbischen Sprach- und Trachtengebietes anmahnte. Allerdings war das "Wendische" (wie die Niederlausitzer Sorben ihre Sprache und Tradition selbst bezeichnen) in dieser Region bereits seit dem Kriegsende oder auch schon zuvor verlorengegangen. Die Ursachen dafür lagen einerseits in der zunehmenden Industrialisierung und der damit einhergehenden "Verstädterung" auch auf dem Land; die wendische Sprache und Kultur waren hingegen vorwiegend an die bäuerliche Lebensweise geknüpft und in städtischen Zusammenhängen nicht nur oftmals unpraktisch, sondern auch als "zurückgeblieben" stigmatisiert. Dazu kam eine in Preußen seit Beginn des Jahrhunderts wenig liberale, auf Germanisierung gerichtete Schul- und auch Kirchenpolitik, die während der Nazizeit fortgesetzt und, durch die Abwertung alles "Slawischen", noch forciert wurde. Damit im Zusammenhang stand, daß die meisten Eltern zwar noch untereinander wendisch sprachen, aber mit ihren Kindern nur noch deutsch, um ihnen Chancen im deutschen Umfeld nicht zu verbauen. Nach dem Krieg veränderten sich die bis dahin weitgehend homogenen Dörfer durch den Zuzug vieler Umsiedler aus den deutschen Ostgebieten und durch die LPG-Gründungen weiter. Heute trägt in Horno niemand mehr Tracht, und nur wenige, alte Leute verstehen und sprechen noch Wendisch. Dennoch motiviert dieser kulturelle Hintergrund den Widerstand sehr stark mit.

Als Dritte im Bunde hat auch die Evangelische Landeskirche ihre Unterstützung des Widerstandes u.a. dadurch signalisiert, daß sie die vorher vakante Pfarrstelle 1994 mit einer Pastorin von der Berliner Gedächtniskirche neu besetzte und das Pfarrhaus in Horno zu deren neuem Pfarrsitz bestimmte und ausbaute.

Bereits seit 1989 gab es zahlreiche Initiativen, Demonstrationen und Einwohnerversammlungen mit dem Ziel der Ausgliederung des Dorfes aus dem Bergbauplan. Parallel dazu gab es eine gezielte Öffentlichkeitsarbeit der LAUBAG, des Braunkohlekonzerns, der den Einwohnern eine Umsiedlung bzw. den Verkauf ihrer Grundstücke plausibel zu machen versuchte. Eine zentrale Position in der Organisation des Widerstandes nimmt der Bürgermeister des Ortes ein, der die Interessen der Abbaggerungsgegner nicht nur öffentlich, sondern auch innerhalb der Gemeinde vertritt. Zum Beispiel stellte die Gemeinde jedem Grundstück einen bestimmten Betrag für Gestaltungsmaßnahmen zur Verfügung, was nicht nur zur Verschönerung des Dorfes, sondern auch zur Identifikation seiner Bewohner mit dem Kampf um dessen Erhalt beitrug. Auch wurde mit Unterstützung der Gemeinde ein Steingarten errichtet, in dem Findlinge mit den Namen der schon zerstörten Niederlausitzer Dörfer aufgestellt sind.

Nachdem der Minsterrat des Landes Brandenburg 1994 mit der Unterzeichnung des Bergbauplans die Abbaggerung von Horno praktisch beschlossen hatte, reichte die Gemeinde mit Unterstützung der oben genannten Organisationen eine Klage beim Landesgerichtshof ein. Grundlage dafür war ein Rechtsgutachten, das sich auf die Brandenburgische Landesverfassung bezog, die die juristische Auslöschung einer Gemeinde nur per Parlamentsbeschluß erlaubt. Der Klage wurde im Juni 1995 zunächst stattgegeben, was die meisten Hornoer als Erfolg gefeiert haben.

Soviel zum Hintergrund der Geschichte, was interessiert daran in bezug auf die Psychologie von Heimat und Beheimatung?

Aufmerksam gemacht auf den Zusammenhang vom Hornoer Widerstand und meinem Thema hatten mich zwei Nachrichten: Die erste war, daß der Begriff Heimat eine zentrale Bedeutung bei der Organisation des Widerstandes der Hornoer gewonnen hat, der sich auch im Ortsbild ausdrückt. An vielen Höfen sind Transparente mit Aufschriften befestigt wie: "*Was Heimat ist, begreifst du erst, wenn man sie dir nehmen will*"[153]. Der Begriff von Heimat integriert hier also offensichtlich verschiedene Interessengruppen und auch verschiedene Interessen: Die Sicherung von Besitzständen (Haus und Hof), die Aufrechterhaltung von sozialer Integration, die Bindung an Tradition, Kultur und Landschaft, aber auch die Entwicklung von Widerstandsgeist, der Einsatz für ökologische Ideen, also eine Verbindung von eher konservativen und sehr progressiven Elementen.

Die zweite Meldung machte mich auf, möglicherweise hinter diesem scheinbaren Konsens liegende, soziale Konflikte aufmerksam. Es handelte sich um eine Zeitungsmeldung (Lausitzer Rundschau vom 3.6.1995; S.1 und 3) nach dem juristischen (Teil-) Sieg der Hornoer, die überschrieben war: "Heimatrecht gegen Recht auf Arbeit", und die auf die Interessen der Braunkohlebeschäftigten hinwies, deren Arbeitsplätze durch die "Sturheit" der Hornoer gefährdet wären,

---

153 GROMM M (1995) Horno - ein Dorf in der Niederlausitz will leben. Dietz, Berlin

weshalb die IG Bergbau parallel zur Siegesfeier der Hornoer eine Protestdemonstration organisierte. (Gefährdet sind und bleiben diese Arbeitsplätze freilich faktisch unabhängig vom Ausgang des Rechtsstreites durch die gesamte Umstrukturierung der ostdeutschen Braunkohle). Mich begann zu interessieren, wie sich ein in Horno lebender Bergmann wohl entscheiden würde, also quasi, wie zentral das Bedürfnis nach Heimat, also nach Vertrautheit und Beeinflußbarkeit der Umgebung, denn beispielsweise im Vergleich mit dem nach einem sicheren Arbeitsplatz wäre.

Der Einstieg ins Untersuchungsfeld war dabei, aufgrund meiner eigenen regionalen Einbindungen, relativ einfach: Ein Freund vom Bürgerbündnis vermittelte mir einen Kontakt mit der Pastorin der Kirchgemeinde, die mich beim nächsten Gottesdienst den anwesenden Gemeindemitgliedern vorstellte; mit allen Anwesenden konnte ich im Anschluß an den Gottesdienst Gesprächstermine ausmachen. Das war zwar ein Zugang, mit dem ich vorläufig ausschließlich kirchlich gebundene Frauen aus Horno erreichte, allerdings gibt es traditionell enge (familiäre) Verbindungen zwischen Kirch- und Dorfgemeinde.

In den ersten Gesprächen ging es mir darum, ein Bild vom sozialen Zusammenhang des Dorfes zu bekommen, von der Position einzelner Personen darin und dazu und von der subjektiven Bedeutung, die Heimat bzw. Beheimatung für die Beteiligung am kollektiven Widerstand oder für den Abstand dazu hat. Erfahren habe ich in erster Linie sehr persönliche Lebensgeschichten, deren Bezugspunkt dieser "heimatliche" Zusammenhang und dessen Bedrohung bildet.

Zum gegenwärtigen Zeitpunkt ist dieses Material weder vollständig erhoben, noch systematisch ausgewertet. Infolgedessen kann ich hier nur erste Hypothesen darüber formulieren, wie Zusammenhänge zwischen individueller Lebensgeschichte, Lebenssituation, sozialer Integration und Beteiligung am kollektiven Widerstand aussehen könnten.

Deutlich ist dabei zunächst wiederum geworden, daß auch in diesem relativ traditionellen und kollektiven Rahmen des Dorfes "Heimat" letztlich eine sehr individuelle und subjektive Angelegenheit ist, daß hinter bzw. unterhalb der kollektiv erfahrenen Bedrohung persönliche Beziehungen und persönliche Motivationen ausschlaggebend dafür sind, was jemand als seine Heimat ansieht und wie er sich dafür zu engagieren bereit ist.

So wird z.B. die Entscheidung, einen Hof zu verkaufen oder nicht, von ganz unterschiedlichen Faktoren beeinflußt, z.B. vom Stolz auf diesen hart erarbeiteten Besitz, auf daran geknüpfte Traditionslinien, von dessen Zustand bzw. Wert, von verfügbaren Alternativen, aber auch von der sozialen Einbindung im Dorf, vom Status und der sozialen Anerkennung, die man dort erfährt, oder von Isolation, Mißachtung und sozialem Druck, denen man dort ausgesetzt ist, von sozialen Einbindungen, die man andernorts hat, und schließlich von den persönlichen Zielen, Lebensplänen und Bedürfnissen nach Sicherheit oder auch Veränderung.

Personen, die aus dem kollektiven Widerstand ausscheren und beispielsweise ihren Hof verkaufen, sind deshalb nicht unbedingt weniger heimatverbunden oder sozial integriert als die Initiatoren des Widerstandes. Ihnen sind nur beispielsweise andere (z.B. familiäre oder berufliche) Einbindungen wichtiger als die soziale Einbindung ins Dorf, oder sie haben Pläne, die sich andernorts besser realisieren lassen. Bei manchen EinwohnerInnen scheitert eine Beteiligung trotz prinzipiell ähnlicher Motivation allerdings auch an ihrer sehr geringen sozialen Integration, so daß sie kaum in kollektive Aktionen einbezogen werden, sondern den Ausgang des Konflikts nur passiv abwarten.

Auch "Widerstand" in Horno muß nicht in erster Linie Ausdruck von besonderer Identifikation mit kollektiven Interessen sein, sondern ist vor allem Ausdruck einer hohen persönlichen Motivation und einer engen sozialen, oftmals auch familiären Einbindung. Auch diese verlangen die teilweise Ausblendung von Konflikten und möglicherweise auch Chancen, z.B. den Lebensmöglichkeiten, die man anderswo haben könnte. Der Alltag in Horno ist also genauso ambivalent wie in jeder anderen Heimat auch.

Für die Beteiligung am Widerstand spielt allerdings das Zusammenwirken von drei, einzeln bereits erwähnten, Aspekten offenbar eine ausschlaggebende Rolle:
- Zum einen geht es um die Verbindung zur Erde, um *Verwurzelung* in einem sehr archaischen, aber auch ökologischen Sinn. Es geht um die Verhinderung der Zerstörung einer Landschaft und einer darin begründeten sozialen Kultur, die sich den dort lebenden Menschen über viele Generationen hinweg eingeprägt hat. Diese Zerstörung wird von den Menschen, die sich mit dem Widerstand identifizieren, nicht nur als kollektiver, sondern auch als persönlicher Verlust erfahren.
- Es geht zum zweiten um die in dieser Landschaft und im Dorf vergegenständlichten *Kultivationsleistungen* von Menschen, die in einem intergenerativen

Zusammenhang gesehen werden: die Kirche, in der seit Jahrhunderten Menschen beten, die Obstbäume, die Großvater gepflanzt hat, das Haus, das Vater und Mutter gebaut haben, es geht auch um die Grabstelle des hier begrabenen Sohnes, und es geht damit auch um die von einem selbst hier vollbrachte Arbeit und übernommene Verantwortung.

- Es geht schließlich um den eigenen unmittelbaren Lebenszusammenhang, die aktuellen *Lebensmöglichkeiten und Lebensperspektiven* an diesem Ort, die immer auch mit sozialer Einbindung, sozialer Unterstützung und sozialer Anerkennung verknüpft sind; es geht um aktuell erfahrene Gewinne oder Verluste und um aktuell erfahrbare Verbesserungen, einen Mehr-Wert an Leben. Das gelingt allerdings nur, wenn über diesen aktuellen unmittelbaren Lebenszusammenhang hinausgedacht und auch gehandelt wird.

Wieder abgehoben von diesem konkreten Beispiel bedeutet das also, daß auch die psychologische Analyse von Beheimatungsprozessen letztlich wieder zu den kollektiven und kulturellen Bezügen, in bzw. zu denen sich die Subjekte positionieren, zurückführen muß, um verstehen zu können, wie und warum sie sich so positionieren.

Damit möchte ich abschließend zu Schlußfolgerungen aus meiner Arbeit überleiten, zum einen in bezug auf die psychologische Forschung, zum anderen in bezug auf die psychologische Praxis.

C. Schlußfolgerungen für Forschung und Praxis

1. Forschungsfragen

Daß am Ende einer solchen Arbeit scheinbar mehr Fragen offen sind als zu deren Beginn, scheint ein Phänomen zu sein, das zur wissenschaftlichen Arbeit gehört. "*Forschen heißt, verschiedene und miteinander oft unverträgliche Dinge auf eine Weise miteinander angleichen, die den Erfordernissen und den Einsichten eines bestimmten Augenblickes genügt.*"[154] Ich möchte hier nur einige Richtungen andeuten, in die mir eine Weiterentwicklung meines Themas spannend erscheint.

Genauer untersucht werden müßte aus meiner Sicht der Ablauf subjektiver Beheimatungsprozesse, und damit zusammenhängend besonders, in welcher Weise biographische Voraussetzungen in aktuelle Beheimatungsstrategien umgesetzt werden. Es scheint mir hier durchaus denkbar, eine *Typologie von Beheimatung* zu entwickeln, in die die bereits von mir differenzierten unterschiedlichen Problemlagen, Prozeßverläufe, lebensweltlichen Bezüge und Beheimatungstrategien zusammengefaßt werden können.

Ein zweites Thema, das mir weiter untersuchenswert erscheint, ist der *Zusammenhang zwischen subjektiven Beheimatungsprozessen und kulturellen Prozessen* und die Rolle, die soziale Netzwerke bei der Vermittlung dieser Ebenen spielen. Das habe ich am Beispiel von Horno zum Schluß nur noch andeuten können. Die Frage, in welcher Weise es Subjekten gelingt, kulturelle Entwicklungen mitzugestalten, statt ihnen nur nachzulaufen bzw. ausgeliefert zu sein, scheint mir ein, theoretisch bereits begründeter, zentraler Aspekt von Beheimatung zu sein. Zu fragen wäre hierbei einerseits, aus welcher Kultur heraus eine bestimmte subjektive Beheimatungsstrategie (z.B. das bei Fuhrer beschriebene multi-local-living) entsteht und welche Kultur sie ihrerseits schafft.

Ein dritter sehr interessanter Themenkreis scheint mir zu sein, die *identitätsstrategische Bedeutung von Ortswechseln* genauer zu analysieren. Es geht hier nicht wie in bisherigen psychologischen Untersuchungen darum, welche Auswirkungen Ortswechsel auf die Identität einer Person haben, sondern darum, in welchem Maß sich Personen selbst entwerfen, indem sie Orte aufsuchen,

154 FEYERABEND P (1989) IRRWEGE DER VERNUNFT. FRANKFURT/MAIN; S.411

verlassen oder vermeiden, Heimat suchen oder vor ihr fliehen. Es geht also darum, wie Orte zu Mitteln von Identitätsentwicklung werden, statt nur deren Voraussetzung zu sein. Zugespitzt hieße das, daß Menschen im Prinzip danach gefragt werden könnten, wo (an welchem Ort, in was für einer Wohnung, in welchem Land, in welcher Kultur) sie als nächstes leben sollten, um dem näherzukommen, was bzw. wer sie sein wollen.

Ein vierter wichtiger Bereich, den ich mehrfach angedeutet, aber nicht systematisch untersucht habe, ist die Frage nach der *Geschlechtspezifik von Beheimatung*. Vieles deutet in meiner Arbeit, sowohl theoretisch als auch empirisch, darauf hin, daß nicht nur die Voraussetzungen von Beheimatung für Frauen und Männer verschieden sind. Auffallend sind gerade bei Frauen sehr aktive Beheimatungsstrategien, die über kulturell tradierte Modelle hinausgehen oder diese zu integrieren versuchen. Gerade im Umgang mit den Ambivalenzen von Beheimatung scheinen Frauen sich aufgrund der Doppelsozialisation einen Erfahrungsvorsprung erarbeitet zu haben. Eine systematische Untersuchung unter diesem Gesichtspunkt könnte interessante Ergebnisse über gegenwärtige und zukünftige Heimaten bzw. Beheimatungsmöglichkeiten für Frauen und Männer erbringen.

2. Praxisfragen: Heimatkunde, Heimattherapie, Heimatpolitik?

Auch dieses Thema könnte zum Gegenstand einer eigenen Arbeit werden, ich möchte mich auf einige Überlegungen beschränken. Eine erste angewandte Fragestellung wäre die, ob *Heimatkunde* als Schulfach in der gegenwärtigen Form noch Sinn macht. Dahinter steht das Problem ob man Kinder zur Heimatliebe erziehen kann oder/und sollte, oder ob man sie angesichts kultureller Entwicklungen nicht lieber befähigen sollte, mit Heimatlosigkeit klarzukommen. Diese polemisch zugespitzte Frage ist natürlich so nicht zu beantworten. Sicher ist, daß das Heimatbedürfnis offensichtlich in dem Maß wächst, wie die Beheimatung in einer komplexen, vielfältigen und zerissenen Welt schwieriger wird. Folglich geht es wohl v.a. darum, Kindern den Umgang mit Vielfalt, Ambivalenz und Widerspruch beizubringen bzw. vorzuleben- indem man zuallererst ihre Verschiedenartigkeiten, Veränderungen und Konflikte respektiert. Was die Erziehung zur Heimatliebe angeht, machen meine Fallstudien deutlich, daß man dazu umso weniger erziehen muß, je mehr sich Kinder in ihrer jeweiligen Heimat selbst als geliebt, erwünscht und anerkannt erfahren. Das überläßt man im allgemeinen den Familien, die allerdings ohne sozialen Rückhalt in ihrem kulturellen Umfeld überfordert sind - und das kann mehr oder weniger heimatlich für Kinder sein: angefangen von deren prinzipieller gesellschaftlicher Erwünschtheit, über zur Verfügung stehende und zur Verfügung gestellte Mittel, Wohn-, Spiel- und Lernräume bis hin zu der Bereitschaft, Zeit und Fähigkeit von Erwachsenen, sie dabei zu begleiten.

Eine daran anschließende Frage ist die nach den "Inhalten" von Heimatkunde; was muß ein Kind wissen oder lernen, um Heimat finden zu können oder sich in einer Heimat zurechtzufinden, die so wie die oben beschriebene ist: vielfältig, komplex, kompliziert, fragmentiert, "verinselt" und in schneller Veränderung begriffen? Wie in anderen Fächern auch, wird die Vermittlung von Wissen im Sinn von ein für allemal feststehenden Gewißheiten unter diesen Umständen fragwürdig. Obwohl es sicher sehr viele Zusammenhänge gibt, von denen Kinder wissen müssen, um Heimatbeziehungen aufbauen zu können: Ökologie, Geographie, Kulturgeschichte, Sprachen usw.

Der Kern von Heimatkunde unter heutigen Umständen wäre aber wohl Beheimatungskunde, also die Vermittlung von "Kulturtechniken" oder, noch besser, die Entwicklung von Fähigkeiten, sich zu beheimaten und einen eigenen Zusammenhang mit der Welt zu reflektieren und zu erneuern. Voraussetzung für eine solche Art Lebensschule wäre, daß Bildung und Erziehung nicht im schulischen Ghetto stattfinden, sondern daß die Schule selbst als Lebensraum begriffen wird, in dem sich Kinder beheimaten können oder auch nicht.[155] Das hieße, das auch konkrete Schulen daraufhin untersucht werden können, wie sie Kindern und Lehrern die Erfahrung von Gemeinschaft, Verantwortung und Sinnstiftung- als Voraussetzungen von Beheimatung ermöglichen.

Eine zweite angewandte Fragestellung wäre die nach einer *Heimattherapie*: gibt es das, sollte es das geben, wie müßte das aussehen? Meine Untersuchung macht vor allem deutlich, daß eine gewisse Sensibilität für das Problem von Beheimatung und für dessen unterschiedliche Dimensionen inzwischen Element jeder Therapie sein müßte: es geht in Therapien immer um subjektive Wahr-

155 HENTIG H VON (1993) Die Schule neu denken. Karl Hanser Verlag, München, Wien

nehmung von Umgebungen und deren Bewertung, es geht um deren Funktionalität und dabei ausgeblendete Ambivalenzen, um Abschied und das Bewältigen von Verlusten, aber auch um die Entwicklung von neuen Lebensperspektiven und subjektivem Sinn, um Selbstbestimmung und Entwicklung von Identität. Im weiteren Sinn müßte Beheimatungstherapie allerdings über das klassisch-therapeutische, reflexiv orientierte Setting hinausgehen und gerade die Beheimatung in realen Lebensbezügen untersuchen und verändern. Das hieße, Klienten nicht nur als Opfer, sondern auch als Gestalter von sozialen und kulturellen Beziehungen zu sehen, aber auch, in einem bestimmten Rahmen Netzwerkarbeit zu betreiben und vielleicht sogar Kulturpolitik; wichtig wäre also auch die (präventive) Gestaltung von Umgebungen, die Beheimatung ermöglichen. In diesem Verständnis würde Heimattherapie auf einem gemeindepsychologischen Ansatz basieren und gemeindepsychologische Interventionen einschließen.

Damit wäre man schließlich bei einer dritten angewandten Fragestellung, der nach der *Heimatpolitik*. Gegenwärtig reagiert Politik auf das kulturelle Problem von Heimatlosigkeit v.a. mit zwei Strategien: einerseits Abgrenzung (z.B. die Änderung des Asylrechts) und andererseits Verrechtlichung bzw. Verregelung von Zugehörigkeiten (z.B in bezug auf EG-Mitgliedschaft). Beide Strategien decken die realen Probleme eher zu. Darüberhinaus sehen immer weniger Menschen in der traditionellen Parteien-Politik Möglichkeiten zur Einflußnahme. Wenn jedoch Beheimatung v.a. mit individuellen Gestaltungsmöglichkeiten zu tun hat, würde Heimatpolitik nicht bloß Bürgernähe- bzw. Bürger-"Gefälligkeit" (die zumeist auch nur im Wahlkampf üblich sind) sondern Bürgerbeteiligung voraussetzen. Bürgerinitiativen bilden sich allerdings momentan nur an den Punkten, wo Heimat-Interessen von BürgerInnen sehr direkt und massiv bedroht sind, bei Verkehrs- und Fluglärmbelästigung, beim Bau von Müllverbrennungsanlagen und Deponien, oder wie in Horno, wenn der Bagger quasi schon vor dem Dorf steht. Bürgerbeteiligung an längerfristigen Planungs- und Gestaltungsprozessen kommt auch bei sehr überschaubaren Projekten im kommunalen Rahmen nur selten zustande und führt auch dort häufig zu der Erfahrung, daß politische Entscheidungen doch nicht zu beeinflussen sind oder anderen Gesetzmäßigkeiten folgen. So sind es momentan v.a. die Personen, die sich in der Politik beheimatet haben, die dort Beheimatungspolitik machen können. Die sich selbst organisierende und verwaltende Polis ist vorerst eine Utopie. Vielleicht wird erst eine weitere Verschärfung ökologischer, sozialer und interkultureller Probleme hier zu einer Veränderung führen.

Für Erzieher, Therapeuten und Politiker wird Heimat als Thema zunehmend wichtiger werden, die Anerkennung der starken subjektiven Dimension von Heimat und der Notwendigkeit zum Umgang mit Vielfalt und Ambivalenz werden dabei entscheidende Voraussetzungen für Verständnis und Einflußnahme. Ich möchte weitere allgemeine Überlegungen zurückstellen und dieses Buch so schließen, wie ich begonnen habe.

P.S. Persönliche Schlußfolgerungen

Was also heißt Heimat haben? Einen Ort haben, wo man gern bleibt, aber nicht bleiben muß? Wohin man wieder zurückkehrt? Von dem man ausgeht?

Heimat sind vertraute Gesichter und deren Veränderung. Heimat sind manche Gespräche, aber Heimat ist vor allem auch da, wo man nicht mehr viel sagen muß. Heimat sind staubige Sandwege, feuchte Wiesen, blaugestrichene Fensterrahmen, zwei Katzen und eine mickrige Birke. Heimat ist, wo es still ist. Heimat ist wenn das Telefon noch spät klingelt. Heimat ist eine abgeschlossene Arbeit. Heimat ist eine neue Idee.

Heimat ist nächste Woche wieder ein warmes Bad, ein Café, in dem ich die Kellner kenne, ein paar Blicke auf der Straße, ein Film, den ich nicht verstanden habe und nicht vergessen kann, völliges Durcheinander, verrückte Bilder, Musik, die einem den Boden unter den Füßen wegreißt, ein Alptraum, in dem ich mal wieder davonkomme...

Heimat kann sein von früh bis abends arbeiten, den ganzen Tag im Bett bleiben, tanzen gehen. Auch essen und trinken, den Abwasch machen, bügeln und Fenster putzen. Heimat ist eine Handbewegung. Wie du gehst. Ein Geruch. Dummes Zeug quatschen. Heimat ist Alltag.

Demnächst ist Heimat wieder ein anderes Land, Freunde, die ich lange nicht gesehen habe, eine Sprache, in der ich mich anders ausdrücken kann als in Deutsch. Daß ich vergesse an Zuhause zu denken. Ein fremder Geruch, merkwürdige Sitten, dieses gelbe Licht am Abend, sich treiben lassen wer-weiß-wohin... Meer.

Heimat ist an vielen Orten.
Heimat heißt: da sein, wo man ist.
Heimat ist, wo wir leben.

C'est ici, que nous vivons.

Literatur

AHBE, GLÜCKSMANN, MITZSCHERLICH (1995) Identitätsentwicklung junger Erwachsener. In: Lutz B, Schröder H (eds.) Entwicklungsperspektiven von Arbeit im Transformationsprozeß. Rainer Hampp-Verlag, München und Mehring; S.21-64.

AICHHORN, A.(1977) Verwahrloste Jugend. Die Psycho-analyse in der Fürsorgeerziehung. Verlag Hans Huber, Bern.

APPLEGATE, C.(1990) A nation of provincials. The German idea of Heimat. University of California Press, Oxford.

ASCHERMANN, JÜTTEMANN, LEGGEWIE, MEY, MRUCK & SPOHR (1990) Jugendarbeitslosigkeit und lokale Identität. 2. Ergebnisbericht; Forschungsbericht. TU Berlin.

ATABAY, I.(1994) Ist dies mein Land? Centaurus-Verlagsgesellschaft, Pfaffenweiler.

AUCKENTHALER, A.(1991) Klinische Einzelfallforschung. In: Flick, U. et al. (ed.) Handbuch Qualitative Sozialforschung. Psychologie-Verlagsunion. München.

AUGE, M.(1994) Orte und Nicht-Orte. Vorüberlegungen zu einer Ethnologie der Einsamkeit. Fischer Verlag, Frankfurt am Main.

BAACKE, D.(1990) Heimat als Suchbewegung. Problemlösungen städtischer Jugendkulturen. In: Cremer, Klein (eds.), Heimat: Analysen, Themen, Perspektiven, Bd. 249/I Bundeszentrale für politische Bildung, Bonn, Bd. 249/I, S.479-496.

BADE, K.J.(1993) Deutsche im Ausland. Fremde in Deutschland. Migration in Geschichte und Gegenwart. C.H. Beck. München.

BAUSINGER, H.(1979) Heimat und Identität. In: Heimat und Identität. Probleme regionaler Kultur. Volkskundekongreß in Kiel. Karl Wachholtz Verlag, Neumünster. S.9-25.

BAUSINGER, H.(1990) Heimat in einer offenen Gesellschaft. Begriffsgeschichte als Problemgeschichte. In: Cremer, Klein (eds.), Heimat: Analysen, Themen, Perspektiven, Bd. 249/I Bundeszentrale für politische Bildung, Bonn. S.76-90.

BELSCHNER, GRUBITZSCH, LESZCZYNSKI & MÜLLER-DOOHM (eds.)(1995) Wem gehört die Heimat? Beiträge der politischen Psychologie zu einem umstrittenen Phänomen. Leske und Budrich, Opladen.

BELSCHNER, W.(1995) Anmerkungen zum Heimatbegriff. In: Belschner W, Grubitzsch S, Leszczynski C, Müller-Doohm S (eds.), Wem gehört die Heimat? Beiträge der politischen Psychologie zu einem umstrittenen Phänomen. Leske und Budrich, Opladen, S.95-106

BERGER, P.L.(1994) Sehnsucht nach Sinn. Glauben in einer Zeit der Leichtgläubigkeit. Campus. Frankfurt, New York.

BERGER, BERGER & KELLNER (1987) Das Unbehagen in der Modernität.(orig. "The homeless mind", 1973) Campus, Frankfurt/New York.

BERRY, J. & KIM, U.(1988) Acculturation and mental health. In: Dasen, Berry & Sartorius(eds.) Cross-cultural psychology and health: Towards applications. Sage. Newbury Park (Ca). S.207-236.

BIERHOFF, H.W.(1990) Spielumwelt. In: Kruse, Graumann & Lantermann (eds.), Ökologische Psychologie - Ein Handbuch in Schlüsselbegriffen. Pychologie Verlags Union, München, S.365-370.

BISCHOF, N.(1985) Das Rätsel Ödipus. Die biologischen Wurzeln des Urkonflikts von Intimität und Autonomie. Piper. München.

BLANCO-CRUZ, E.(1988) "Zum Teufel" mit der anstaltpsychiatrischen Ausgrenzung von Fremdheit. In: Morten, A.(ed.), Vom heimatlosen Seelenleben: Entwurzelung, Entfremdung und Identität. Psychiatrie-Verlag, Bonn, S.131-154.

BLOCH, E.(1967) Das Prinzip Hoffnung. Gesamtausgabe, Band 5. 1. Teilband; Suhrkamp, Frankfurt; S.334.

BOESCH, E.E. (1980). Kultur und Handlung. Huber, Bern

BOESCH, E.E.(1991) Symbolic Action theory for cultural Psychology. Springer, Berlin.

BOESCH, E.E.(1991) Skizze zur Psychologie des Heimwehs. In: Rück (ed.) Grenzerfahrungen. Schweizer Wissenschaftler, Journalisten und Künstler in Deutschland. Marburg an der Lahn.

BÖHNISCH, L.(1990) Distanz und Nähe - Jugend und Heimat im regionalen Kontext. In: Cremer, Klein (eds.), Heimat: Analysen, Themen, Perspektiven, Bd. 249/I Bundeszentrale für politische Bildung, Bonn. S.465-478.

BOHLE, R.(1984) Unerfahrene Orte. Frauen-, Männer- oder beHERRschte Räume. In: Peter, Jüngst (eds.), Innere und äußere Landschaften, Gesamthochschule Kassel, Kassel, S.137-199.

BOSSLE, L.(1990) Heimat als Daseinsmacht. In: Cremer, Klein (eds.), Heimat: Analysen, Themen, Perspektiven, Bd. 249/I Bundeszentrale für politische Bildung, Bonn, S.122-134.

BRODER, H.M.(1993) Heimat? Nein Danke! In: Heimat auf Erden wie im Himmel. Katholisches Hausbuch 1994, St.Benno Verlag, Leipzig. S.129-143.

BRONFENBRENNER, U.(1989) Die Ökologie der menschlichen Entwicklung. Natürliche und geplante Experimente. Fischer, Frankfurt.

BRONFENBRENNER, U. (1990) Ökologische Sozialisations-forschung. In: Kruse, Graumann, Lantermann (eds.), Ökologische Psychologie - Ein Handbuch in Schlüssel-begriffen. Psychologie Verlags Union, München. S.76-79.

BRÜCKNER, P.(1994) Das Abseits als sicherer Ort. Wagenbach, Berlin.

BUCHHOLZ, GMÜR, HÖFER & STRAUS (1984) Lebenswelt und Familienwirklichkeit. Profil, München.

BÜTFERING, E.(1990) Frauenheimat Männerwelt. Die Heimatlosigkeit ist weiblich. In: Cremer, Klein (eds.), Heimat: Analysen, Themen, Perspektiven, Bd. 249/I Bundeszentrale für politische Bildung, Bonn. S.416-437.

BUSCH, H.J.(1995) Heimat als ein Resultat von Sozialisation - Versuch einer nicht-ideologischen Bestimmung. In: Belschner, Grubitzsch, Leszczynski, & Müller-Doohm (eds.), Wem gehört die Heimat? Beiträge der politischen Psychologie zu einem umstrittenen Phänomen. Leske und Budrich, Opladen, Bd. 1, S.81-86

BUSSE, S.(1990) Alltagsphänomen als Gegenstand der Persönlichkeitspsychologie. In: Alberg, T (ed.) Psychologische Probleme individueller Handlungs-fähigkeit. Karl Marx-Universität Leipzig.

BUSSE, S.(1990) Handlungsfähigkeit und Persönlichkeit. In: Schröder H, Reschke K (eds.) 15 Jahre Psychologie an der Alma Mater Lipsiensis. Karl Marx Universität Leipzig.

CREMER, W.(1990) Heimat - Lebensraum für alle. Jugendliche fotographieren ihre Heimat. In: Cremer, Klein (eds.), Heimat: Analysen, Themen, Perspektiven, Bd. 249/I. Bundeszentrale für politische Bildung, Bonn. S.438-456.

CREMER, W. & KLEIN, A. (1990) Heimat in der Moderne. In: Cremer, Klein (eds.), Heimat: Analysen, Themen, Perspektiven, Bd. 249/I Bundeszentrale für politische Bildung, Bonn. S.33-55.

DANIELZYK, R. & HELBRECHT, I.(1995) Heimat als Gefahr? Probleme der Regionalentwicklung im Ruhrgebiet. In: Belschner W, Grubitzsch S, Leszczynski C, Müller-Doohm S (eds.), Wem gehört die Heimat? Beiträge der politischen Psychologie zu einem umstrittenen Phänomen. Leske und Budrich, Opladen, S.119-128.

DOBBELSTEIN-OSTHOFF, P.(1990) Heimat - Heile Welt? Zur Reflexion von Werten und Normen in Heimatkonzepten. In: Cremer, Klein (eds.), Heimat: Analysen, Themen, Perspektiven, Bd. 249/I. Bundeszentrale für politische Bildung, Bonn. S.248-277

DURKHEIM, E.(1984) Die elementaren Formen des religiösen Lebens. Suhrkamp, Frankfurt/Main.

ECKENSBERGER, L.(1978) Die Grenzen des ökologischen Ansatzes in der Psychologie. In: Graumann, C.R.(1978) Ökologische Perspektiven in der Psychologie. Huber, Bern, Stuttgart, Wien.

ECKENSBERGER, L.H. & KREWER, B.(1990) Kulturvergleich und Ökopsychologie. In: Kruse, Graumann, Lantermann (eds.), Ökologische Psychologie - Ein Handbuch in Schlüsselbegiffen, Psychologie Verlags Union, München, S.66-75.

EMIG, D. & FREI, A.G.(1990) ... die Fremdheit der Dinge und Personen aufheben. Über Versuche, Heimat zu entdecken. In: Cremer, Klein (eds.), Heimat: Analysen, Themen, Perspektiven. Bd. 249/I Bundes-zentrale für politische Bildung, Bonn. S.307-328

ERIKSON, E.H.(1973) Identität und Lebenszyklus. Suhrkamp, Frankfurt/Main.

FLICK, Gibbs, Lachenmeyer & Sigal (1980) Community Psychology. Theoretical and Empirical approaches. Gardiner, New York.

FLICK ET AL. (eds.)(1991) Handbuch Qualitative Sozialforschung. Psychologie-Verlagsunion. München.

FREUD, S.(1984) Psychoanalyse. Ausgewählte Schriften. Reclam, Leipzig.

FREUD, S.(1974) Das Unbehagen in der Kultur. In: Freud, S. Studienausgabe. Bd.IX. Fragen der Gesellschaft. Ursprünge der Religion. SFischer, Frankfurt a.M S.191-270.

FRISCH M (1990) Heimat - Ein Fragebogen. In: Cremer, Klein (eds.), Heimat: Analysen, Themen, Perspektiven, Bd. 249/I Bundeszentrale für politische Bildung, Bonn. S.243-245

FUHRER, U.(1993) Living in our own Footprints - and in those of Others: Cultivation as Transaction. In: Schweizerische Zeitschrift für Psychologie 52. 2/1993 S 130-137.

FUHRER ET AL. (1992) Quartiere kultivieren Quartierbilder - Quartierbilder kultivieren Quartiere. In: Geographica Helvetica 1992 Nr.4. S.136-142.

FUHRER, U. & KAYSER, F.G.(1992) Bindung an das Zuhause: Die emotionalen Ursachen. In: Zeitschrift für Sozialpsychologie, 1992; S.105-118.

FUHRER, U. & KAYSER, F.G.(1992) Ortsbindung: Ursachen und deren Implikationen für die Wohnungs- und Siedlungsgestaltung. In: Harloff (ed.) Psychologie des Wohnungs- und Siedlungsbaus. Psychologie im Dienst von Architektur und Stadtplanung. Verlag für Angewandte Psychologie, Göttingen, Stuttgart. S.57-73

FUHRER ET AL (1995) Wie Kinder und Jugendliche ihr Selbstkonzept kultivieren: Die Bedeutung von Dingen, Orten und Personen. In: Psychologie in Erziehung und Unterricht, 42.Jg. 1/1995 S.57-64.

FURNHAM, A. & BOCHNER, S.(1986) Culture shock: Psychological reactions to unfamiliar environments. Methuen. London.

GEBHARDT, W. & KAMPHAUSEN, G.(1994) Zwei Dörfer in Deutschland. Mentalitätsunterschiede nach der Wiedervereinigung. Leske und Budrich. Opladen.

GEERTZ, C.(1983) Dichte Beschreibung. Beiträge zum Verstehen kultureller Systeme. Suhrkamp, Frankfurt.

GLASER & STRAUSS (1967) The discovery of grounded theory. Strategies for qualitative research. Aldine, Chicago.

GRAUMANN, C.R.(1978) Ökologische Perspektiven in der Psychologie. Huber, Bern, Stuttgart, Wien

GREVERUS, I.(1979) Auf der Suche nach Heimat, Beck, München.

GREVERUS, I.(1978) Kultur und Alltagshandeln, Beck, München.

GREVERUS, I.(1979) Lokale Identität durch Dorf-erneuerung. Heimat und Identität. Probleme regionaler Kultur. Volkskundekongreß in Kiel. Karl Wachholtz Verlag, Neumünster, S.157-169.

GREVERUS, I.(1990) Neues Zeitalter oder verkehrte Welt. Wissenschaftliche Buchgesellschaft, Darmstadt

GREVERUS, I.(1995) Wem gehört die Heimat? In: Belschner, Grubitzsch , Leszczynski & Müller-Doohm (eds.) Wem gehört die Heimat? Beiträge der politischen Psychologie zu einem umstrittenen Phänomen. Leske und Budrich, Opladen, S.23-40

GROß, J. & BOCK, T.(1988) Entwurzelung und Leben in der Fremde. In: Morten A (ed.), Vom heimatlosen Seelenleben: Entwurzelung, Entfremdung und Identität, Psychatrie-Verlag, Bonn, S.13-21.

GRUBITZSCH, S.(1995) Psychologie: Fern der Heimat - nah dem Menschen. In: Belschner, Grubitzsch, Leszczynski & Müller-Doohm(eds.), Wem gehört die Heimat? Beiträge der politischen Psychologie zu einem umstrittenen Phänomen. Leske und Budrich, Opladen, S.221-228.

HÄFNER, A.(1995) Heimat und Kontinuität. Von der Heimat zu dem Ort, worin noch niemand war. In: Belschner, Grubitzsch, Leszczynski & Müller-Doohm(eds.) Wem gehört die Heimat? Beiträge der politischen Psychologie zu einem umstrittenen Phänomen. Leske und Budrich, Opladen, S.63-68.

HAUFF, V.(ed.)(1988) Stadt und Lebensstil, Psychologie-heute Taschenbuch.

HÄUßERMANN, H. & SIEBEL, W.(1987) Neue Urbanität, Suhrkamp, Frankfurt am Main.

Heimat. (1989) Ein deutsches Lesebuch. München. Heyne- Verlag.

Heimat. Analysen. Themen. Perspektiven. (1990) Schriftenreihe der Bundeszentrale für Politische Bildung Bd.294/1. Bonn

Heimat auf Erden wie im Himmel. (1993) Katholisches Hausbuch 1994, St. Benno Verlag, Leipzig.

Heimat und Heimatlosigkeit. (1987) Karin Kramer Verlag, Berlin.

Heimat und Identität. (1979) Probleme regionaler Kultur. Volkskundekongreß in Kiel. Karl Wachholtz Verlag. Neumünster.

HERRMANN, H.(1990) Arbeitsmigration - Heimatgewinn oder Heimatverlust? In: Cremer, Klein (eds.), Heimat: Analysen, Themen, Perspektiven, Bd. 249/I Bundeszentrale für politische Bildung, Bonn,S.497-523

HILDEBRANDT, B.(1991) Fallrekonstruktive Forschung. In: Flick U. et.al. (ed.) Handbuch Qualitative Sozialforschung. Psychologie Verlags-Union. München. S.256-260.

HINKE, H.(1990) Heimat und Fremdenverkehr. In: Cremer, Klein (eds.), Heimat: Analysen, Themen, Perspektiven, Bd. 249/I Bundeszentrale für politische Bildung, Bonn, S.574-593.

HOHL, J. & REIßBECK, G.(1993) Individuum, Lebenswelt, Gesellschaft, Profil, München, Wien.

HOLZKAMP-OSTERKAMP, U. (1975) Grundlagen der psycholo-gischen Motivationsforschung. Bd. 1 und 2. Campus, Frankfurt/Main.

HOLZKAMP-OSTERKAMP, U.(1978) Erkenntnis, Emotionalität, Handlungsfähigkeit. In: Forum Kritische Psychologie 3; 1978. Argument-Verlag, Berlin.

HORMUTH, S.E.(1989) Ortswechsel als Gelegenheit zur Änderung des Selbst. Psychologisches Institut der Universität Heidelberg.

HORMUTH, S.E.(1990) The self-concept and change. An ecological approach, University Press, Cambridge.

ITTELSON, PROSHANSKY, RIVLIN & WINKEL (1974) Introduction to Environmental Psychology.

JÄGER, G. & KREWER, B.(1995) Kulturelle Identität und die subjektive Verarbeitung historischer Ereignisse. In: Belschner W, Grubitzsch S, Leszczynski C, Müller-Doohm S (eds.), Wem gehört die Heimat? Beiträge der politischen Psychologie zu einem umstrittenen Phänomen. Leske und Budrich, Opladen, S.229-240

JÄGER, S.(1994) Kritische Diskursanalyse. DISS, Duisburg.

JÜNGST, P. & MEDER, O.(1984) Innere und äußere Landschaften. Zur Symbolbelegung und emotionalen Besetzung von räumlicher Umwelt. In: Kasseler Schriften zur Geographie und Planung 34/1984

JÜNGST, P. & MEDER, O.(1988) Raum als Imagination und Realität. Zu seinem latenten und manifesten Sinn im sozialen und ökonomischen Handeln. In: Kasseler Schriften zur Geographie und Planung 48/1988

JÜNGST, P. & MEDER, O.(1986) Zur Grammatik der Landschaft. Über das Verhältnis von Szene und Raum. Gesamthochschule Kassel, Kassel.

KAMPER, D.(1991) Lob der Fremde, Kritik der Heimat. In: Schäffter, O. (ed.) Das Fremde - Erfahrungsmöglich-keiten zwischen Faszination und Bedrohung. Westdeutscher Verlag, Opladen, S.187-194.

KAMPMANN, B.(1994) Schwarze Deutsche. Lebensrealität und Probleme einer wenig beachteten Minderheit. In: Mecheril & Teo(eds.) Andere Deutsche: Zur Lebenssituation von Menschen multiethnischer und multikultureller Herkunft. Dietz Verlag, Berlin, S.125-144.

KEIM, K.D.(1979) Milieu in der Stadt, Kohlhammer, Stuttgart.

KEITH, M. & PILE, S.(1993) Place and the politics of identity, Routledge, London.

KEUPP, H. & RÖHRLE, B.(1987) Soziale Netzwerke. Frankfurt am Main.

KEUPP, H.(1989) Auf der Suche nach der verlorenen Identität. In Keupp & Bilden (eds.) Verunsicherungen: Das Subjekt im gesellschaftlichen Wandel. Göttingen: Hogrefe, S.47-70.

KEUPP, H.(1979) Normalität und Abweichung. Fortsetzung einer notwendigen Kontroverse. Urban und Schwarzenberg, München.

KEUPP, H.(1993) Die Wiedergewinnung von Handlungs-kompetenz: Empowerment in der psychosozialen Praxis. In: Verhaltenstherapie und psychosoziale Praxis 25, Tübingen. S.194-208.

KLEINSPEHN, T.(1995) Heimatlosigkeit und die Flüchtig-keit der Bilder. In: Belschner W, Grubitzsch S, Leszczynski C, Müller-Doohm S (eds.), Wem gehört die Heimat? Beiträge der politischen Psychologie zu einem umstrittenen Phänomen. Leske und Budrich, Opladen, S.183-192.

KLINGENFELD, S.(1988) "...und jetzt wenigstens versuchen, hier auf immer zu bleiben ". In: Morten A (ed.), Vom heimatlosen Seelenleben: Entwurzelung, Entfremdung und Identität, Psychatrie-Verlag, Bonn, S.171-192.

KOPTAGEL-ILAL, G.(1988) Besonderheiten in der Adoleszenz bei Türken in der Heimat und in der BRD In: Morten A (ed.), Vom heimatlosen Seelenleben: Entwurzelung, Entfremdung und Identität, Psychatrie-Verlag, Bonn, S.161-170.

KORFF, G.(1979) Folklorismus und Regionalismus. Eine Skizze zum Problem der kulturellen Kompensation ökonomischer Rückständigkeit. In: Heimat und Identität. Probleme regionaler Kultur. Volkskundekongreß in Kiel. Neumünster. Karl Wachholtz Verlag.

KRAMER, D.(1981) Die Provokation Heimat. In: Zeitschrift für Sozialistische Politik und Wirtschaft 13, S.32-40.

KRAUS, W. & MITZSCHERLICH, B.(1995) Identitätsdiffusion als kulturelle Anpassungsleistung. In: Psychologie für Erziehung und Unterricht. 42.Jg. S.65-72.

KRIEGER, R.(1995) Heimat und Familie in der Erinnerung prominenter Zeitgenossen: Eine Studie zur Anthologie "Mein Elternhaus" von Rudolf Pförtner. In: Belschner, Grubitzsch, Leszczynski, Müller-Doohm(eds.), Wem gehört die Heimat? Beiträge der politischen Psychologie zu einem umstrittenen Phänomen. Leske und Budrich, Opladen, S.167-182

KROBOTH, R.(1990) Heimat Deutschland - Nationale Einheit und Nationalstaatlichkeit in der Diskussion. In: Cremer, Klein (eds.), Heimat: Analysen, Themen, Perspektiven, Bundeszentrale für politische Bildung, Bonn, Bd. 249/I, S.196-225

KROCKOW, C.(1990) Heimat - Eine Einführung in das Thema. In: Cremer, Klein (eds.), Heimat: Analysen, Themen, Perspektiven, Bd. 249/I Bundeszentrale für politische Bildung, Bonn, Bd. 249/I, S.56-69.

KROCKOW, C.(1992) Heimat - Erfahrungen mit einem deutschen Thema. dtv, München.

KRÜGER, R.(1995) Gerechte Heimat für alle? In: Belschner, Grubitzsch, Leszczynski, Müller-Doohm (eds.) Wem gehört die Heimat? Beiträge der politischen Psychologie zu einem umstrittenen Phänomen. Leske und Budrich, Opladen, S.107-118.

KRUSE, GRAUMANN & LANTERMANN(1990) Ökologische Psychologie. Ein Handbuch in Schlüsselbegriffen. Psychologie Verlags Union.

LEONTJEW, A.L.(1979) Tätigkeit - Bewußtsein - Persönlichkeit. Volk und Wissen, Berlin.

LINDEN, M.(1995) Heimatliebe, Patriotismus, Internatio-nalismus. In: Belschner, Grubitzsch, Leszczynski, Müller-Doohm, Wem gehört die Heimat? Beiträge der politischen Psychologie zu einem umstrittenen Phänomen. Leske und Budrich, Opladen, S.201-208.

LIPOWATZ, T.(1995) Über kollektive Identifizierungen: Die Nation. In: Belschner, Grubitzsch, Leszczynski, Müller-Doohm(eds.), Wem gehört die Heimat? Beiträge der politischen Psychologie zu einem umstrittenen Phänomen. Leske und Budrich, Opladen, S.151-160.

LIS, W.(1990) Heimatbewegung, Regionalismus. Pfade aus der Moderne. In: Cremer, Klein (eds.), Heimat: Analysen, Themen, Perspektiven, Bundeszentrale für politische Bildung, Bonn, Bd. 249/I, S.155-184.

LIPPERT, G.(1990) Ökologische Gefährdung der Heimat: Boden, Wasser, Luft. In: Cremer, Klein (eds.), Heimat: Analysen, Themen, Perspektiven. Bundeszentrale für politische Bildung, Bonn, Bd. 249/I, S.560-573.

LURIJA, A.(1987) Die historische Bedingtheit individu-eller Erkenntnisprozesse. VEB Deutscher Verlag der Wissenschaften, Berlin.

MAAZ, H.J.(1990) Der Gefühlsstau: Ein Psychogramm der DDR, Argon-Verlag, Berlin.

MARCIA, J.E.(1966) Development and validation of ego-identity status. In: Journal of Personality and Social Psychology 3(5). S.551-558.

MARCIA, J.E.(1989) Identity diffusion differentiated. In: Luszcz & Nettelbeck(eds.), Psychological development across the life-span, Elsevier, North-Holland, S.289-295.

MARCIA, WATERMAN, MATTESON, ARCHER, ORLOVSKY (1993) Ego identity. A handbook of psychosocial research. Springer. New York.

MASLOW, A. (1973) Psychologie des Seins. München

MECHERIL, P.(1994) Die Lebenssituation anderer Deutscher. Eine Annäherung in dreizehn thematischen Schritten. In: Mecheril P, Teo T (eds.), Andere Deutsche: Zur Lebenssituation von Menschen multiethnischer und multikultureller Herkunft., Dietz Verlag, Berlin, S.57-94.

MECHERIL, P. & TEO, T.(1994) Andere Deutsche: Zur Lebenssituation von Menschen multiethnischer und multikultureller Herkunft., Dietz Verlag, Berlin.

MILLER, R.(1986) Einführung in die Ökologische Psychologie, Leske und Budrich, Opladen.

MITSCHERLICH, A.(1965) Die Unwirtlichkeit unserer Städte. Anstiftung zum Unfrieden. Frankfurt. Suhrkamp.

MITZSCHERLICH, B.(1991) Die fremden Landsleute oder das konkrete Gesicht der Vereinigung. In: Blätter für deutsche und internationale Politik. Heft 11/1991, S.1295-1302.

MITZSCHERLICH, B.(1993) Sehnsucht nach Heimat. Selbstverortung und Identität. In:Hohl J, Reißbeck G (1993) Individuum, Lebenswelt, Gesellschaft, Profil, München, Wien, S.261-271.

MITZSCHERLICH, B.(1991) Der Übergang von der alten in die neue Welt- Was bleibt im Koffer? Interpretation einer Psychodrama-Woche im Mai 1990. In: Keupp& Wirth (eds.) Abschied von der DDR. Schwerpunktheft Psychosozial 45/1, S.119-129.

MITZSCHERLICH, B.(1991) Der Umbruch in der DDR-eine soziometrische Revolution? Zur Rolle selbstorgani-sierter Netze im Wandel. In: Buer, F.(ed.) Jahrbuch für Psychodrama, psychosoziale Praxis und Gesellschaftspolitik, Leske und Budrich, Opladen, S.83-101.

MITZSCHERLICH, B. & KRAUS, W.(1993) Ost-West-Kooperation - Ein Identitätsprojekt? In: Mitteilungen des SFB 333, Heft 6, Universität München, S.11-21.

MITZSCHERLICH,B. & STÖBE, S.(1990) "Es wird schon wieder werden..." - Identität im Umbruch? In: Verhaltenstherapie und psychosoziale Praxis, Nr.4/90, S.417-433.

MORTEN, A.(1988) Der Baum, der wächst in der Erde mitten... In: Morten A (ed.), Vom heimatlosen Seelenleben: Entwurzelung, Entfremdung und Identität, Psychatrie-Verlag, Bonn, S.22-34.

MORTEN, A.(1988) Vom heimatlosen Seelenleben: Entwurzelung, Entfremdung und Identität, Psychatrie-Verlag, Bonn.

MUCHOW, M. & MUCHOW, H.(1980) Der Lebensraum des Großstadtkindes (2.Aufl.) päd. extra (1.Auflage 1935) Bensheim.

NEGT, O.(1990) Wissenschaft in der Kulturkrise und das Problem der Heimat. In: Cremer, Klein (eds.), Heimat: Analysen, Themen, Perspektiven. Bundeszentrale für politische Bildung, Bonn, Bd. 249/I, S.185-195

NIETHAMMER ET AL (1991) Die volkseigene Erfahrung: Eine Ärchologie des Lebens in der Industrieprovinz der DDR, Rowohlt, Reinbek.

NOVY, K.(1990) Das Heim als Heimat? Wohnformen und städtische Lebensstile. In: Cremer, Klein (eds.), Heimat: Analysen, Themen, Perspektiven, Bundeszentrale für politische Bildung, Bonn, Bd. 249/I, S.399-415.

ÖZELSEL, M & TAFOYA, T.(1995) Psychosomatische Erkrankungen im Zusammenhang mit Migration. In: Belschner, Grubitzsch, Leszczynski, Müller-Doohm (eds.) Wem gehört die Heimat? Beiträge der politischen Psychologie zu einem umstrittenen Phänomen. Leske und Budrich, Opladen, S.255-263

PIAGET, J. & WEIL, A.M.(1951) The development in children of the idea of the homeland. In: International Social Science Bulletin, Jg.3, S.561-578.

PIEPER, R.(1995) Regionalbewußtsein als regionale, kollektive Identität. In: Belschner, Grubitzsch, Leszczynski, Müller-Doohm(eds.), Wem gehört die Heimat? Beiträge der politischen Psychologie zu einem umstrittenen Phänomen. Leske und Budrich, Opladen, S.129-140.

PIEPMEIER, R.(1990) Philosophische Aspekte des Heimat-begriffs. In: Cremer, Klein (eds.), Heimat: Analysen, Themen, Perspektiven. Bundeszentrale für politische Bildung, Bonn, Bd. 249/I, S.91-108.

PORTERA, A.(1988) Gesundheitliche Lage italienischer Migranten in der BRD In: Morten A (ed.), Vom heimatlosen Seelenleben: Entwurzelung, Entfremdung und Identität, Psychatrie-Verlag, Bonn, S.84-97.

PROSHANSKY, H.M.(1978) The city and self-identity. Environment an Behaviour. Bd.10. S.147-169.

RAPOPORT, A.(1981) Identity and Environment: a crosscultural perspective. In: Duncan JS (ed.) Housing and Identity. Croom-Helm. London. S.6-35

RÄTHZEL N (1994) Harmonious "Heimat" and Disturbing "Ausländer". In: Bhavnani & Phoenix. Shifting Identities Shifting Racisms. Feminism and Psychology Reader. Sage, London. S.81-94

RAPPAPORT J (1977) Community Psychology - Values, Research and Action. New York: Holt

RAUSCHENBACH B (1995) Nun Ade, du mein lieb Heimatland... Überlegungen zur Heimat als Grenzbegriff. In: Belschner, Grubitzsch, Leszczynski Müller-Doohm(eds.), Wem gehört die Heimat? Beiträge der politischen Psychologie zu einem umstrittenen Phänomen. Leske und Budrich, Opladen, S.69-80.

REICHEL H (1990) Didaktische Zugänge zum Thema 'Heimat'. In: Cremer, Klein (eds.), Heimat: Analysen, Themen, Perspektiven. Bundeszentrale für politische Bildung, Bonn, Bd. 249/I, S.278-306.

REICHMAYR, J.(1995) Einführung in die Ethnopsycho-analyse. Geschichte, Theorien und Methoden. Fischer Taschenbuch Verlag, Frankfurt am Main.

ROGERS, C.R.(1977) Entwicklung der Persönlichkeit. Klett-Cotta, Stuttgart.

ROGERS, C.R.(1973) Die klientzentrierte Gesprächs-psychotherapie. Kindler, München.

ROSENFIELD I (1992) Das Fremde, das Vertraute und das Vergessene. Die Anatomie des Bewußtseins. SFischer, Frankfurt

SARASON, S.B.(1974) The psychological sense of community. Prospects for a community psychology, Jossey-Buss, San Francisco.

SCHÄFFTER, O.(ed.)(1991) Das Fremde. Erfahrungs-möglichkeiten zwischen Faszination und Bedrohung. Westdeutscher Verlag. Opladen.

SCHMIEDER, A.(1995) Nur neue Innerlichkeit - oder: Ein radikalisiertes Bedürfnis nach Heimat. In: Belschner , Grubitzsch, Leszczynski, Müller-Doohm(eds.), Wem gehört die Heimat? Beiträge der politischen Psychologie zu einem umstrittenen Phänomen. Leske und Budrich, Opladen, S.141-150

SCHRÖDER H (1991) Staatliche Repression und psychische Folgen. Leipzig: Universität.

SCHÜTZ, A.(1974) Der sinnhafte Aufbau der sozialen Welt. Eine Einleitung in die verstehende Soziologie. Suhrkamp, Frankfurt/Main.

SCHÜTZ, A. & LUCKMANN, T.(1979) Strukturen der Lebenswelt. Bd. 1. Frankfurt/Main.

SCHWARZER, R. & JERUSALEM, M.(ed.)(1994) Gesellschaftlicher Umbruch als kritisches Lebensereignis. Psychosoziale Krisenbewältigung von Über-siedlern und Ostdeutschen. Juventa. München.

STRAUSS, A.(1987) Qualitative analysis for social scientists. Cambridge University Press.

TROST, K.(1990) Heimat in der Literatur. In: Cremer, Klein (eds.), Heimat: Analysen, Themen, Perspektiven, Bundeszentrale für politische Bildung, Bonn, Bd. 249/I, S.867-883

VELOZO, R.(1988) Psychosoziale Situation der spanischen Arbeiter in der BRD. In: Morten A (ed.), Vom heimatlosen Seelenleben: Entwurzelung, Entfremdung und Identität, Psychatrie-Verlag, Bonn, S.59-72.

WALDENFELS, B.(1990) Heimat in der Fremde. In: Cremer, Klein (eds.), Heimat: Analysen, Themen, Perspektiven, Bundeszentrale für politische Bildung, Bonn, Bd. 249/I, S.109-121

WALTER, P.(1995) Mut zur Heimat? - Strukturmomente konservativer und rechtsradikaler Heimatvorstellun-gen. In: Belschner, Grubitzsch, Leszczynski, Müller-Doohm(eds.), Wem gehört die Heimat? Beiträge der politischen Psychologie zu einem umstrittenen Phänomen. Leske und Budrich, Opladen, S.193-200.

WEINBRENNER, P.(1990) Heimat Erde - Globale Gefährdungen unseres Planeten. In: Cremer, Klein (eds.), Heimat: Analysen, Themen, Perspektiven. Bundeszentrale für politische Bildung, Bonn, Bd. 249/I, S.594-622.

WINTER, G.(1995) Heimat in ökopsychologischer Sicht. In: Belschner, Grubitzsch, Leszczynski, Müller-Doohm (eds.), Wem gehört die Heimat? Beiträge der politischen Psychologie zu einem umstrittenen Phänomen. Leske und Budrich, Opladen, S.87-94.

WOLF, J.(1995) Grundmerkmale ökologischer Perspektiven in der Entwicklungspsychologie. In: Psychologie in Unterricht und Erziehung, 42. Jg. 1/95. S.6-19.

WYGOTSKY, L.S.(1985) Ausgewählte Schriften. Volk und Wissen, Berlin.

ZILLER, R.C.(1990) Photographing the self. Sage, London.

ZIMMERMANN, E.(1988) Kulturspezifische Probleme des psychiatrischen Krankheitsverständisses. In: Morten A (ed.) Vom heimatlosen Seelenleben: Entwurzelung, Entfremdung und Identität, Psychatrie-Verlag, Bonn, S.73-83.